U0740672

品成

阅读经典 品味成长

FLAWLESS
CONSULTING

A GUIDE TO
GETTING YOUR
EXPERTISE USED
4TH EDITION

完美咨询

咨询顾问
必备实践指南

原书第4版

[美] 彼得·布洛克（Peter Block）/ 著
梅红 / 译

人民邮电出版社
北京

图书在版编目（CIP）数据

完美咨询 /（美）彼得·布洛克（Peter Block）著；
梅红译. -- 北京：人民邮电出版社，2024. -- ISBN
978-7-115-64769-6

Ⅰ. F272

中国国家版本馆 CIP 数据核字第 202424Y5R2 号

版 权 声 明

Copyright © 2023 by Peter Block. All rights reserved.
Illustrations © 1978, 2000, 2011 by Janis Nowlan.
Published by John Wiley & Sons, Inc., Hoboken, New Jersey.
Published simultaneously in Canada.
本书中文简体字版由John Wiley & Sons, Inc.授权人民邮电出版社出版。
未经出版者书面许可，不得以任何形式复制或发行本书的任何部分。
版权所有，侵权必究。

◆ 著 ［美］彼得·布洛克（Peter Block）

译 梅 红

责任编辑 袁 璐

责任印制 陈 犇

◆ 人民邮电出版社出版发行 北京市丰台区成寿寺路 11 号

邮编 100164 电子邮件 315@ptpress.com.cn

网址 https://www.ptpress.com.cn

文畅阁印刷有限公司印刷

◆ 开本：720×960 1/16

印张：23.75 2024 年 7 月第 1 版

字数：326 千字 2024 年 7 月河北第 1 次印刷

著作权合同登记号 图字：01-2023-1388 号

定价：75.00 元

读者服务热线：（010）81055671 印装质量热线：（010）81055316
反盗版热线：（010）81055315
广告经营许可证：京东市监广登字 20170147 号

本书赞誉

（按姓名拼音首字母排序）

《完美咨询》是一部教科书级别的著作，它为内外部咨询角色的工作者提供了难得的洞见。当我翻开这本书的目录，看到其中赫然出现"内部顾问的困境"这一章节时，心中不禁涌起一股激动。作为一名在内部咨询岗位耕耘半生，并耗尽心力搭建内部咨询组织的我，被作者细腻的笔触打动，仿佛清风拂面，让我看到了被理解。

《完美咨询》涵盖了咨询全过程中可能遇到的所有问题和挑战。无论是与客户沟通、制定方案，还是实施落地，书中都有详尽的阐述和深入的分析。这些内容不仅为内外咨询顾问提供了宝贵的参考，更为他们输入了稳定内在所需要的定力和勇气。我真希望自己更早地读到过这本书。

——艾兰（Maryrose）

腾讯高级管理顾问，资深高管教练，腾讯前组织发展部总经理

玛氏（Mars）前 HR 副总裁，通用电气（GE）前 HR 总监

十余年的管理咨询经验让我意识到，这本新版《完美咨询》不仅适合"丙方"咨询顾问群体，也非常适合"甲方"企业管理者群体阅读。咨询项目能否产生超乎预期的效果，很大程度上取决于咨询顾问与企业管理者是否能够通力合作。只有通力合作，咨询顾问的专业知识才能充分地被利用，建议才能真正地被实施和落地。如果企业管理者和咨询顾问能

够按这本书中的方法去联合共创，必将发挥各自所长，真正达到共赢的目的。

——邓斌

华为公司原中国区规划咨询总监，《华为管理之道》作者

2004 年公司派送我去新加坡亚太区总部工作时，为我安排了"完美咨询"的培训和为期三个月的一对一辅导，这让我学习并掌握了如何从一名中国年轻营销专家，成长为一名内部营销顾问，为亚太区三十多个国家的分公司提供营销的策略设计和落地指导。这本书一直着陪伴着我，并助力我从内部咨询师成为专注于战略创新的咨询师，并同时在公司内负责其他非战略类版权课程的推广和合作伙伴的管理。

在负责外部项目和内部管理的过程中，我时刻用"完美咨询"的步骤询问自己，我是否和客户／伙伴有清晰的订约，过程中是否真实坦诚，是否形成了 50/50 的伙伴关系；在诊断反馈的时候，我是否站在了客户的角度，我的诊断报告的视角是否让客户有动力去行动。《完美咨询》是我的"咨询圣经"，第 4 版的内容翻译得非常贴切，其中渗透了梅红老师的心血和她多年来对完美咨询实践的深度理解，我衷心地把它推荐给所有想从企业内部转型到外部做咨询的朋友。

——林文岚（Lesley）

火花管理咨询总经理，战略创新咨询师
《洞察：商业成功的秘诀》作者

自多年前拜读了《完美咨询》以来，我一直坚信这本书是每位咨询顾问书架上不可或缺的佳作。彼得不仅以浅显易懂的方式传授了实用的咨询方法和框架，更引领我们以专业咨询技巧来面对咨询过程中的各种需求和挑战。

对有志于从事咨询事业的年轻朋友和资深老兵来说，无论是作为内部专家还是外部顾问，本书都是一份宝贵的资源。它将帮助我们借鉴彼得的理念和咨询技术，深入思考和探索咨询的本质，培养出真正属于自己的咨询艺术，并通过卓越的咨询服务，与客户共塑未来并创造真正持久的客户价值。

——邵强（Charles）

光辉国际（Korn Ferry）大中华区咨询业务董事总经理

我接触"完美咨询"理念已有数年，我认为对于实操性顾问（特别是技术类 / 流程类 / 专业类顾问）而言，"完美咨询"的方法提供了很好的咨询中的操作指导，无论你是外部还是内部咨询顾问，也无论资历深浅。我认为实际顾问工作中遇到的最大挑战，十有八九并非纯技术层面的问题。

我自己最深刻的体会和盲点举例说明，顾问需要"表达自己的需要"，这是很多中国的顾问特别需要学习和改变的一点。我们不应该无底线地追求让客户高兴，或者为了把单子拿下来而不惜代价，这样反而会把事情弄糟糕。

另外，随着许多公司各类变革的推进，越来越多的变革推进者 / 领导者实质上也承担了一些内部顾问的工作，因此本书也能为这部分读者提供非常不错的指引和启发。

"完美咨询"的原则犹如指路明灯，值得细细品味，它将帮助大家在目前极其复杂多变的商业环境中，仍然能够把握好内心的方向，不至于迷失。希望更多的人能够从本书中获益。

——施重凌（Stefan）

霍尼韦尔（Honeywell）卓越运营研究院顾问总监

精益大师，变革专家

我一直好奇，什么样的咨询能被誉为"完美咨询"？和《完美咨询》第3版相比，《完美咨询》第4版深入探讨了在数字AI时代的虚拟工作环境下，顾问与客户如何通过建立信任和共创智慧来应对复杂多变的环境。这本书为此提供了新的视角和策略，是当代咨询师必备的指南。

过去几年，我个人通过实践"完美咨询"理念，与很多客户建立了深入全面的信任关系，共同探索问题的本质，寻找最佳解决方案，并在这一过程中共同成长。这不仅让我更加包容和坚定，也让我准备好面对更大的挑战。让我们一起通过这本书，成为更加完美的个体和组织。

——施麟书（Larry）

奥路咨询创始人，混沌学园创新领教

通用电器（GE）、波士顿科学前高级 HR 经理

蘑菇街前 HR 副总裁，Teambition 前 HR 副总裁

2021 年，我接触了《完美咨询》这本书和"完美咨询"课程，这让我内心欢喜。《完美咨询》述说了一套心法，让咨询师能够在发挥专业技能前先拥有良好心态和态度；它不断强调如何与客户建立关系，强调如何不断加深人与人之间真实、真诚的联系和交流；它把这个理念贯穿在整个结构性的咨询方法论中，这让《完美咨询》与其他咨询工具书如此的不同，为我们开启了全新的视角。

对于战略性咨询和 HR 从业者而言，和客户做到 50/50 的关系，让自己的专业技能充分发挥，是个"道"与"术"双修的过程，我很欣慰有《完美咨询》助力我们的修炼过程，帮助我们开启发掘自我、成就他人的华彩绽放之门，进入顾问的至臻之境。

——王晶（Jing）

资深高管教练，壳牌（Shell）前大中华区 HR 副总裁

很高兴看到《完美咨询》第4版被翻译成中文了!《完美咨询》在OD(组织发展)领域被视为OD实践者必读的一本经典书,这本书令人惊叹的是,作者很细腻地捕捉了任何专业技能顾问(IT、法务、财务、组织发展等)如果要有效帮助一个客户组织,都不应忽视的与客户互动过程中人和关系层面的那些模糊地带的微妙动力。而当这些模糊地带被忽视时,咨询工作很容易被卡住,专业价值难以得到发挥。

我在OD咨询实践过程中,每次遇到与客户在合作关系上的卡顿时,翻阅《完美咨询》中的提示往往就会豁然开朗,意识到自己忽略了什么。这些宝贵的提示是一面镜子,让我们带着觉察,更具勇气地开展咨询工作,与客户共同成长。衷心推荐这本书给HR/OD伙伴们,以及任何想用自己的专业能力更好地帮助客户的人士!

——心梅(Maria)

翔知羽白OD中心创始人

我所在的公司期望在未来十年内,在中国市场上的业务增长能超越市场增长水平。在目前的大环境下,要实现这个目标,财务部门同事需要从协助性角色,转变为真正的业务伙伴,在不同的业务场景下灵活变换角色,推动业务和职能部门实现可持续的业务增长。

为此,公司组织了中国分公司的财务团队阅读《完美咨询》这本书,学习"完美咨询"课程,并定期复盘和回顾团队的技能提升情况。这个过程让我深刻地感受到,"完美咨询"是一个大道至简的方法论,可以帮助团队在不同的业务环境和压力下,都能用自信的心态去和公司内部客户做有序的订约分析和反馈,确保过程中双方始终保持同频共识,从而提高目标达成的成功率。这个方法论值得我们终身学习,时时实践。

——杨轶廷(Justin)

亿滋(Mondelēz)中国财务副总裁

过去我在麦肯锡主要从事战略咨询工作，咨询工作的过程相当的复杂和动态多变，因此需要咨询师有很强的结构化思维的基本功，让自己在项目过程中想清楚、说明白，同时也帮助客户拥有更高维的视角去做出明智的决策。成功的战略咨询，除了思维能力，还需要做到彼得所提倡的真实坦诚、同理、共情等伙伴精神，这样才能在高压的项目中，不仅看到"项目"，更看到"人"的情感和诉求，有步骤、有章法地帮助收并购双方的客户都拥有"权利"去表达和共识，并都拥有安全感和掌控感去支持推进。只有这样，我们的战略咨询方案才能真正有效地落地。

——周国元（果老师）

麦肯锡前战略咨询师

《麦肯锡结构化战略思维》《麦肯锡结构化高效沟通》作者

推荐序

在这个充满不确定性和颠覆性的时代，我们每个人都面临前所未有的机遇和挑战。在这样的背景下，专业咨询的价值愈发凸显，它能帮助个人和组织适应变化、解决问题并实现持续的成长和发展。《完美咨询》这本书由彼得·布洛克（Peter Block）所著，我的好友梅红女士倾力翻译，它为我们提供了一个深入理解和实践咨询工作的宝贵机会。

在我眼中，梅红是一位是咨询实践者和"完美咨询"理念的传播者。基于这份热爱，她也成了一名勤勉的翻译工作者。她对这本书的中文译本投入了大量的心血，以确保原作的精髓和内涵能够精准地传达给中文读者。我深知翻译工作的艰辛与挑战，也对梅红的专业精神和执着追求表示由衷的敬意。

《完美咨询》是一本关于咨询实践的指南，它不仅涵盖了咨询的技能和方法，还深入探讨了咨询过程中的人际关系、情感因素及道德责任。这本书强调的咨询工作的"完美"不仅体现在专业技能的运用上，更体现在能否真正理解客户的需求、建立信任关系及促进客户的内在成长和变革上。

在这本书中，彼得·布洛克以其丰富的经验和深刻的洞察力，向我们展示了咨询工作的多维性。他提出，咨询顾问应当超越传统的"专家"角色，成为客户真正的合作伙伴，共同探索问题的解决之道。这种伙伴关系建立在相互尊重、开放沟通和共同学习的基础上。梅红的翻译工作使得这些先进的咨询理念和实践得以跨越语言和文化的障碍，触及更广泛的中文读者群体。她的翻译不仅忠实于原文，更在语言表达上做了精心的打磨，使之更加贴近中文读者的阅读习惯和理解方式。

在此，我非常荣幸能够为本书撰写推荐序，并衷心希望这本书能够成为咨询从业者、企业管理者及所有希望在专业领域实现自我提升和价值创造人士的良师益友。最后，我感谢梅红的辛勤工作和卓越贡献，也感谢每位拿起这本书的读者，因为你们对知识的追求和对专业成长的热情，正是推动这个世界向前发展的动力。

祝大家在阅读这本书的过程中获得启发，实现自我超越。

谭亮

香港大学经管学院实务教授

阿里巴巴前组织人才发展负责人

通用电气（GE）前大中华区首席学习官

译者序

完成，完整，完美

完成这本书的翻译，我大概花了比作者写这本书还要长的时间吧？我常常这样笑自己。

收到彼得·布洛克授权重译《完美咨询》第3版的邮件已经是2018年的事，而我因为忙于组织发展的全职工作而迟迟没有动笔。2021年初，我结束全职工作后回到"完美咨询"培训师社群，觉得自己终于有时间完成这件未竟事宜了，却又因为各种新的日程而翻翻停停，进展十分缓慢。直到2022年初，收到彼得的助理发来的《完美咨询》第4版出版计划的邮件，我才终于"慢"马扬鞭，给自己制订了进度计划。然而，断断续续，修修补补，我还是花了两年多的时间才终于完成。

拖沓数年，因为忙，是真的，因为不容易，也是真的。更加重要的是，我自己对"完美咨询"真信、真做吗？

我在2013年初次阅读《完美咨询》第3版时，就立即"坠入情网"了。其中的一大原因是，彼得·布洛克在书中对于专业知识工作者如何在组织系统中有效开展工作，或者说，如何在组织中活出自己的力量，提供了极富洞察力的阐述和大道至简的路径与方法。

而"坠入情网"的甜蜜往往伴随着面对现实的苦涩。彼得·布洛克的一些理念和方法有时似乎显得过于"激进"或"不切实际"。例如，在第一次和客户会谈时一开始就要"坦呈自我"，在会议中要向客户"表达顾问的需要"，要"命名（指出）客户抵触的行为"，访谈、分析和反馈问题时要深入"客户的自身因素"层面，等等。

过去几年，在工作坊中，每当我和我的搭档王展程老师向学员介绍这些方法时，总会听到一些担心或怀疑的声音，"如果我很真实，客户会不会因为我的弱点而不信任我？""如果我说出了客户的抵触行为，但客户还是不愿意说出他的顾虑，那怎么办？""客户职位比我高，我怎么可能去分析他的自身因素呢？！""这些理念很美好，但它们适合中国本土文化吗？"……

的确，"完美咨询"的很多理念和方法并不是我们习以为常的。幸运的是，在我经历十年组织内外部实践与反思后，在我一次又一次惊喜地遇见那些远比我更早就开始实践"完美咨询"的同道后，在我最近几年和广州火花咨询公司连续举办多场培训与案例辅导、由此有机会密集地与各行各业的咨询实践者切磋交流后，我对于翻译这部经典著作有了越来越强的信心，这本书中的每一个字和每一句话也在我的眼前显得越来越清晰和生动起来。

最后，回到这个既吸引眼球又饱受争议的名称本身——"完美咨询"。我心中一直有一个想要为它"正名"的愿望，那就是此"完美"（flawless，没有瑕疵）并非彼"完美"（perfect，尽善尽美），尽管这两个英文单词在词义上十分接近。

此"完美"并不是在承诺一种尽善尽美的结果，例如，客户一定会对我们敞开心扉，一定会欣然采纳我们的专业建议，项目一定会按我们的计划完美推进，最后一定能圆满达成所有目标，等等。

此"完美"只是要我们去遵循一些原则、结构和流程，去"完成"我们作为顾问在每一个阶段应完成的重要之事，把更真实和"完整"的自己带入我们与客户的每一次互动中，从而与客户建立一种更为"完整"的关系，一种更多基于人性力量的关系，而非基于对角色或权威的欲望或恐惧的关系。这样的关系会让我们的专业知识和客户对其组织系统的知识得到充分的相互传导与融合，让双方的优势和资源得到最大化的发挥，从而让我们与客户的合作抵达一个最佳可能的目的地。

不过，也许本来也无需"正名"，因为无论采用什么名称，那本来也只是"指向月亮的手指"而已。

那就让我期待吧，期待与你在探索和实践"完美咨询"的道路上相遇。

梅红于上海崇明

2024 年 5 月 30 日

基本概念　第一部分

第 4 章　完美咨询

第二部分
进入和订约

第 5 章　订约总览

第 6 章　订约会议

第 7 章　订约中的细微差异

第 8 章　订约中的苦恼

第三部分 更多基本概念

第 9 章　内部顾问的困境

第 10 章　理解抵触

第 11 章　应对抵触

第 12 章　虚拟技术的迷思

第六部分　促进参与和实施行动

前言

什么不变｜
什么改变｜
保持简单

欢迎来到"完美 4.0"，即《完美咨询》第 4 版。新版的目的是保留第 3 版中的重要内容，同时基于正在发生的一切及时为这本书注入新的内容。本书将提供进一步的理念区分、更清晰的语言，以及过去多年积累的应用举例。本书是对这个世界所发生的改变和不变做出的一种调适，旨在肯定那些永恒不变和值得更深入开展的方面，并将其转化，运用于当今世界中千变万化的交流活动和互动方式之中。

每一天，我们都会听到我们生活在一个不断发生剧变的时代。科学与数字化技术总是占据新闻头条，我们已经习惯使用"颠覆性"这样的词汇，时刻关注最新事物就是我们的核心工作。这就是宣传中所说的"信息化时代""数字化时代"。

隐藏于这些故事情节背后的是人类的境况。在所有的人类存在形式中，无论在个人生活、组织生活还是社区生活中，在和平环境还是冲突环境中，在诗歌描绘中还是政治斗争中，人类境况始终对"关系"有着根本性的依赖，不管这种关系发生在虚拟的、人工智能的环境中，还是发生在现实生活中，是使用 PPT 演示还是手写展示，这种对关系的依赖始终存在，极为强烈，并且充斥着各种问题。这也许是人类最初的设计使然，也许是事物的本质使然。

人类境况的外部环境则始终在发生各种改变。这需要我们运用咨询技术的核心要素去创造一种新的工作方式，以替代那些依然在主导这个世界的以掌控、一致性和可预测性为信念的方式。这意味着我们要通过行动告诉我们所服务的机构，生而为人的意义是什么，这就是本书在始终表达的含义。同时，保持自己的人性也是你在不掌握控制权的情况下发挥影响力的一种方式。总之，我们不仅可以表现出真实的人性，并且可以变得更有影响力，即我们可以一边做自己，一边仍在这个世界谋得一席之地。

以下是这本新版图书所包含的调整和新增内容。

1. 我们可以提升虚拟活动的影响力和人际连接度。我们经常会将以前的会议方式移植到虚拟会议中，有人发言，有人宣布幻灯片上的议程，就好像我们不会阅读一样。

与其通过老套的会议议程疏离彼此，我们不如选择一种可以在虚拟环境中加速人际连接的结构，包括如何设计会议、决定是否直播，这在以前被称作网络研讨会（webinar）。我们还可以限制 PPT 的使用，可以通过被我们称为"高参与度虚拟会议"的特定结构设计促进关系的建立。这些都可以是我们支持那些可能从未共处一室的人们建立起连接和信任的方式。

2. 我们可以将咨询技术的运用场景扩展到每一个我们关心的地方。本书提供了可以用来重新设计订约和探索流程的方法，让你能将其运用于任何想要建立信任和做出改善的地方，包括你工作的街道、城镇、社会服务组织、公共服务机构、教育机构等。我们将展示如何将真实和直接的关系建设融入我们的行动，融入所有我们关心并希望能在其中发挥更大影响力的活动。无论你在什么房间，这个房间设置的目的是什么，所有这一切关乎的都是我们如何重构订约、探索和促进选择的过程。

3. 强化了以提问为主的方法。本书新增了建立伙伴关系的六种问题[1]，这些问题可用于人们相聚在一起的任何场合。如果把这些问题带入你参加的会议，它们将能让会议产生新的能量，而非降低会议的能量。

4. 简化和加强了旨在提升影响力的语言和行为方式。本书提供了更多途径，可以帮助我们以更加快捷、友好和真实坦诚的方式直奔主题。我们都知道建立信任至关重要，我们的承诺是加速信任的建立。

时代对于如何将人们联合在一起的呼唤从未如此紧迫。职能、级别、局外人、陌生人等差异加剧了我们相互之间的隔离。过去数个世纪以来，我们都把人类商品化了，人类变成了可被替代的物品。我们希望"完美咨询"的理念和方法将能以一次一个房间、一场大型聚会或一个社群的方式，帮助我们终结这种隔离。

"……我们是否真的决定了问题？毫无疑问，我们决定了答案，但是不是问题先决定了我们？"

—— 莱维斯·卡罗尔（Levis Carroll）

---

[1] "建立伙伴关系的六种问题"基于彼得·布洛克在另一本有关构建社区归属感的著作《社区：归属的结构》（*Community: The Structure of Belonging*）中提出的"六种对话"（Six Conversations），包括：邀请（Invitation）、可能性（Possibility）、主有感（Ownership）、异议（Dissent）、承诺（Commitment）和优势/礼物（Gift），本书引用了这些对话中的部分提问方式。——译者注

第 1 章
何谓咨询

"咨询顾问"这一名称已备受曲解和声名狼藉。

任何形式的幽默都有一定的道理。在针对咨询顾问的普遍质疑中存在这样一个事实：传统的顾问，包括内部顾问和外部顾问，往往只是在做管理者的代理人，他们要么承担了一些管理者做不了的专业性的工作，要么接管了一些不受管理者欢迎的活动，例如，管理者不愿意亲自实施的降本和减员工作。一个最夸张的顾问代理管理工作的例子就是由顾问来决定有待解雇的人员或有待取消的部门，这类工作通常被称作"重组"。本书的意图是为你提供一些新的选择，让你在面对那些迫使管理者将一些艰难工作外包出去的真正压力时，能以一种更有影响力的方式做出回应。这才应该是内部和外部咨询工作的价值所在。

如果有人向你问路，你告诉对方在你到站前两站下车，此时你就是一位顾问。每当你向一个面临不同选择的人提出建议时，你就是在做咨询的工作。当你对人们不掌握直接控制权，但又希望他们聆听和采纳你的建议时，你就面临咨询顾问的两难处境。对一部分人而言，你们可能在每天的工作中都在面对这样的困境；对另外一部分人而言，你们可能只需要偶然面对，因为你们有时在做管理者的工作（拥有直接的控制权），有时在做顾问的工作（想要发挥影响力，但又不掌握直接控制权）。

■ ■ ■
一些定义的区分

"咨询顾问"，就是在能够影响另外一个人、团体、组织或社群的位置上，但对其改变或方案实施不掌握直接控制权的人。"管理者"则是对这些行动承担直接职责的人。当你对事情负有直接职责时，你就是在扮演管理者的角色。

组织中的很多支持部门的人员实际上都是顾问，尽管他们并没有正式称呼自己为顾问。支持部门人员的职责是在类似以下这些方面提供计划、推荐、协助或建议：

- 人力资源；
- 信息技术；
- 财务分析；
- 审计；
- 系统分析；
- 市场调研；
- 产品设计；
- 长期规划；
- 组织效能；
- 安全；
- 学习与发展；
- 多元化、平等和包容；
- 项目管理；
- 以及其他很多方面。

所有这些建议的接收方都被称为"客户"。有时客户是一个单独的个体，有时则可能是一个工作团体、一个组织或一个社区。客户就是顾问想要施以影响的人或人群。[①]

在组织中，支持部门人员所服务的客户就是"直线管理者"。无论直线管理者喜欢与否，他们都必须在支持部门人员的建议下开展工作。然而，根据定义，任何支持部门对客户部门都不拥有任何直接权力，他们能直接掌控的只是他们自己部门的时间、人员及自己所提供服务的性质。拥有直接控制权的直线管理者（客户）和不拥有直接控制权的支持部门人员（顾问）之间的张力就是本书的中心主题之一。

要想理解咨询顾问的角色，关键要在顾问和管理者之间做出区分。

听一下琳恩（Lynn）的说法：

这是一个很棒的为期四个月的项目，我带领团队完成了新信息管理系统的安装。我们对问题做了评估、设计了新的系统，然后我们获得了该部门直线管理者爱丽丝（Alice）的同意，她让我们从上至下安装了这套新系统。

琳恩显然十分满意，但这其实是一种"直线管理者"的满意。在过去的四个月中，这个团队实际并没有做顾问的工作，而只是临时接管了这位直线管理者的一部分工作。

做出这个区分很重要。咨询顾问的作用应当有别于管理者，这既是为了顾问自身的需要，也是为了客户学习的需要。拥有直接掌控权并没有问题，事实上，大部分人都希望拥有各种形式的直接掌控权。然而，关键在于要清楚区分——我们在哪些角色中拥有直接掌控权，在哪些角色中并不拥有直接掌控权。

---

① 本书后文都将使用"顾问"和"客户"这两个名称，这样做的目的是强化一种信念，同时也为了协助你建立起将你自己视为一位"顾问"的思维（尤其当你是组织内部支持部门的人员时）。

很多时候，人们对"咨询顾问"一词的反感正因为这样一种行为——一些人自称顾问，实际却做着"代理管理者"的事情。如果你是在代表一位管理者做事或代替这位管理者做事，那么你就是在做一位"代理管理者"。当客户说，"帮我完成这个报告""帮我雇用这个人""帮我设计这个系统""给这个员工提供建议"，或者"确定哪些岗位要保留，哪些岗位要取消"，管理者就是在要求你担任"代理管理者"的角色。这种角色的吸引力在于你可以立即获得管理者的权力，至少在那一刻如此。事实上，你只是在做管理者的工作，而没有做顾问的工作。

在任何咨询活动中，你的目标或最终产出是发生某种改变。改变可以分为两类。第一类是组织的结构、政策、流程等方面的改变。例如，一套新的薪酬机制、一套新的报告流程、一个新的安全方案。第二类改变是组织中的某个人或很多人获得了新的学习。例如，他们可能认识到是什么样的规范在主导他们的会议，哪些做法导致了低级别员工对决策的高度依赖，应该如何让员工更多地直接参与目标设定，或者应该如何更有效地开展绩效评估。

从广义上说，"咨询"就是你对一个你不属于其中的系统采取的任何行动。与向你寻求帮助的人进行面谈，这属于咨询行为；一次问题调研、一个培训项目、一次评估、一项研究，这些属于以改变为目的的咨询活动。在这些活动中，顾问的目标是促进有效行动的发生，让人们或组织以不同的方式管理自己，从而实现他们自己的意图。

因此，"支持人员""支持工作"或"咨询工作"其实是可以互换的三个词，因为它们都反映了同一个信念——无论在哪个专业技术领域（财务、规划、工程、人力、系统、法律等）提供帮助，支持人员都需要运用咨询技术来有效开展工作。每当你在为一个需要做出选择的人提供建议时，你就是在提供咨询。而成功的咨询需要你具备三类技能：专业技能、人际技能和咨询技能。

以下是三种技能的区别。

专业技能

首先，我们需要明白对方在说什么，因此我们需要掌握相关问题的专业知识。通常我们会通过大学或第一份工作获得某项专业技术的训练，这可能是工程、销售、会计、信息系统等专业技术，也可能是其他成千上万种谋生途径。但这些都只是基本训练，我们只有在后来进一步掌握了某个领域的专业知识技能后才会开始提供咨询。如果我们不掌握某些专业知识技能，那么人们就不会向我们寻求建议。因此，拥有某个领域的专业技术能力是咨询的基础，无论是科学领域的技能（如焦炭颗粒的测量），还是非自然科学领域的技能（如管理或组织发展）。本书假设你已经掌握某个领域的专业技术能力。

人际技能

要想与人共事，我们就必须具备一定的人际交往技能，这包括将想法转化为语言、聆听他人、给予支持、合理表达异议、维持基本关系等。市面上已经有很多旨在帮助提升人际关系技能的图书、课程等，事实上，整个有关提升人际关系的产业都在致力于帮助人们提升这些技能。和专业技能一样，人际技能是人们有效工作、生活和开展咨询所必须具备的技能。

咨询技能

无论为时 10 分钟还是为期 10 个月，任何一个咨询项目都需要经历 5 个阶段，并且每个阶段中的实施步骤也是有顺序的。如果你以为某个步骤已经完成，因此跳过了这个步骤，那么你就很可能在后面的步骤中遇到问题。娴熟掌握咨询的技能，是指拥有实施每一个步骤的能力。本书的重点就在于如何有效完成每一个咨询阶段的关键工作。

··· ···
咨询技能预览

以下是对 5 个咨询阶段要完成哪些工作的总体介绍。

阶段 1：进入和订约

这是顾问与客户（可能是一位经理或一位高层）就项目开始初步接触的阶段。这个阶段的工作包括：安排第一次会议，了解要解决的问题，确定顾问是不是帮助该问题的合适人选，交流客户的期望与顾问的期望，以及双方如何开始合作。随着关系的进展，双方还需要定期重新订约，每当发生改变或完成一个事项时，双方都应该再次进行订约商谈。当咨询顾问谈及他们的失败时，结论往往是在订约或重新订约时犯了错误。

阶段 2：探索

顾问需要对客户的问题和优势形成自己的见解，这可能是我们能为客户做的最有用的事。同时，我们还需要有能力帮助客户发现自己的问题和优势所在。这个阶段的问题包括：谁将参与问题或情况的分析，采用什么方法，需要收集哪些数据信息，要用多长时间，以及探询过程应由顾问还是客户自己完成。

阶段 3：分析和行动决策

以上探索的结果需要以某种形式得到整理和汇报。在这个过程中，顾问往往需要基于大量数据提炼出少量关键议题。同时，顾问在如何让客户参与信息分析的过程上也有不同的选项。

在向组织反馈分析结果时，顾问经常会遭遇客户对数据的抵触，而这正传递了一个信号——我们正在处理一些非常重要的事项。在形成如何推进项目的决策之前，顾问需要妥善应对这个抵触。很多人也会将这一阶段称为"战略制订与计划阶段"，相关工作包括设定项目的最终目标和选择能带来改变的最佳行动步骤。

阶段4：促进参与和实施行动

这个阶段将阶段3中制订的计划付诸实施。在很多情况下，客户组织可能会完全依靠自己完成计划的实施工作，而在一些更大型的项目中，顾问可能会深度参与实施过程。一些项目的实施会从一些教育性活动开始，可能是一系列介绍变革的会议，也可能是一次由组织中的各相关方共同参与的问题解决会议，或者是一场培训。在这些情况下，顾问通常要深入参与颇为复杂的设计工作，同时还要参与主持这些会议或培训活动。

阶段5：扩展、循环或终止

阶段5的工作是对整个项目过程进行回顾学习。我们会在这个阶段决定是否将项目扩展到组织中更大的范围或当前团体中更深的层面。有时，真正的问题在一些实施活动发生后才开始清晰显露，在这种情况下，整个流程需要重新循环，因此我们需要和客户重新订约。如果实施已经取得了巨大成功或是遭遇了中高程度的失败，那么我们就需要考虑终止对项目的参与。结束双方关系的方式有多种，终止合作应该被视为咨询中十分合理和重要的一个部分，如果处理得当，这个阶段会给客户和顾问双方带来重要的学习经历，同时也能让顾问与组织在未来再次合作的大门保持敞开。

■ ■ ■

图1-1展示了顾问在"促进参与和实施行动"阶段前的预备活动中需要运用的技能。

预备活动

专业技能：	人际技能：	咨询技能：
特定专业领域 的知识技能	适用于所有情 境的技能	完成各咨询阶段工作的 技能
■ 工程 ■ 项目管理 ■ 规划 ■ 市场 ■ 制造 ■ 人力 ■ 财务 ■ 系统分析	■ 坚定 ■ 支持 ■ 直面 ■ 聆听 ■ 管理风格 ■ 团体过程	■ 订约： 　– 协商需要 　– 应对客户的矛盾动机 　– 处理客户有关失控和暴 　　露弱点的顾虑 　– 订立三角和矩阵的合约 ■ 探索： 　– 探索问题的不同层次 　– 应对政治环境 　– 抵制想要获取完整数据 　　的冲动 　– 视访谈为干预机会 ■ 反馈： 　– 筛选数据 　– 识别和应对各种抵触 　– 呈现人和组织维度的数 　　据 ■ 决策： 　– 主持团体会议 　– 聚焦于此时此地的选择 　– 不将客户反应视作针对 　　自己

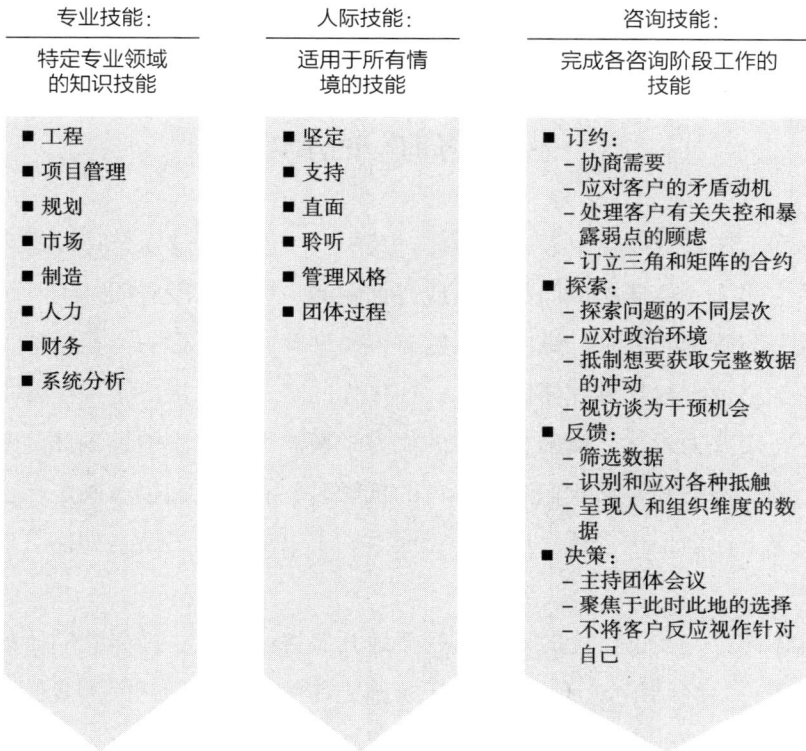

促进参与和实施行动

图 1-1　咨询技能概览

在图 1-1 中，咨询技能按四个细分阶段分类：订约、探索、反馈和决策。在对一些事项进行改善的工作中，这些阶段被称为"预备活动"，具体包括最初的接触、计划性的会议、探询和分析、反馈和做出决策的会议。

项目的参与/实施阶段，是你最终采取各项有影响力的行动，从而让项目得到组织中更多人关注的阶段，人们会期待这些行动能给组织带来改变或学习的机会。然而，和参与/实施阶段的活动相比，之前三个阶段的预备活动对项目的成功起更为关键的作用。因此，要理解咨询的技能，实际上就是要理解真正的改变发生前必须首先开展哪些预备活动。

■ ■ ■
"完美咨询"的承诺

咨询工作之所以会令人感到挫败，其中一个原因是你需要持续管理横向的关系。作为一位职能部门的人员或咨询顾问，你要在没有明确上下级关系的前提下与管理者共事。纵向关系则更容易理解，如果你的上司给你一个指令，你知道他有权告诉你要做什么。如果你的客户向你提出了一个要求，你就并不一定要去遵从。横向关系中的权力平衡总带着很多的模糊性，并且总有很大的协商空间。当我们遭遇客户的抵触时，有时我们很难确定自己究竟是应该努力向前推进，还是应该退让放手。本书要讨论的就是如何管理这种模糊性。

总体而言，本书讨论的是如何完美地开展咨询工作，即尽我们所能做到最好，无论最终结果如何。它聚焦于实施之前的预备活动，因为我们开展订约、探索和反馈的能力将为实施阶段的成功奠定基础。在本书中，我们刻意避免了完全按照各阶段的顺序展开各个章节和逐一介绍相应的咨询技能，因为有一些概念和能力其实是每个阶段都需要的。因此，除了具体描述每个预备阶段所需技能的章节，本书还包含了一些独立的章节，以专门讨论咨询的基本假设、建立咨询关系的目标、角色选项，以及"完美咨询"的实际含义是什么。此外，书中还穿插了有关客户的抵触和内部顾问角色的内容，这些内容旨在阐明"成功开展咨询并非只需要有条不紊、按部就班地运用专业技术技能即可"。

我们在这里的承诺是，如果你能运用本书描述的方法开展咨询，那么你的咨询就可以是完美的，你就能够：

- 让你的专业技能更好地得到应用；

- 让你的建议更经常地得到实施；

- 更多地以合作伙伴的角色与客户开展工作；

- 避免双输的咨询窘境；

- 赢得客户的内在承诺；

- 获得客户对你的支持；

- 提升你对客户的杠杆影响力；

- 和客户及其他重要相关方建立更强的信任关系。

使用"完美咨询"这一名称可能会让人觉得自以为是，但这并非随意而为。本书的一个底层价值观就是每一个人的内在都拥有完美的可能性，而这与外在的结果如何并无关系。每一个人的内在都有一个专业的咨询顾问，我们的任务就是要允许那个完美顾问显现出来。表面上，本书只是在提供各种方法和技术，但每一种技术都始终在传递一个比任何方法都更为重要的信息：让我们的每一个行为都表达出我们对自己和自身体验的信任，这才是我们应当遵循的正确路径，而操纵他人或装模作样的行为往往会导致自我破坏。

在组织中工作意味着我们常常要面对这样一种压力的轰炸——我们要在各种关系中讲究策略，要言辞委婉，要忽略自己的当下感受。"完美咨询"则提供了一种新的可能性，即我们可以在行为上遵循自己的信念与感受，同时还能成功地与我们的客户开展工作。本书所聚焦的咨询技术和技巧就提供了这样一种方式，它让我们能够找到那些我们在组织和社区中工作时都会拥有的体现高度自我信任的行动选项。自从事第一份工作的第一天起，我们每个人就一直在应该成为自己还是应该服从雇主或客户的冲突中挣扎，而成功的欲望往往会驱使人们去扮演一些角色和采取一些违背自己内心、丧失部分自我的行为方式。所有人都质疑的一个问题就是我们能否既做自己也能谋生。

咨询顾问（无论内部还是外部）在面对这种冲突时尤其会有一种脆弱感，因为我们通常认为自己理应服务于客户的需求。同时，我们的项目往往是短期和有特定要求的，因此我们觉得自己的工作随时会被客户叫停。对客户而言，终止一位咨询顾问或支持部门员工的项目工作要比解雇一位下属容易得多。在困难时期，管理者也往往会在裁减自己部门的人员前首先停止咨询项目和降低管理成本。这种脆弱感很可能会成为顾问否认自己的需求与感受及行为不真实坦诚的合理化理由。

本书提供了一种新的选项：信任我们自己才是一条有效的路径，它会让我们与客户更好地开展工作，使我们有更多的机会让自己的专业技能一次又一次得到应用。

1

第一部分
基本概念

第 2 章

仅有专业技能还不够

在顾问的角色中，有一些维度超越了我们可能会运用到的任何专业方法，并且，无论我们在什么专业领域开展工作，这些维度都会影响我们工作的有效性。与你通过其他方式运用你的专业技能相比，咨询工作的一个独特与迷人之处就在于你的"自我"会更多地参与这个过程。你如何对客户做出反应，你在讨论中有何感受，你如何征求客户的意见，以及你如何向客户提供反馈，这些都是咨询中的重要维度。

∎ ∎ ∎

顾问的角色选择

要想发挥顾问的影响力，顾问就必须在咨询过程的每一个阶段都能直面客户的疑虑，包括在订约、探索、分析和准备反馈会议的阶段。如果等到实施阶段再去克服抵触，就为时已晚。

埃德加·沙因（Ed Schein）定义了顾问与直线管理者合作时采用的三种

角色：专家、帮手和合作伙伴。[1] 顾问对角色的选择取决于管理者的风格、任务的性质及顾问的个人偏好等方面的差异。

当你在不同的场景中提供咨询时，这些概念可以帮助你觉察自己通常在采用哪种角色，并帮助你区分这种角色在哪些情境下会有助于你，以及在哪些情境下会阻碍你。只有这样，你才能在不同的角色中做出有意识的选择。通过这样的自我分析，人们往往会发现在有些情境下他们可以通过采用合作伙伴的角色定位发挥更有效的作用。然而，在现实的组织中，有时采用帮手或专家的角色可能更合适，还有些时候，我们可能会发现自己很难避开这些角色。

专家的角色

直线管理者和支持部门的专业人员或外部咨询顾问的关系往往是"客户—专家"或"消费者—专家"的关系。在这样的关系中，支持人员成为开展某项既定任务的"专家"。

举例

一家公司新实施的福利系统面临全面停顿检查，相关的网站和在线服务显然没有达到预期水平，虽然总体设计还不错，但网站导航存在问题，员工输入信息的方式也很不直观。

这时，管理者叫来了公司的网站设计人员，向其描述了问题，并告诉网站设计师："我既没时间也不准备亲自处理这个问题，你是专家，所以我请你来找一找问题的原因，并帮我解决这个问题。你可以全面检查整个系统，需要做任何分析和修改都可以，你只要让我知道你的检查结果和修改计划就

---

[1] 这些角色概念首先由埃德加·沙因在 20 世纪 60 年代提出，沙因是最早看到顾问担任专家角色的局限性并向帮助关系中的合作潜力打开大门的人之一。他在 1998 年的著作《过程咨询》修订版（该书中文版《过程咨询Ⅲ》由中国人民大学出版社在 2022 年出版）完整地描述了过程式咨询对处于帮手位置的顾问所能发挥的重要作用。我强烈推荐沙因的这本书及他的其他著作。

可以了。"在这种情况下，这位网站设计师实际上就变成了一位得到这位管理者授权的员工，他被授予了对这个系统进行计划和改变的权力。

在这样的关系中，情况如下。

- 这位管理者选择了扮演被动的角色或"消费者"的角色。这位客户希望这位顾问（即网站设计师）对结果负起责任，而这位顾问（网站设计师）也接受了这个职责，并觉得自己拥有了制订和实施行动计划的自由，管理者则只需为其解决问题提供所需资源和其他协助即可。
- 顾问基于专业判断来决定如何推进项目。管理者无须参与技术细节。
- 顾问负责收集问题分析所需的信息，并会自行决定数据收集和分析的方法。
- 顾问对项目进行技术性的掌控。由于客户难以对"专家"的推理提出质疑，因此双方不太可能产生意见分歧。如果管理者想对技术性决策施以控制，顾问就会将其视为不恰当的干涉。

在这种情况下，问题的解决过程并不需要双方合作，只要按照特定的专业流程逐步开展即可。

双向沟通较为有限，主要以顾问主动沟通、客户被动回应的方式进行。顾问期望（也被期望）以问答的方式发起沟通。

顾问负责制订和实施计划，或者向管理者提供实施的具体指引，管理者则负责在事后予以评判和评估。

顾问的目标是解决当下的问题，管理者或顾问都没有期望管理者提升技能，从而能在未来解决类似问题。

问题

内部顾问尤其会意识到专家带来的问题，以下是两大主要问题。

- 首先，要考虑顾问能否对问题做出准确的评估。对于一个看似纯粹技术性的问题，顾问的确可以运用其专业技能识别问题并制定解决方案。然而，纯粹的技术性问题极少存在，大多数问题中都夹杂着人的因素。并且，如果组织的总体氛围令人感到恐惧、不安或无法产生信任，那么人们就会隐藏或扭曲那些与人相关的信息。而如果顾问没有获得有效的数据，就无法对问题做出准确的评估，而基于错误发现的行动也就很难取得任何成效。
- 其次，要考虑人们将建议付诸实施的承诺度如何。在问题被交由外部专家负责研究的情况下，人们很难对解决棘手的管理问题产生一种个人的责任感和承诺度。

帮手的角色

管理者视顾问为额外的帮手，管理者实际上是在说："我既没有时间也不准备亲自处理这个问题，但我已经查明了问题的原因，并且确定了解决办法，我希望你帮我尽快实施这个办法。"管理者完全保留了对此事的掌控权，顾问则被期望运用他们的特定专业知识实施某些既定的行动计划，从而能达成管理者已经明确设定好的目标。

以下是显示顾问在担任帮手的角色的线索。

- 顾问扮演被动角色。他的日常工作就是对管理者的要求做出回应，并且不会对管理者制订的行动计划提出质疑。
- 管理者决定如何推进项目。顾问可能会为管理者准备建议方案，但批准权掌握在管理者的手中。
- 管理者选择探索和分析的方式。顾问负责具体的数据收集工作，但只会根据管理者确定的流程开展此项工作。
- 管理者保留掌控权。顾问虽被期望提出建议，但要避免意见分歧，因为这会被视为对管理者权威的挑战。

- **合作并不必要。** 管理者认为确定目标和流程是他们的职责，顾问只需提出问题以获得澄清即可。
- **双向沟通较为有限。** 通常是管理者发起沟通，顾问做出回应，并且管理者一般会采用描述或评价的模式启动沟通。
- 管理者会明确变革流程，然后交由顾问实施。
- 管理者会进行近距离的判断和评估。
- 顾问的目标是通过运用专业知识提升系统的有效性。

问题

主要问题出现在探索阶段。在担任帮手的角色中，顾问需要依赖管理者的能力了解所发生的情况和制订有效的行动计划。如果管理者对问题的评估有误，那么行动计划就无法生效，提供服务的顾问也就很容易变成替罪羊。

为避免掉入以上陷阱，顾问可能会向客户提出，自己需要时间确认管理者的评估，而此时顾问就会面临另一个问题：希望把顾问当成帮手的客户会将这一要求解释为顾问在质疑他们的经验或 / 和权威。一旦你弯下腰来，今后就很难直起身来了。

合作伙伴

采用合作伙伴角色的顾问认为，只有将顾问的专业知识与管理者的组织知识相结合，管理问题才能得到有效解决。在这种情况下，问题解决变成一种双方联合的行动，技术维度的因素和相关的人际互动因素会得到同等的关注。

当顾问采用合作伙伴的角色时，他们并不是在为管理者解决问题，而是在运用他们的专业知识技能，帮助管理者自行解决问题。这两种方式有显著的区别。合作伙伴角色的底层假设是，管理者或客户必须积极参与数据收集、数据分析、目标设定和行动计划制订等过程，并且最后应和顾问一起分担成败责任。

因此情况如下。

- 顾问和管理者相互依赖。他们共同分担行动计划、实施和结果的责任。他们是伙伴关系，任何一方的需要都很重要。
- 决策是双边做出的。双方会基于相互的交流和对各自职责与专业的尊重做出决策。
- 数据收集和分析由双方共同完成。探索方式由顾问和管理者一起选定。
- 掌控事宜由双方协商确定。意见分歧在意料之中，并会被视作新思路的来源。
- 协作被认为是核心关键。在开始解决问题前，顾问会专门与客户对双方期望的合作性质与范围达成理解和共识。
- 沟通是双向的。顾问与管理者会根据需要主动发起沟通，并以解决问题为目的进行信息交换。
- 实施的职责由双方通过讨论和协商决定。双方会根据各方适合承担的职责和相应资源的最大化利用来决定实施中的职责分配。
- 目标是解决问题并让问题持续得到解决。顾问和客户建立帮助关系的目的是帮助管理者提升其制订和实施行动计划的能力，从而能让系统更加有效，因此未来再次出现同类问题时，客户将有能力自行解决该问题。

未来并非我们前往之地，而是有待我们创造之地。道路亦非有待我们寻找之物，而是有待我们铺设之物，铺设道路的过程既将改变铺路之人，也将改变路之终点。

——约翰·沙尔（John Scharr)

代价

尝试合作伙伴的工作模式同样存在问题。顾问通常拥有管理者认为可以快速解决问题的特定技能（如信息技术或营销管理）。管理者如果希望顾问以专家角色与自己共事，就会将顾问尝试与自己建立合作伙伴关系的行为视作漠不关心或故意拖延。如果管理者希望顾问以帮手角色与自己共事，则又会将顾问尝试建立合作伙伴关系的动作视为想要争夺掌控权。同时，合作伙伴的工作方式也需要双方为节省未来时间而在当下投入更多的时间。

■ ■ ■

合作和对握手的恐惧

在一次有关合作式咨询方法的介绍中，有一位听众不断提出有关合作性质的问题："这难道不是一种软弱的表现吗？如果你过于寻求合作关系，不就是在否定自己的专业吗？客户想要得到的是答案而不是问题，不是吗？"最后，他泄气地说："好吧，反正我不希望我的顾问只是没事在那儿与客户握手！"他正好提出了一个有关专家与合作角色的区别的十分令人困惑的问题。

任何咨询合约的核心内容都是从顾问到客户的专业知识转移，无论这种专业知识是有形的（如电路设计或系统设计）还是无形的（如问题解决技能或团队建设技能），都是如此。无论什么专业知识，它们都是顾问开展业务的基础。

害怕与客户握手的部分原因似乎在于，如果你和客户之间关系过于紧密，那么你的专业知识可能就会被淡化和变得模糊。合作式咨询的方法可能会被认为是在暗示顾问和客户拥有同等的专业知识，因此双方在技术性的事宜上是伙伴关系。这可能会使顾问无意识地减少自己专业知识的发挥，从而能维持自己与客户的 50/50 关系。如果发生这种情况，那么人们对专业知识被淡化的担忧就会成为现实。一位顾问表达了对这种情况的恐惧和困惑，他说："我忘记的库存管理知识比我大部分客户知道的还要多，他们甚至连单词都拼不出来。在公司里，我是这方面的权威！在这种情况下，我怎么可能和客户'合作'呢？"

这里的混淆在于，是在问题的技术维度进行合作（这不是我所指的"合作"），还是在如何开展各咨询阶段的工作方面进行合作（这才是我所指的"合作"）。以下是如何区分二者的一个举例，见表 2-1。

表 2-1　关于合作领域的区分

合作的领域	专业技术的领域
表达客户的需要	电路设计
计划如何向组织传达有关本次调研的信息	培训设计
决定谁参与探索阶段	问卷设计
获得适当类型的数据	包装设计
解释探索的结果	系统分析
决定如何实施变革	定价策略

无论在什么专业领域，对咨询过程的管理方式（表 2-1 左栏）会对客户的专业技术运用产生极大的影响，即使是在技术化程度最高的专业领域也是如此。咨询过程的合作程度越高，客户在顾问离开后还能继续取得成功的可能性就越大。

■ ■ ■

顾问的假设

关于如何才能有效开展咨询工作，顾问对此持有的任何观点在很大程度上都取决于顾问对组织如何才能有效运作的假设，乃至对这个世界如何才能有效运作的假设。这些假设会或明或暗地被包含在顾问提出的任何建议中。

每一位从事咨询的顾问都应该清晰地知道自己持有的信念，并且我们的咨询行为应该与我们向客户倡导的管理风格保持一致。假如我们在建议客户加强控制、提升决断力和设定清晰的目标，而我们自己却在工作中缺乏控制、犹豫不决，不太确定前进的方向，那么我们就会削弱自己的诚信感。同样，如果我们认为客户应当提升参与度和合作性，而我们自己却紧紧抓住咨询项目的掌控权，并没有和那些我们向其倡导合作理念的客户建立起合作的关系，那么我们也一样是在自我破坏。

请思考你对好的管理持有何种假设。你可以从无数模型中做出你的选择。例如，大部分组织以类似于传统军队的父权制方式进行运作。在结构上，这种运用方式非常强调金字塔式的阶层制和对职权与职责的明确实施。父权制管理的基石是强大的领导力，即领导者个人制订计划，组织人们开展工作，对人们的工作过程与结果进行管控，以及将责任委派给适当的人选以达成工作结果的能力。在这种以领导者为中心的假设下，人们就会采用一种向上遵从和向下掌控的行为倾向。

在过去 40 多年中，以上这种强调控制与领导者素质的传统方式已经转变为更强调合作和参与的组织形式（至少在文献中如此）。今天，参与式管理和赋能已经成为一个主题，贯穿于大多数有关高效组织的假设。

你对组织的假设会以微妙的方式决定你的咨询风格，同时也会决定你需要在哪些技能上进行加强。以下是本书所介绍的咨询方法的三个基本假设。

1. 问题解决需要有效的数据

使用有效的数据能消除大部分在问题解决中导致混乱、不确定性和无效结果的原因。有效数据包括两个部分：一是客观的数据，即那些被每个人看作"事实"的有关概念、事件或情境的数据；二是个人的数据，个人的数据也是一种"事实"，只是这种"事实"关乎的是个体对发生在他们身上或周围的事情所产生的感受。如果人们觉得他们不会受到公平对待，这种感受就是一种"事实"，并且这个信念将会对他们的行为产生的某种影响也是一种"事实"。如果忽略此类数据，就等于丢弃了可能对于问题解决十分关键的数据。

2. 有效决策需要自由和开放的选择

做出决策不难，难的是做出能得到人们支持的决策。如果人们有机会对那些直接关乎自己工作的决策施以影响，组织就会运作得更为顺畅。当人们觉得自己对一些重要事项拥有一定的掌控力时，他们就会有动力为这些事情的成功付出自己的努力。如果人们相信某事很重要，却无法施加任何影响，那么他们通常就会变得小心翼翼或开始防卫，会谨慎行事或隐瞒信息，时刻保护自己免受责难。我们并非抵触改变，我们只是抵触强迫。

3. 有效实施需要内在的承诺

如果人们相信一些事情将有助于他们的自身利益，那么他们就会愿意投入其中，而如果人们被要求做某事，但是看不到这件事与他们自身需求有任何联系，那么他们就不大可能会对这些事项全力以赴。你当然可以用命令的方式让人们做事，通常他们也会遵从——至少在你监督的情况下如此。然而，如果你希望人们能自发地采取行动，就需要人们内在的承诺。

■ ■ ■

顾问的目标

基于我们对如何才能有效开展咨询工作和如何才能有效实现管理绩效的假设，我们会将以下这些目标设定为我们想要在每一次咨询工作中优先达成的目标。虽然不太可能每一次都能达成每一项目标，但至少我们可以清楚地知晓自己优先想要达成什么。

目标1：建立合作伙伴关系

顾问努力与客户建立合作伙伴关系有两大理由。首先，建立合作伙伴关系能让顾问和客户双方的资源得到最大化利用，这也会让双方分担对实施成败的责任，并且这也是一种更为愉快的工作方式。其次，无论顾问自己是否觉察，顾问与客户工作的方式就是一种对问题解决方式的示范，身教胜于言传，如果言语上谈论合作，而行为却有违于合作，这种言行不一既会令他人困惑，也会造成自我挫败。

目标2：解决问题并让问题持续得到解决

有些咨询方式很可能只是让当下的问题得到了解决。如果要解决的是员工经常上班迟到的问题，或者客户希望能采取行动预防员工上班迟到，那么公司可以采取各种措施。例如，让上司拿着纸和笔站在门口，每天早上一上班就到各个办公室进行检查，发布考勤管理政策，或在员工会议上强调上班准时。这些举措确实有可能会让迟到问题有所缓解，而如果内部（或外部）顾问参与提出了此类建议，他们有可能因此对组织效能提升做出了贡献，然而，这并不意味着管理者因此就学到了解决类似问题的方法，从而真正获得了能力的提升。

顾问可以采取的一种替代方式是和直线管理者在问题分析的另一个层面开展工作：管理者是如何管理迟到问题的。例如，管理者可能并没有看到迟到只不过是一种表面现象，真正的问题可能是员工心存不满，或一线主管缺乏经验，或是其他可能存在的根本性问题。同时，顾问很可能被请来解决了本该由管理者自己直面解决的问题。如果想让管理者学会下次自己解决同样的问题，顾问就需要让管理者理解员工的恼人行为只是一种表面现象，其底层的真正原因才是管理者应当寻求帮助和支持之处，但最终，管理者仍然不能依赖顾问替他们解决那些属于他们自己的问题。

目标 3：确保同时关注技术／业务问题和关系因素

每个问题情境都包含两种要素：有待解决的技术／业务问题，以及人们围绕该问题的互动方式。在大部分组织中，人们首先关注的是技术／业务问题，顾问则处在一个独特的位置上，能够更有效地处理人的问题或过程性问题。作为第三方，顾问在客户组织的过程性问题中不存在利益得失的顾虑——没有权力可以得到或失去，没有领地会被扩张或缩小，也没有预算会被增加或减少。因此，顾问能够起到敦促管理者关注过程性问题的作用，而管理者也会更愿意聆听顾问（而不是其他管理者）在这方面的意见。

■ ■ ■

建立客户的承诺：每一次咨询行动的首要目标

由于顾问或支持人员对实施不掌握直接的控制权，他们只有倚赖管理者才能实现成果产出。同时，管理者才是最终决定是否采取行动的人，而管理者是否做出这一选择则取决于管理者对顾问的建议有多强的内在承诺。因此，顾问需要在整个咨询过程中有意识地逐步建立管理者的内在承诺。

有效咨询的技术就是那些能够建立管理者内在承诺的步骤和行为。我们可能都曾见过这样一些咨询项目，无论其研究或报告曾投入多大的成本，有多高的相关性，最后这些成果仍然被束之高阁。当出现这种情况时，往往意味着这个咨询过程中的某个环节失去了管理者的承诺，即失去了那些本要负责决定是否使用这些研究结果的人的承诺。在"完美咨询"中，你会逐步完成咨询过程的各个步骤，而所有这些步骤都是以建立客户的承诺和降低在咨询过程中失去客户承诺的风险为目的而设计的。

客户的承诺对顾问能否发挥杠杆作用和影响力至关重要。我们无法命令客户采取行动（在某些极端情况下，我们可能会决定去找客户的上司，敦促这位上司指示该客户采纳我们的建议。但这种做法有很大的风险，尤其当我们仍希望和客户保持良好关系时）。因此，我们的影响力取决于客户对我们所提建议的承诺度，而要建立客户的承诺度，则需要我们移除那些阻碍客户采纳我们建议的障碍。

我们可能抱有一种幻想，觉得只要自己思路清晰、逻辑严谨、表达流利、观点有说服力，就可以依靠雄辩获得客户的认同。请不要误会：思路清晰的辩论的确会有所帮助，却并不足够。客户、客户的同事，以及他们如何在一起，这些才是真正的决定性因素；他们个人离他们所要承担的责任有多远的距离，这才是这个世界能否发生改变的核心所在。因此，我们最关键的就是要理解这一点——他们内心的疑虑和对安全感的渴望才是最大的障碍，这会阻碍他们付出承诺，因而会阻碍我们发挥自己本可以通过参与此事带来改变的能力。

第 3 章

正确，真正的正确

作为一位顾问，你总是同时在两个层面开展工作。第一个是"内容"层面，即你和客户之间讨论的认知部分，客户讲述了某个组织问题，可能是提升员工技能的需求、组织如何制定决策、系统设计问题，也可能是财务控制问题，这些"内容"就是讨论中的分析、理性和显性的部分，也是你需要着手解决的技术或业务问题。与此同时，在另一个层面，你和客户双方都在产生感受和相互的感知——被接纳还是抵触，张力是高是低，感觉自己受到了支持、直面还是冷淡。因此，你和客户在每个项目阶段的"关系"是第二个层面的数据，这些数据应该和"内容"一样得到关注。

你在每一次咨询中都要关注和重视的一点，就是你和客户关系中的感性或人际方面。感受是你和客户会谈的感性部分，对顾问而言也是一个重要的信息来源，包括客户真正的顾虑是什么，双方有多大可能建立起良好的关系。

大部分人在和客户会谈的认知或内容层面都拥有非常丰富的经验，我们掌握了相关的专业技能，可以自信地对自己有所了解的问题侃侃而谈。然而，在关注问题内容层面的同时，你需要对你和客户互动过程中的感受层面给予同等的关注。

一旦你能把关系中的感性部分看作一个重要的关注领域，第二步就是能用语言表达你对这个互动关系的感受，第三步则是进一步提升你表达感受的技能，从而避免导致客户对你更加防备。

■ ■ ■

客户—顾问关系中的感性层面

在顾问和客户互动关系的感性层面，有 4 个要素始终在发挥作用：职责、感受、信任和你自己的需要。

职责

要想和客户订立一份良好的合约，就要和客户在项目计划和实施的职责担当上达成平衡（50/50）。很多时候，客户来找你时就抱着这样的期待——一旦你被告知有何问题，你就会负责提供解决方案，而你的目标则是通过行动让客户认识到这其实应该是 50/50 的合作关系。

这里有一个小例子。当你启动一个项目时，通常需要进行项目沟通，包括何时开展这个项目、具体安排是什么、为何要开展这个项目。很重要的一点是，客户需要对这个面向组织的沟通负起责任，这并不是因为这是一项只有客户才能完成的工作（事实上，有时顾问可能处在更适合做这项工作的位置上），而是为了用一种看得见的方式告诉整个组织，客户在这个项目中负起了至少 50% 的职责。

如果客户希望由顾问负责项目的沟通和所有行政性的细节工作，客户其实表达的是他只愿意在项目中承担很有限的职责。作为顾问，有时你需要拒绝承担这个职责。虽然这在实质性层面只是一件小事，但这是一个提示你在判断双方职责是否平衡时要注意什么的例子。

感受

另一个始终存在的问题是客户能在多大程度上拥有自己的感受和自己当

下的体验。这在某种程度上也属于顾问在平衡职责方面的工作，顾问需要时刻关注，客户在多大程度上是在谈自己拥有的感受，还是好像只把自己当作这个组织的一个旁观者。同时，顾问还要注意自己与客户互动的过程中所产生的体验。如果顾问感受到客户很防备，或控制性很强，或不愿聆听顾问，或不肯承担职责，顾问就要加以重视，因为这些感觉是探索阶段信息收集的关键部分。

无论顾问在与客户共事的过程中产生了什么样的感受，客户组织中的人会有同样的感受。因此，你需要在咨询过程中（尤其在早期阶段）密切关注自己的感受，并将其视为理解客户组织如何运作和客户如何进行管理的有用信息。

信任

第三个要素是信任。大多数人作为客户与顾问开展工作时，他们不仅带着"顾问就是专家"的普遍印象，同时往往还会把顾问当成要小心提防的人。因此，通常有效的做法是询问客户——他们是否相信你会保密，是否相信你既不会让他们处于不利处境，也不会拿走他们的掌控权。你还可以询问他们对于和你共事有何疑虑。通过这些方式，你就是在努力与客户建立信任关系。你越是能让客户把不信任表达出来，你就越有可能与客户建立起信任的关系。

你自己的需要

顾问与客户关系的感性部分还有第四个要素，那就是顾问有权利表达自己在这个关系中的需要。

顾问很容易陷入一种服务的思维模式，在这种模式中，顾问认为自己理应负责解决客户的问题和满足客户的需求，因此似乎就不存在任何自己的需要。事实上，顾问的确有自己的需要。例如，你可能会因为组织需要而想获得一个客户，这会让你自己的组织觉得你在做有价值的事情，你需要得到客户的接纳和包容，你还需要向客户证明你所拥有的东西是有价值和值得提供给他们的。

在实际层面，你还需要接触组织中的人员，和人们交流，向他们提出问题。此外，你还需要得到相关管理者的支持，你需要管理者与其内部的人员会谈，并处理那些你可能会遇到的抵触。总之，你关键要做到的就是理解——你的需要对项目的成功至关重要。

关键要点

这里的关键要点在于，密切关注你自己的风格和感受是咨询关系的一个重要方面。咨询的技能不仅是指你根据客户的需求提供方案、流程和程序的技能，还包括你在信任、感受、职责和你自己的需要方面做出识别和表达的技能。随着你不断加深咨询的实践，你会发现你与客户建立合作伙伴关系的更深层面的关注点。

■ ■ ■

咨询工作的核心

在核心层面，咨询工作就是关系的工作。无论项目的研究程度有多深，技术化程度有多高，它总有一天会到达一个"临界点"：此时，项目的成功取决于我们和客户之间关系的质量，这种关系就是让我们的专业技能得以传导的通道或交付系统。

围绕我们的专业领域，我们如何与人接触和促进人们投入其中，这其实是一种应用的艺术，其表现形式多种多样，有时可能是一场个人或团体教练的活动，有时可能是和一个团队开展一场战略或技术研讨会，有时则是提供一场培训。在我们与客户开展工作的所有方式下，潜藏着我们对关系、学习，以及改变如何潜移默化发生的一整套信念，而这些信念会从根本上决定我们的咨询实践。

贯穿本书始终，我都在分享有关何为好的或完美的咨询实践的思考，同时，我还想在这里花一点时间说明一下它的底层概念。当我自己感到迷茫，不知道如何继续时，我总会回到一些根本性理念，这些理念会一次又一次地帮助我重新稳定和安下心来。这些理念中的每一点既关乎头脑，也关乎心灵，事实上，找到和维系二者之间的联系可能就是最关键之处。如果我们没有真正地关心客户，就无法做好咨询工作，而挑战在于，我们如何将这种关心融入我们开展工作的方式。我们对客户的关心，一方面要体现在我们的行为和风格中，另一方面也要体现在我们对学习和改变过程的关键要素的构建中，以及我们有关咨询方式的整体理念中。

挣扎即解决方案

大部分存在已久且需要顾问帮助解决的问题并没有一个明确的正确答案，这就意味着我们必须习惯于面对工作场所中存在的矛盾性本质，以及其中的人的矛盾性本质。想一想，你会如何应对以下这些两种相反观点都对的情形：我们应该加强控制还是减少控制？应该更多地实行中央集权还是更多地提供本地化选择？人们应该得到更多的自由，还是会滥用特权和各行其是？我们应该始终对人们如实相告，还是应当承认组织的政治性本质？只要提供更好的技术和更多的信息就能帮助解决问题，还是问题其实出在动力和培训的缺失上？

每一次咨询活动都会涉及诸如以上的问题。即使是在技术性很强的咨询工作中，类似问题也会嵌入我们构建的解决方案。如果选择非此即彼或者试图找到折中方案，我们就会犯下严重的错误，我们会因为向折中方案做出妥协而失去两端的独有价值，而最佳结果其实会在我们努力理解两端的过程中显现出来。作为咨询顾问，我们的工作就是要激发客户对两端的探索，不要很快给出答案，并且要确保在计划行动之前先承认问题的复杂性。正是在这样的超越两极的挣扎过程中，才能找到真正的解决方案。

例如，我们既需要加强控制，也需要提供更多的本地化选择；人们既需要更多的自由，有时也会滥用这些自由；提供更多的技术性支持很重要，同时人们的动力和技能也很关键。正是这样的两极张力的存在，才会让我们找到既根植于现实又充满动态活力的行动方案。如果我们能接纳这样的张力就是一种常态，那么从某种意义上说，我们在某个时刻采取什么行动就不那么重要了，因为无论选择什么行动，我们都要为之付出某种代价。因此，我们何不承认这个事实，即拒绝确定性和速度的诱惑，而把努力挣扎的过程就视为解决问题的路径呢？

问题比答案更重要

这句话的意思是我们要学会相信问题本身，并且还要认识到这一点——我们以什么样的方式提出问题，会决定我们能找到什么样的答案。

有时，我们卡壳的原因在于我们提出了错误的问题。最常见的错误问题就是"如何做"，这是每个人内在的那个"工程师"总想得到答案的一个问题。这样的问题会立刻把我们带向方法论和技术性探讨的道路，它背后的假设是问题关键就在于要做什么，而不是为何要做，甚至是否值得去做。

这种"如何做"的问题有多种形式，你可以将以下举例作为提醒自己注意的信号。

- 需要花费多长时间？无论去往哪里，我们都想赶快到达。
- 怎样才能改变他们？只有"他们"改变，我们的情况才会改善。高层认为基层员工是问题所在，基层员工则认为高层才是问题所在，而当他们在一起时，双方则又会一致认为中层管理人员是问题所在。
- 为了……要采取哪些步骤？生活被简化成按部就班的计划，PPT把世界浓缩成一些要点，带有里程碑的蓝图就是一种药物，而更多纪律则是从来不会奏效的处方。

- **如何衡量效果？** 这个问题其实是在暗示看不见的东西是毫无价值的，对实际结果的衡量才是重点。哲学家艾伦·沃兹（Alan Watts）说过，我们已经到了去餐厅吃菜单的地步。我们对于如何定义和衡量生活的兴趣已经远大于我们对生活本身的兴趣。

- **我们要如何沟通此事？** 言下之意，问题在于他们不理解我们，"沟通的问题"从根本上说是一种空洞的诊断，因为它否认了真正的冲突所在。一个最贴切的例子就是在华盛顿特区，那里的政客们首要的工作就是管理形象和新闻。提出如何沟通的问题，往往是逃避意志、勇气和承诺等真正问题的一种捷径。

- **其他组织是怎么做的？** 或者，这个方案在哪里被成功实施过？我们既想一马当先，又想紧随他人之后。了解他人的做法当然有一定的价值，因为那会给我们成功的希望。然而，更多的时候我们只不过是想通过这个问题找到一种安全感，因为一旦我们听说这个方案已经在其他地方奏效，就可以谈论我们的情况有多么与众不同了。

以上这些问题很有吸引力，因为它们所求甚少，却承诺了一个既合乎逻辑又可预测的世界。并且，这些问题可以让人们将矛头指向外部，即把问题聚焦在这个房间之外的人要做出哪些改变。此外，通过把问题归结到技能的层面，而非目的的层面，他们就可以把问题简化到便于管理的尺度了。

我们的确是在四处摸索中发现了金子，但事实上我们一直在寻找金子——通过提出正确的问题。

——法朗西斯·克里克（Francis Crick）

超越"如何做"

"如何做"的问题并不会把我们带离出发之地,而只会导致我们更加努力地做那些过去已经在做的事情。真正能疗愈我们或带给我们真实改变的希望的,其实是那些我们难以回答的问题。生命系统就是不可控的,尽管它会向着有序和有一定内聚力的方向演化。如果想促进一个生命体系的改变,那么我们就需要提出"我们在做什么"和"为什么"的问题。我们需要选择深度而非速度、意识而非行动,至少需要在一小段时间内如此。

真正能带给我们思维转变的问题更多和"为什么"及"在哪里"相关,而不是和"如何做"相关,以下是一些例子。

- 我们正在做的事情有何意义?我们生活在一个用速度、便捷性和规模来衡量一切的世界。然而,我们的目的就是赚钱、达成预算目标和扩展业务吗?这些是否足够?谁是受益者?我们为谁服务?为了忠实于我们的答案,我们又愿意付出什么样的代价?

- 在我们向新的目标迈进之前需要放弃什么?我们想要改变,但不想付出任何代价。然而,如果我们想要前行,就往往需要放下那些把我们带到这里的东西。我们从哪里能找到这样的勇气?

- 我们的产品和服务的真正价值是什么?在谁的眼里?我们的承诺有效性如何?我们实现承诺的方式会产生什么样的副作用?我们的愿景宣言(公司或部门的)和自我宣传是我们自己也愿意相信的吗?

- 人们在所做之事中找到了什么样的个人意义?存在什么样的内在回报?我们是心甘情愿,还是为维持工作之外的生活而迫不得已?很多人认为工作就只是工作,期待更多就是犯傻。

- 如果我们什么也不做,会发生什么?何时我们只不过是在为改变而改变?也许我们还不如就把当前已经在做的事做得更好。

- 有哪些潜能和优势尚未被我们充分利用?不要总是试图弥补弱点,要找到更多的可能性。有时，我们并不清楚自己或自己所在的机构拥有什么样的优势，那么其他人看到我们有哪些优势？多年前，我们曾询问客户为何他们愿意请我们做项目，他们回答说，我们看似对合作欠缺兴趣和勉为其难的样子很吸引他们。当时我们很震惊，因为我们一直以为如果自己显得有些冷淡，那只是因为我们没有做好自我管理，但他们却认为这是一种诚信的表现。

- 我们正在给下一代留下什么？这是一个提给人生下半场的问题，但我们也可以用它来帮助我们调整焦点。我们的物质主义文化正在将资源消耗殆尽，而关于如何应对那些遗留给子孙后代的问题，我们则寄希望于科技手段和奇迹发生。我们到底会留下什么样的遗产？

以上问题都很难回答，需要我们拿出信念与耐心。回答这些问题也并不能取代行动，有些时候，我们确实需要提出"如何做"的问题。但"为何"的问题才能真正带来学习与改变，因此这样的问题其实非常实际，正是在这样的对话中，改变才会真正发生。要回答这些问题，客户组织中的高层、基层及中层都需要参与进来，而不是依靠顾问直接提供答案。

对一部分人而言，参与如此抽象的对话实属难事，尽管这些问题其实也是我们各自私下问过自己的问题。然而，无论多难，这些都是我们的客户必须首先自己面对然后公开面对的问题。通往真正改变的道路往往并不会像一张清单和一系列里程碑那么显而易见，如果没有一定的探询深度，我们的思维就不会发生任何改变，那么我们也就注定只是在寻求一些权宜之计和追赶某种时髦而已。并且，如果顾问不能提出这样的问题，还有谁能提出呢？

洞察产生于张力时刻

重视挣扎的过程，欢迎令人抓狂的问题，为产生不同的思考而允许悖论的存在——要做到这些很难，确实非常难。我们的本能会驱使我们去讨论更令人舒心的话题，采取更习以为常的做法。如果我们这些顾问提出有关意义的问题，要求更长时间的反思，就会被指责不切实际，没有以行动为导向，缺乏步骤性的思维。

对于以上这样的张力，如果我们将其视为咨询过程中的缺陷，那么我们会在信号刚一出现时就立即丢盔弃甲，退缩到舒适之地。过去我有很多错误就发生在这样的时刻，当我对过程感到焦虑不安时，就会立刻退回到制订行动计划与清单的安全港湾，而一旦列出行动计划，我就会长舒一口气，展露微笑，因为手中的里程碑让我倍感亲切，感觉这真是好消息。

然而，当我回顾那些时刻，最后产生的改变往往不尽如人意：跟进行动缺乏力度，乐观情绪很快消退，甚至很多人觉得整个变革的努力并没有带来任何改变，只不过是在现有的日程表上增添了更多的行动事项而已。而我之所以最后让客户失望，原因就在于我在那些张力时刻太轻易就退缩了。如果我能在提出艰难问题之时坚持得更久一点，在一些根本性问题上要求客户重新思考得再多一点，那么我当时能给客户提供的帮助就会更有效一点。

另一个张力来源可能只是客户自己内部的紧张关系。如果这种紧张关系很容易化解，那么客户早在我们顾问参与进来之前就已经能自行解决了。事实上，我们面对的这种紧张关系往往由来已久，根深蒂固，人人都感受到它的存在，却没有人愿意把它指出来。面对这样的情形，我们究竟应该长驱直入，还是绕道而行？

通往新思维的大门并不会轻易打开，如果我们能在会议中出现张力时把这些张力命名出来，这就会成为打开合作大门的钥匙。这些张力直接指向抵触或疑虑所在，针对这些张力进行讨论，就有可能获得洞察和解决方案。如果我们能将张力视为一种能量并迎面而上，就有可能获得非常重要的洞察，而如果我们绕道而行，则会错失良机。

当张力出现时，它需要被命名、被讨论和被承认。顾问必须将讨论推向艰难之处。我们需要问自己：何时适合向前推动？何时适合讨论失败、个体或团体间的冲突、徒劳感和疑虑感？在这些时刻，更需要的并不是如何开展讨论的结构，而是普遍缺失的勇气。通过命名张力、支持有关张力内涵的讨论，我们会在工作的感性层面获得学习经验。

这正是学习所需，也是客户对我们所需。屏蔽感受是一种父权文化的体现，而逃避张力就属于此类表现。关键在于要理解，人们的表达本身（而非答案或解决方案）就是价值所在。如果我们能支持双方将各自认为难以讨论的内容表达出来，随后做出的决策将会是一种截然不同的性质。

■ ■ ■

逐步建立客户的参与度

我们已经比较笼统地讨论了顾问的角色倾向选择、合作伙伴式咨询的假设和方法，以下是一些具体的行动步骤。实施一项变化之前的各个阶段（我们称之为"预备活动"）可以分为 12 个行动步骤，每一个行动步骤都提供了促进客户参与的机会，与此同时又无须刻意贬低你的专业技术。

客户最多能参与和承诺到什么程度，这取决于你作为顾问能按以下步骤中的方式做到什么程度。通过以下步骤，你可以让项目中的 50/50 职责分担成为现实。

第 1 步：界定初始问题

首先请客户陈述他的问题，但如果客户更多的是在想某种新的可能性而不是解决某个问题，那么你也可以用你的语言表达这一点。同时你也要在你的表达中加入你认为可能导致问题的潜在原因，或者实现可能性的重要因素。

举例：IT 顾问

IT 顾问："您觉得有什么问题？"

客户：	"你们帮我们开发的软件半数时间都没有达到预期效果，我认为在设计上存在问题，我希望你们来检查一下代码，确保这个软件能被正常使用。"
IT 顾问：	"我会检查程序代码和测试软件的功能，同时，作为其中潜在的问题，我认为我们也要考虑用户对软件应用的理解程度，以及他们得到的培训和管理，尤其是上夜班的员工。"
评语：	界定初始问题并非仅由客户单方决定，你应该加入你的50%，即使这还只是在项目的早期阶段。

第 2 步：决定是否开展项目合作

开展早期讨论的目的是判断此项目合作能否取得成功，这包括从你和客户双方的角度进行考虑。你在决定是否开展合作方面同样拥有一定的选择权。如果项目一开始的设定就让你觉得不会成功，那么你可以有不同的选项，包括你可以为项目成功寻求必要的条件。很多时候，你可能是被派来争取某个项目并让它获得成功的，也就是说，你需要实施高层希望看到发生的一些事情，这种情况更为复杂，我们很快会在之后的章节中讨论这一点。

举例：财务服务顾问

客户：	"接下来我们要对采购职能做一次全面审计，这个项目要在 30 天内完成。"
财务服务顾问：	"对采购做全面审计是个大工程，30 天内完成几乎是不可能的，因为我们手上还有好几个有待我们委员会进行评估的项目。如果您一定要达成这些目标，那么我们最好重新评估一下我们能否为您提供所需。"
评语：	客户通常会认为是否开展合作应完全由他们来决定，

而通过对这个决定提出问题，顾问就是以一位 50/50 合作伙伴的角色在行动，其目的并不是要拒绝客户，而是让这个是否合作的决定变成双方共同做出的决定。

第 3 步：选择调研维度

基于你的专业知识，你可能最清楚要分析问题的哪些维度，客户则掌握了有关这个问题和相关人员的实际运作经验，因此你可以询问他们有关调研维度的意见。

举例：IT 顾问

IT 顾问：　"下周一我会开始检查程序代码和测试软件功能，同时我也会访谈用户，了解他们在日常流程中是如何使用这些软件的。如果您和相关的管理人员能列出你们希望调研的地方和你们希望这个软件的用户回答的问题，这将会很有帮助。"

评语：　虽然只需要向客户提出一个简单的问题就能让客户参与调研的决定，但人们往往不会向客户提出这个问题。如果你准备采用问卷调研的方式，你可以请客户选择一些调研问题。

第 4 步：决定谁参与项目

客户往往希望顾问包办所有工作，而组建一个由顾问和客户组成的项目团队将会非常有助于建立客户的承诺度。

举例：财务服务顾问

财务服务顾问：　"为了让项目取得成功，我需要你的组织派出两位人员——一位区域采购经理投入 5 天的时间，一位总部采购人员投入 8 天的时间。我们三人会负责完成对当前采购系统的优弱点分析，并提出如何重新设计的建议。我是这个项目的总负责人，因此会为此投入大量的时间，但你的团队派出两个人将会给项目带来极大的帮助。"

评语：　　如果由你单枪匹马地完成工作，事情往往更简单快捷，让客户组织的人参与进来往往更加耗时费力，然而这样做却能激发客户的承诺和促进项目的最终实施。

第 5 步：选择方法

客户对如何收集数据往往会有他们自己的想法，问问他们的想法。

举例：IT 顾问

IT 顾问：　"我一定会检查程序代码和测试软件功能，也会访谈终端用户，此外还要访谈哪些人？以团体还是个体的形式？在软件操作方面还要了解哪些其他信息？我们应该通过什么方式获得这些信息？"

评语：　　这些是你可以向客户提出的虽然简单但很重要的问题，你这么做的 30% 的目的是获得新的信息，70% 的目的是和客户在这类项目中建立起 50/50 的合作关系。通过你的行为，你其实是在帮助客户学习如何在未来靠自己解决类似问题。

第 6 步：开展探索

让客户和你一起实施探索的过程。

举例：IT 顾问

IT 顾问：　"我希望你们有一位主管和我一起去部门实施访谈。主管可以先访谈一些软件用户代表，了解他们认为要做哪些改善，然后我想主持一次团体研讨，请他们一起来讨论如何推进此事。"

评语：　　让客户参与探索有两大风险：一是人们可能会隐瞒信息，因为他们要沟通的对象是那些掌握一定权力的人；二是部分信息可能会被扭曲，因为客户组织希望自己看起来是有能力和无辜的。

但这些是你要承担的风险。如果独自开展探索过程，你当然可以获得自己想要的数据，你也有足够的经验快速判断问题所在，并且如果需要，你还可以再次回去收集数据。然而，如果你邀请客户组织的人员参与数据收集的过程，最大的好处就是你可以让对的人——真正能让改变发生的人直接听到一线的声音。而如果只是顾问听到了"真相"，客户组织的人却并不相信，这些"真相"就毫无用处。总之，让客户一起参与探索过程就是一种保持双方的 50/50 合作关系的方式。

第 7 ～ 9 步：整理数据、分析数据和确定议题

将大量数据整理成可控数量的信息，然后进行分析总结，最后确定关键议题，这些工作需要花费大量的时间。但通过忍受这个不易的过程，你就能更加真切地知道自己收集到了什么样的信息，因此你要敦促客户在这个过程中的某些节点参与进来。并且，最后对这些数据进行分析也是一件有意思的事，因此你也要邀请客户参与到这件事情中来。

举例：财务服务顾问

财务服务顾问："请花三天的时间和我一起整理收集到的数据，并对这些数据做出分析，看看这些数据对我们所调研的采购系

统的问题意味着什么。"

评语：　通过提出一个简单而坚定的请求，尽管你牺牲了对自己时间的有效利用，却让客户对结果负起了更多的责任。如果是在一个高度技术性的项目中，客户可能因缺乏相关背景而无法在这个阶段做出有价值的贡献，在这种情况下，你别无选择，只能独自开展工作。不过要小心，客户缺乏相关背景往往正是我们在各个阶段排斥客户参与的常用借口。

第 10 步：反馈结果

让客户在反馈会议中分担数据分析的汇报工作。

举例：财务服务顾问

财务服务顾问：　"在这次会议上，我会汇报我们从这次采购系统调研中获得的发现，采购总监乔治（George）也会针对采购代理在采购流程和控制方面的技能与态度给大家做汇报。"

评语：　当直线管理者参与了汇报负面发现的过程时，他们的抵触情绪就会降低，反馈就更不会变成一场争论。

第 11 步：提出建议

和其他任何阶段相比，提出可行性建议的阶段更加需要整合你的技术知识和客户的实践知识与组织知识。因此，你要询问客户，他们在听到探索结果后准备采取什么行动。

举例：IT 顾问

IT 顾问：　"我们知道给终端用户提供的短期正式培训是阻碍他们正确使用该软件的主要原因，那么我们可以提出什么样的行动建议，能够避免我们只是依赖他们自己去弄清楚如何使用软件？"

评语： 一旦策略清晰，行动也会变得简单。即使客户没能提出创造性的行动方案，让他们努力为问题寻找答案的过程也很重要。

第 12 步：决策行动

一旦完成调研和提出行动建议，客户可能就想要接管流程，而不想让顾问参加决策会议，对此我通常都持反对意见。

举例：财务服务顾问

客户： "感谢你提出新采购流程和支持这个流程落地的结构与程序改变的建议，我们会考虑一下，如果我们觉得组织已经准备好实施这些建议，就会通知你。"

财务服务顾问： "我希望参加你们的讨论，因为我非常关心项目的进展，并且我可以对项目的时机判断和实施落地做出我的贡献。我知道按照你们通常的流程是顾问不参与这部分的讨论，但就这个项目而言，我在想你们能否把这看作一个例外。"

评语： 这里的危险在于，客户想要自行采取 100% 的行动而把你晾在门外，因此，你需要主动要求参与，这不仅是为了你自己，也是为了通过行动告诉客户——当组织中某些人对某个项目做出了重要贡献时，他们就应该被包括在决策会议中。然而，如果客户最终仍然决定要将你排除在外，那么你除了生气和觉得受伤外，也很难有其他办法。

■ ■ ■

以上 12 个步骤中的每一步都是一系列机会之一，都能帮助我们促进客户参与、减少客户抵触和提升成功的可能性。要想利用好这些机会，就需要我们放弃顾问的某些特权和行动自由，从而能实现真正产生影响的长期目标。注意，尽管这些步骤是按一定的顺序列出的，但生活中很少真的能按部就班，但无论顺序如何，关键是每一步都要走到。最后，请参考表 3-1 的检查清单，做一个关于职责平衡的评估。

表 3-1　检查清单 1：职责平衡评估表

请评估你和客户双方在当前某个重要项目中的职责承担比例，在该表中合适的位置标注记号。

	客户承担得很多， 我承担得很少		我承担得很多， 客户承担得很少
		50/50	
1. 界定初始问题	|	|	|
2. 决定是否开展项目合作		|	|
3. 选择调研维度	|	|	|
4. 决定谁参与项目	|	|	|
5. 选择方法	|	|	|
6. 开展探索	|	|	|
7 ~ 9. 整理数据、分析数据和确定议题		|	|
10. 反馈结果	|	|	|
11. 提出建议	|	|	|
12. 决策行动	|	|	|

请将记号连起来，偏离中间线的地方是值得回顾和提升一方参与度的领域，这将帮助你提升项目成功的机会。

第 4 章
完美咨询

咨询可能看似模糊和过于复杂，事实上，你仍有可能完美地开展咨询，并且你可以简单地做到这一点。保持简单的方法就是只聚焦于咨询的两个维度，无论何时，当你与客户在一起时，请向自己提出以下两个问题。

1. 此刻我是否在真实坦诚地对待这个人？
2. 我是否在完成当前咨询阶段的核心工作？

■ ■ ■

真实坦诚

真实坦诚地对待客户，就是用语言表达出你与客户共事时的真实体验，这是你为了建立客户承诺和发挥你希望发挥的杠杆作用所能做的最有影响力的事。

我们总喜欢寻求一些聪明地和客户打交道的办法。我们会绞尽脑汁地思考如何表达自己的观点，如何遣词造句才能让项目显得更有吸引力。有很多次当我和客户在一起时，我都发现自己在竭力向客户证明自己，想让他们相信我拥有他们想要的一切。我们做好了成本节约的预测，提出了解决棘手的员工问题的建议方案，我们向客户点头微笑，肯定他们已经在这件事情上竭尽全力。

然而，如果我们认为客户决定启动项目和任用顾问完全是基于一些理性因素的考虑，那么我们就错了。更多时候，客户的首要问题是："这是我可以信任的人吗？我能相信他不会伤害我、欺骗我，而是既会帮助我解决组织或技术的问题，也会站在我的职位和个人的角度帮助我考虑问题吗？"如果我们表现得过于聪明老练，或过于夸大其词，尤其当我们说出高层的期望，并表示我们的立场和高层完全一致时，客户会立刻识别，他们会暗想："这家伙也太夸夸其谈了，让我显得好像我不同意他的话就是个傻瓜似的。"直线管理者很清楚我们何时在试图操控他们，而一旦他们发现了这一点，就会立刻减少一点对我们的信任。

一旦信任减少，我们的影响力就会降低，客户的承诺度就会降低。而行为真实坦诚则能增加信任，提升影响力和加强客户的承诺。同时，真实坦诚的另一个优点是它简单得令人难以置信——你只需要用话语说出自己的体验即可。

举例

客户说：　　"这次审计应该不会花你太多的时间，几天内你就可以干完。我真希望我能有时间和你一起，但我实在还有其他重要的事情，不过我的助理可以给你提供一些支持。此外，不要占用我这边其他员工的时间，因为他们的压力已经很大了。"

顾问的　　　觉得自己不重要、很渺小，我的工作在客户眼里只是不
体验：　　　值一提的小事，我以这份工作为生，但在客户眼里我却
　　　　　　只是一个干扰者。

顾问不　　　"这次审计可能会产生很深远的意义，总部在密切关注
真实坦　　　这次审计，从而能对关键部门做出评估，并且这也是公
诚的回　　　司的要求。"
应：

顾问真实坦诚的回应：	"我感觉你好像把这次审计当成了一件微不足道的小事，如果这次审计会造成干扰，我们可能就要重新评估一下审计的时间，我希望这件事能得到你更多的重视。"

■ ■ ■

客户说：	"我希望你提供意见——我们的人员有无犯错，以及应该如何纠正错误。如果你的判断是他们的能力不足以运作这个运营单元，那么我希望你立刻向我汇报，并提供姓名和详细情况。"
顾问的体验：	感觉自己像个法官，好像我必须负责管制客户的员工。
顾问不真实坦诚的回应：	"我会在报告中描述这个运营单元的管理情况，以及为何会产生这么多的问题，之后由你来决定要采取哪些纠正措施。"
顾问真实坦诚的回应：	"我感觉我在这个项目中被当成了法官或警察，这并不是我最能发挥作用的角色。我希望你能把我当成一面映照出当前实际情况的镜子，你和你的人员再来进行评估，看看要采取哪些行动，是否需要提供培训。"

■ ■ ■

客户说：	"要真正理解这个问题，你就要回到这个公司刚开始的时候。那是 1976 年 11 月一个周四的下午，当时公司还只有三个人，业务的功能也只有接订单和接电话。乔

	治是当时那位销售经理的侄子，只有高中学历。我们的客户大部分在东海岸……"
顾问的体验：	不耐烦，无聊。觉得自己花了太多的时间在听过去的历史，能量在降低。
顾问不真实坦诚的回应：	保持沉默，让客户继续说。认为客户会说到重点，或者相信客户倾诉这些细节能对他们起到重要的治疗作用。
顾问真实坦诚的回应：	"你在告诉我很多细节信息，我发现自己很难集中注意力听你的讲述。我还是想尽快了解目前的状况，现在遇到的关键问题是什么？"

■ · ■ · ■

客户说：	"只要你完成了调研报告，我就会和我的管理团队开会讨论行动事项并评估结果。"
顾问的体验：	感觉自己被排除在真正的行动之外，客户在拖延问题的解决。
顾问不真实坦诚的回应：	"可能还有一些我没有包含在报告中的信息会对你们的决策流程有用。"（或者默许客户所说的话。）
顾问真实坦诚的回应：	"我觉得自己被排除在行动决策之外了，我希望能参与决策会议，虽然这可能给你和你的团队带来一些不便。"

在以上举例中，客户说的每一句话都在以某种方式疏远顾问，这实际上是在用一种微妙的方式抵触顾问提供帮助。顾问不真实坦诚的回应就是在用

一种间接和不带个人感情的方式应对客户的抵触，这种回应只会导致客户更加疏远顾问，更会采用一种程序化的方式对待顾问的顾虑。而顾问真实坦诚的回应则聚焦于顾问和客户间的关系层面，因此会迫使客户重视顾问在项目中的角色和需求。顾问针对双方的互动关系做出简单直接的陈述，会让双方的关系更加平衡，由此避免客户或顾问单方掌控问题。任何方向的掌控失衡都会降低项目中的内在承诺。

真实坦诚的行为是完美咨询的关键，本书其余章节的很多内容都将针对顾问如何在咨询中做到真实坦诚提供具体详细的指引。

■ ■ ■

完成每个阶段的核心工作

除了真实坦诚，完美的咨询还需要顾问掌握项目各阶段的任务要求，这些要求是每个阶段的核心工作，顾问要在完成一个阶段的核心工作后再进入下一个阶段。

以下是对各阶段要求的简要描述，本书其余章节会提供更多的细节。

订约

1. 协商需要：一个项目的立项需要客户和顾问相互交流，说明各自想要从对方那里得到什么，能为对方提供什么。但在通常情况下，顾问并没有充分表达自己的需要，客户则没有充分表达自己能提供什么样的支持。

2. 应对矛盾的动机：当客户寻求帮助时，他们往往带着一种自相矛盾的心理，他们一边希望你能参与进来和提供帮助，但同时又希望从未遇到你，他们一只手在召唤你，另一只手又在叫停你。订约阶段的一项要求就是要在项目早期就让这种矛盾的动机表达出来，从而避免在后期受其困扰。

3. 让暴露弱点和失控的顾虑浮现：顾问对和你一起开展项目的大部分

顾虑都是以间接的方式表达出来的，他们会询问你有关资质、经验、在其他部门或公司取得的成果、成本和时间等问题。其实他们真正担心的是：这个合作会让他们显得或觉得很蠢或能力不足吗？他们会因此失去对自己、自己的组织或你这位顾问的掌控吗？这些顾虑需要在订约阶段得到直接的讨论。

4. 理解三角和矩形的订约关系：你需要知道你有多少客户。你的客户和你都可能有各自的上司，如果你们双方的上司都深度参与了这个项目的立项，他们就应该成为订约流程的一部分，至少他们在这个项目中的角色需要得到你和你的客户的承认。如果只是你、客户和客户的上司三方，那么这就是一个三角形的合约；如果你的上司加入进来，就会变成矩形的合约。澄清订约涉及哪些人并将他们纳入订约过程，这是订约阶段的一项要求。

探索和底层顾虑

1. 探询的层次：客户对于问题的初始描述通常只是其他底层问题的症状。作为顾问，你的任务就是要简单明了地厘清这些问题的层次。如果客户找你的目的不是解决某个问题，而是实现某种新的可能性，那么你除了探索这个可能性本身，还会想知道为何这个可能性对客户如此重要及对客户意味着什么。

2. 政治环境：无论你的客户是一个家庭、一个业务单元还是一个组织，都可能存在一些会影响人们的行为和解决问题能力的政治因素。作为顾问，你的任务是要充分理解与问题相关的政治因素，看看这会如何影响你所建议方案的实施。很多时候，我们成了客户的同谋，一起假装组织纯粹是理性的，所谓的政治并不存在。

3. 处理客户对分享信息的抵触：客户往往并不情愿和盘托出我们需要的所有信息，这种抵触往往会以一种消极被动或不断提问的方式间接地表达出来。顾问需要能识别这种抵触，并让客户把真正的顾虑直接表达出来。

4. 视访谈为双方共同学习的机会：一旦我们开始收集信息，我们就已经在开始改变组织。我们从来都不只是中立和客观的旁观者，开始探询流程预示着实施流程即将开始，这才是我们应该看待这个流程的方式。当探索阶段出现棘手的问题时，我们应该进一步探究，而不必担心这会影响数据的客观性或会让研究产生偏差。大多数时候，我们都只把自己看成了探索过程中被动行事的一方。

分析和行动决策

1. 整理筛选数据：探索的目的是促进行动发生，而非为研究而研究。这意味着我们要将数据的数量缩减到可管理的范围，确保每一条最终反馈给客户的数据都应该是可采取行动的，即要在客户的可控范围之内。聚焦比全面更重要。

2. 呈现人和组织维度的数据：当我们对设备、薪酬或信息流进行调研时，我们同时也会收集到有关客户管理风格的数据，我们会了解到相关的政治因素和人们对组织的态度等。反馈阶段的一个要求就是要在汇报中包含这一类有关人和组织的信息，其目的不是伤害谁或在背地里说三道四，而是将这些信息视为可能影响到建议实施的环境因素。并且，这也是客户无法从任何其他人那里获得的一种有独特价值的信息。

3. 促进行动决策：反馈会议是咨询中的"关键时刻"，是客户和顾问双方都会感到高度焦虑的时刻——顾问焦虑的是应该说什么，客户焦虑的则是自己会听到什么。你需要管理好这个会议，确保这个会议应完成的核心工作都能在议程中被一一完成。向客户呈现清晰的画面只是这个会议议程的一部分，会议最主要的目标是决策接下来的行动，反馈会议上对行动事项讨论得越多，这些行动得到实施的机会就越大。反馈会议可能是你影响实施决策的最后机会，因此你要抓住这个机会。

4. 专注于此时此地：反馈阶段的另一个要求是关注客户对反馈本身的

管理方式。通常，导致客户需要顾问提供帮助的管理问题也同样会出现在反馈会议的过程中。例如，假如客户组织的问题是缺乏结构和方向，这个问题也同样会影响客户如何对待你的反馈报告。因此，你需要特别注意客户对待反馈的方式，同时也要让客户关注到这一点。如果你没能敏锐地觉察你的项目被管理的方式，那么你就很容易成为客户问题的最新受害者。

5. 不要以为客户在针对你个人：这是最难做到的一点，但客户的抵触反应更多针对的是他们自己依赖顾问和接受帮助的过程，而不是在针对你的个人风格。当然，你肯定有你的特点，任何人都有自己的特点，如果你因此而在反馈过程中感到心烦意乱甚至十分自责，那么你的麻烦就大了。当你在反馈过程中遭遇客户的抵触时，那只是因为客户预见自己不得不对艰难的组织问题采取行动而做出的一种抵触，不要因此而受到诱导，以为客户是在针对你个人。

促进参与和实施行动

1. 依赖促进参与而非规定或劝说：虽然决策已经制定，真正的工作却仍在前方。你如何让客户参与进来，这将会决定客户在每个实施阶段的承诺度。而我们的本能却往往过度关注行动决策本身，而没有真正重视如何能让人们参与进来一起实施这些行动。

2. 更多设计参与方式而非演示方式：每一次会议都应该成为新工作方式的一个范例，并能示范什么样的员工态度才能带来成功，这就需要双方进行高度互动和设计出各种促进参与的方式。人们不会参与推销给他们的事情——虽然有时似乎是他们自己想要你澄清对他们的期望。

3. 鼓励公开交流艰难议题：信任的建立需要双方尽早和公开处理艰难议题，我们要从一开始就为质疑和批评创造空间，如果客户的疑虑没有得到及时处理，那么它们就会在后面出来困扰你。我们对艰难对话的处理方式将决定项目的信誉，并会影响客户对我们的看法——我们究竟只是在代表高层，还是在服务于所有相关方。

4. 将真正的选择摆在桌面上：尽早让人们参与变革的决策制定过程。人们愿意付出承诺是因为拥有选择。要抵制诱惑，避免以追求速度为由，太早打包提供解决方案。承诺可能重于完美，并且任何问题总有多种不同的正确答案。

5. 改变对话以改变文化：鼓励这样的对话，即不相互指责，不纠结于过去，不聚焦于不在场人士，不过度急于实施行动。构建对话过程时，要促进个人职责的明确，提出有关目的和意义的问题，讨论变革可能带来怎样独特和崭新的未来。

6. 关注会议空间或虚拟会议的结构：我们聚在一起的方式对客户的态度和承诺带来的影响要大过我们通常的认知。会议空间本身，包括每个人如何坐和我们如何主持会议等，会传递出有关我们的意图和谁对成功至关重要的强烈信息。很多会场的设置方式都是在对高度掌控和强制推行战略做出强化。只要我们有机会对会议室结构做出选择，就要妥善利用这样的机会。虚拟会议同样如此，一半会议时间应该用于参会者之间开展结构性的对话。

在咨询过程中，我们完全有可能不断地将项目阶段往前推进，但这样却跳过了一些阶段的核心任务要求。例如，在订约阶段，大部分人都比较擅长评估客户的需要。然而，如果我们没有像评估客户需要一样清晰地明确客户会提供什么或我们自己需要什么，那么我们就会遇到麻烦。如果没有在项目开始阶段就明确自己的需要，在后期再想弥补就会更为困难。举一个有关顾问希望客户向他们自己的团队进行项目沟通的例子，如果你没有在订约阶段和客户协商这一点，之后收集数据时你就会遇到阻碍，因为人们没有真正理解你为何要访谈他们。

订约阶段的另一个关键任务是讨论客户开展项目的动机。有时，你自己急于开展这个项目的渴望可能会导致你尽量减少这个部分的讨论。你可能从来不会直截了当地询问客户是否愿意推进该项目，或者探询客户究竟对该项目有多大热情。然而，如果你到后面才发现客户的动力不足，你可能就已经来不及采取任何补救的措施了。

由于我们自己对项目的急切渴望，大部分人都很容易忽略或低估客户在项目早期的抵触或质疑。我们总是自欺欺人地认为，一旦客户进入了这个项目，他们就会被绑定，并且会逐渐开始信任我们。这种想法很容易导致我们在项目开始阶段就违心地向客户"弯腰"，寄希望于后面能"直起身来"。然而，如果我们在一开始就弯下腰，客户就会把我们当作习惯以弯腰姿态工作的人。如果我们一开始就逃避问题，客户也会把我们当成始终会逃避问题的人。从此，我们将很难改变客户对我们的这种印象和期望，尤其是在客户本来就希望我们弯腰和逃避问题的时候。

如果我们没有直面项目各阶段应完成的任务，就会累积越来越多会在日后困扰我们的未完成事件。这些未完成事件总会在某些地方重新出现，通常是以一种间接的方式。如果一位客户感觉我们一开始就在强行推进某个项目，但他却从未直接将这种感受表达出来，这位客户就很可能在反馈会议上不停地向我们发问，而引发那些无休止问题的其实是客户在项目初期被强迫的负面感受，并非顾问在反馈会议上呈现的数据有何错误之处。如果等到反馈会议再想改变这种被强迫的感受，这和在项目初期的订约会议上就探讨这些感受相比，难度将会加大很多。

完成各个阶段的核心工作，真实坦诚地对客户说出你的体验，这就是完美的咨询所要你做的全部事情。

但是结果和责任怎么办？

■ ■ ■

结果

根据定义，作为一位顾问（而非直线管理者），意味着你只能直接掌控和负责你自己的时间和支持资源，直线管理者才是被聘来对实施什么（或不实施什么）负责的人。如果客户组织的管理者收到了你的报告但是决定不采取任何行动，这是这位管理者的权利。归根结底，你并不负责将你的专业知识和建议方案付诸实施。如果顾问真的相信自己应当负责实施自己所提出的建议方案，那么他们应该立即改做管理者，而不应再称呼自己为顾问。

希望自己能承担那些理应属于客户的活动，这种想法会成为向客户提供有效咨询的一大障碍。当我们把工作接管过来，表现得好像这是我们自己的组织时（这种想法我们都可能有过），我们就让直线管理者从这件事情上脱钩了。组织的直接问题可能会因此得到解决，但管理者却几乎没有获得任何成长。当我们所提供的专业体系发生问题时（必然如此），要么我们会被一次又一次地召回，要么客户组织会宣称启用我们的系统根本就是个错误。而无论客户过度依赖顾问还是贬损顾问，二者都对顾问十分不利。因此，非常核心的一点是要清楚地知道你作为顾问应该承担哪些职责，同时直线管理者应该承担哪些职责。

■ ■ ■

责任

虽然我们对客户如何对待我们的努力不负有任何责任，但这并不意味着我们就不关心咨询的最终结果。事实上，我们的咨询工作能给客户带来极为重要的影响，我们希望自己每一次的努力付出都能为客户所用。如果一位工程顾问被请到一家工厂去修理锅炉，这位工程师就会提出不仅能修好这台锅炉并且能保证锅炉长期完美运行的建议。而问题在于，这位工程师自己并不会控制这台锅炉的实际操作。同样，如果我们在辅导一位管理者提升其管理有效性，那位管理者自己会决定他将听取哪些建议，实施哪些行动。

这正是咨询工作最令人挫败之处——你以为你已经向客户提出了切实可

行的建议，因此客户理应依照你的建议进行落地，然而你对客户实际将如何操作这台锅炉并不承担任何职责，你对你所辅导的管理者会不会重蹈覆辙也同样不承担任何职责。这些都是你必须接受的事实。你所能做的只能是采用恰当的方式与客户开展工作，从而能让客户更愿意采纳你的建议，更愿意努力学习锅炉操作的新方法或开始采用不同的方式对待他人。

要想提升成功的概率，关键就在于你要聚焦于你如何与客户开展工作。我们真正能够掌控的是我们自己的工作方式、我们自己的行为、我们如何促进客户参与的策略，以及如何减少他们对采用新方法的顾虑。因此，我们应该负责的是我们如何与客户开展合作，而不是客户如何正确或错误地管理他们自己的工作。

我们希望自己能对客户有所帮助，这个需求带来的一个弊端就是我们往往太急于证明自己的工作能够带来成效。如果我们想要接管本应由客户自己承担的风险和付出的努力，并以此来邀功请赏，那只不过是显示了我们的自我膨胀和这种自我膨胀底层的焦虑情绪。我们的客户其实很清楚我们为他们做出了什么样的贡献，哪怕他们并没有能够清晰地表达出来。而如果我们急于证明自己的工作成效，要么是为了打消自己的疑虑，要么是为了达成推销我们的服务的目的。

如果我：

- 掌握了特定领域的专业知识；
- 真实坦诚地对待了客户；
- 关注和完成了每一个咨询阶段应完成的核心工作；
- 努力提升了客户自己解决未来问题的能力……

那么我就可以理直气壮地说，我已经提供了完美的咨询，即使我的建议并没有产出行动，即使项目在最开始的订约阶段就已流产，即使我的服务在我提出建议之日就已终止。即便所有这些情况发生，你仍然可以说你已经非常称职地完成了一次咨询。当这些情况发生时，这可能不会是一次愉快的咨询，因为我们都希望世界因我们的接触而改变，但我们已经尽力做到最好。

假如我们采用以上观点来看待我们在咨询中的责任，就不会把客户自己的责任接管过来，也不会徒劳地强迫客户做他们不愿意或不能做的事情。而假如我们接管了客户的组织，强迫客户实施我们的建议，抱怨客户的管理方式，这些举动只会削弱我们咨询的有效性。聚焦于我们自己的行动，真实坦诚地告诉客户，我们在与他们共事的过程中觉察到了什么样的体验，我们发现双方合作得如何，这样的做法才能真正帮助我们提升咨询的有效性。

我们自己的行动和我们自己的觉察——这才是我们真正的责任所在。如果因为我没有做好订约，或是我等到反馈阶段才去直面客户缺乏动力的问题，或者因为我向客户提出的建议过于完美，以至于客户不敢触碰这个建议，那么你完全可以因此而解雇我。但如果情况是我已经和三位管理者都妥善完成了订约，而他们因为公司任命了新的副总裁而中止了项目合作，或是一位工厂管理者说有必要开展某个项目，然而各种迹象表明情况正好相反，因此我没有和客户启动这个项目合作，那么你仍然应当认可和奖励我。

完成每个咨询阶段的工作，真实坦诚地对待客户，这就是完美咨询或无失败的咨询需要我们做到的。在我过去多年的咨询经历中，我所有的失败都源于我太急于去解决客户的问题，而没有关注客户内在的真正动力，或是因为我太想要得到那个客户，而没有关心我和客户之间订立了什么样的合约。在每一次失败的案例中，我都忽视了咨询过程中的某些步骤，没有妥善完成某个特定阶段需要完成的核心工作，或者没有真实坦诚地去处理我对客户的顾虑。如果我当时能够真正聚焦于如何与客户开展工作，那么这些失败就有可能得到避免。

■ ■ ■
失败的权利

失败是可以避免的，但这并不意味着咨询顾问一定能在每一个项目中看到积极改变的结果。内部顾问常常会问："你的意思是如果我表现得真实坦诚和仔细完成每个阶段的核心工作，我就一定能赢得那个到现在都不愿意理我的工厂经理的支持吗？"他们提出这个问题时其实是在表达他们的怀疑。这是一种合情合理的怀疑，因为顾问的行为的确不能保证客户端的结果，这里有好几个原因。

首先，每个人学习和使用信息的方式都不相同。对管理者而言，接受帮助和公开采纳建议往往是一件难事，而在私底下，他们可能受到了我们工作的强烈影响。但如果我们给客户施加压力，想让客户立刻承认我们对他们产生了直接帮助，这将会给我们希望实现的客户学习造成巨大障碍。而如果我们只是聚焦于自己如何与客户开展工作，就能避免给客户带来压迫感，结果也会自然发生。

顾问不能只依据管理者的反应来评判自己的工作的另一个原因，是管理者拥有失败的权利，无论我们是否愿意接受都是如此。管理者有权回避锅炉操作工的问题，有权与他人保持距离，有权不严格控制小额现金使用，也有权对一线销售人员实行不一致的薪资政策。总之，管理者有权承受痛苦，而作为顾问，我们通常只是处在他们生活的边缘地带，因此很难为此带来真正的改变。

管理者有权失败，这一点对内部顾问而言尤其难以接受。如果我们身处一个自己关心的组织，并看到一个部门每况愈下，我们就会觉得自己有责任努力扭转局面。这种愿望十分美好，因为它给我们的工作赋予了意义。但错误在于，我们把重振这个部门的责任当作了我们的个人目标，而事实上，这个部门的管理者（而非顾问）才是让这个部门重整旗鼓的负责人。如果我们把管理者的权力（包括失败的权利）接管过来，就会导致咨询的错误，同时也会导致挫败和失望，因为你可能背负起了本来不应由你来背负的任务。作为顾问，你的职责是尽可能简单、直接和坚定地呈现真实信息，并完成各个咨询阶段的核心工作，这些才是顾问应该做的事情，这些才是每个人都可能做到"完美"的事情。

2

第二部分
进入和订约

第 5 章
订约总览

每一次开始咨询技能的课程时，我们都会问大家想要学习哪些咨询技能，第一波得到的总是一些十分合理和以任务为导向的回答。

- 如何确立一个项目？
- 怎样衡量咨询的有效性？
- 你可以同时做专家和帮手吗？
- 如何能引导客户说出期望？
- 怎样在不受欢迎的情况下跨入门槛？
- 如何建立信任关系？
- 到底什么是咨询技能？
- 我们几点午餐？

……

当我们进入课程后，就会很快发现这些愿望底层的真正渴望。顾问到底想要学习什么咨询技能呢？我们想要学习如何能掌握在客户之上的权力！这包括我们如何影响他们，如何能让他们做我们想做的事，如何确保他们维护我们的形象，以及在我们这样对待他们的同时，如何仍然得到他们的尊重和感谢。

"在客户之上的权力"（power over client）这句话是对于"和客户共享的

权力"（power with client）的一种曲解，后者才更有可能带来成功。如果我们想控制客户，就是把我们自己摆在了比客户更高的位置上，而这种设置极不稳定，因为客户会很快意识到我们想要操控他们，并且客户可以轻轻松松地把我们推倒。客户怎么不会推倒我们呢？管理者获得薪酬的原因就是他们能够保持掌控，并且必须拥有政治敏锐度，否则他们也不会成为管理者。因此，想要掌握凌驾于客户之上的权力，这是一种必败的顾问定位。更现实的一种定位是拥有和客户共享的权力，也就是站在和客户平等的位置上发挥直接的和建设性的影响力。

顾问能发挥最大杠杆影响力的时间点就在项目的订约阶段。如果顾问没能在订约时发挥这种影响力，就可能在整个项目中都失去这种影响力。双方订立的合约会为项目设定基调，同时，协商一份新的合约比重新协商一份旧的合约要容易很多。

■ ■ ■

订约：概念与技能

合约就是顾问和客户对相互期望和如何共事做出的明确约定。合约通常是口头的，有时也会被写下来。客户和外部顾问订立的合约往往会采用书面形式，因为通常客户对外部顾问的信任程度要低于内部顾问，涉及钱的时候尤其如此。一些内部顾问也常常会用书面形式描述合作项目，这可能是个好主意，哪怕只是通过邮件形式也不错。但究其本质，内部或外部顾问和管理者订立的合约都属于一种社会合约，这种合约的目的不是强制实施，而是对项目内容做出清晰的沟通。

词语：合约

"我们又不是律师，"人们会说，"合约是用正式的语言写下来的法律文件，它是有约束性和书面形式的，非常严格和正式。为什么不能把它叫作'工作协议'呢？"采用"合约"这个词语有两个好处：首先，我们往往不习惯采用合约性的语言来思考我们的社会或工作关系，而"合约"一词可以引发我们关注咨询关系中澄清具体期望的需要；其次，"合约"一词所带有的一些法律内涵也同样适用于咨询关系。

法律合约包含了两个同样适用于咨询关系的基本要素：双方同意（mutual consent）和有效对价（valid consideration）。

"双方同意"的核心概念：双方自愿地因自己的选择而达成共识。

双方同意的概念直接针对了支持人员和客户双方共同投入项目的动力程度问题。组织中有很多的强制性力量会迫使人们不得不启动一个项目、和他人一起共事。例如，组织中人人都在实施某事，其原因往往是管理者背负了某种压力，管理者本人可能并没有真正想要实施某事，比如对他们的员工进行调研，但这又是一件应该做的事，因此就导致他们找内部顾问来讨论实施调研的事情。这种内化了的"应该"或流行一时的做法会变成一种很大的强迫性力量。同样，顾问也会在很多的"应该"之下工作。比如，"支持人员永远不应该对管理者说'不'"，这种信念常常会导致顾问去启动一个他们自己并不认同的项目。有时候这种强迫力量还是非常直接的。

当客户和顾问之间出现类似以上这样的对话时，虽然双方最后对做什么达成了共识，但双方并没有订立一份稳固或有效的合约，顾问其实是出于被迫而非自愿地和客户达成了共识。很多时候，顾问确实无法和客户协商订立有效的合约，那也没有关系，但关键在于，如果管理者最终对新的评估表带来的结果不满，应该将原因归咎为双方当初订立的合约不平衡，而非表格本身设计得好不好。

"有效对价"的核心概念：要订立一份稳固的合约，就要对双方的需要都做出有效的考虑。

对咨询而言，"有效对价"就是在顾问和客户之间交换有价值的东西。内部顾问尤其习惯于只关注客户的需求，管理者和支持人员最初进行交流时也往往是出于想让支持人员给管理者提供服务的目的。这种服务（或"对价"）采用的形式包括建议、分析或只是反思。然而，要想确保双方能形成一份有效的合约，支持人员也应该得到有价值的回报，这个方面的平等性常常被低估、忽略，或是未经讨论就被做出了某种假设。

支持人员往往会说，他们真正想要得到的只是管理者的感谢而已，从而能让他们知道自己的确做出了某种贡献。在感性层面也许确实如此，但除此之外，顾问还会有一些具体的需要，这些需要也应当包含在双方订立的合约中。

- **建立工作伙伴的关系**：能对事情产生影响，能对重要事件进行调研，并能因为自己的独特贡献而得到尊重。
- **接触客户组织中的人员和信息**：能够自由活动和收集到你认为相关的事件和数据。
- **获得客户组织中人员的时间**：对一个改善项目而言，即使项目涉及资本投入，其最贵的成本仍是组织中人员需要在计划和实施变革上投入的时间。很多时候，顾问在收到一个任务委派的同时就被要求不要占用客户组织内部人员太多的时间，因为"他们"不希望打扰正常工作。这其实是在发出警报——双方的合约是不平等的，因此需要重新协商。
- **得到创新的机会**：顾问通常希望做出不同的尝试，你有权直接要求得到这个机会，而非私下偷偷尝试。

在下一章中，我们会更深入地谈到顾问的需求和需要。在这里，我们只需要先记住一点——如果你没有在一开始就充分表达你的需求和需要，你就会削弱自己的杠杆影响力。

订约的技能

完美地订立合约，就是：第一，行为真实坦诚；第二，完成订约阶段的核心工作。

订约阶段的核心工作涉及协商需要、应对矛盾的动机、让暴露弱点和失控的顾虑浮现、和所有相关方澄清合约、给予客户支持肯定。以下是完成订约阶段任务需要掌握的技能。

- 直接询问谁是客户，还有哪些不明显的相关方应该参与订约。
- 引导客户说出对你的期望。

- 清晰简洁地表达你需要客户提供什么。
- 拒绝或推迟你认为成功概率低于 50% 的项目。
- 直接探询客户对于失去掌控的深层顾虑。
- 直接探询客户对于暴露脆弱之处的深层顾虑。
- 通过语言直接表达对客户的支持和肯定。
- 当订约会谈进展不佳时，直接和客户讨论为何进展不佳。

有关订约会议的更多细节会在下一章展开，但上文已经包含了最关键也是我们中很多人面临挑战的技能。其中的难度并不在于这些行动本身，而是对这些行动的重视。顾问能与客户展开有关掌控性、脆弱感、顾问自己的需求、成功概率和会谈进展的直接讨论，这是让一次订约会谈变得卓有成效的关键所在。但问题是，很有可能我们开展了一次订约会议，却根本没有直接讨论这些议题。在这种情况下，顾问和客户实际上成了同谋，共同回避了对敏感议题的讨论。他们的一个合理化想法可能是，"好吧，等今后有必要时我再来处理这些吧。"事实上，顾问任何时候都有必要和客户讨论有关掌控性、脆弱感、你自己的需要和成功概率的议题。如果你读到这里时认为你经常会和客户直面这些方面的议题，那么你应该对自己感到满意，因为你的咨询可能已经比你自己认为的更完美了。

■ ■ ■

合约的要素

截至现在，我们一直聚焦于订立一份合约的过程，接下来将针对合约包含的内容提供一些建议。但首先说一下形式的问题。

人们常常会问，合约是否要采用书面的形式。如果你有精力和时间，我的答案是"要"，但采用书面形式的目的并非强行实施，而是提升清晰度。

假如合约已被书面化，而客户对需要你服务的内容产生了新的想法，那么你要么和客户重新协商订立一份新的合约，要么中止与客户的合作，书面化的原始合约并不会让这种情况发生。在你为项目投入了自有资金或提供了收费服务，而项目又中途停止的情况下，书面合约可以帮你追回已经投入的资金和按服务时间的计费。但对大部分内部顾问而言，书面合约的真正价值在于，在项目开始前澄清顾问和管理者双方的理解，同时，这也是对合约稳固性的一种有效检测，因为将合约写下来的过程会迫使你进一步清晰你要做的事。

书面合约的形式应该保持简短而直接，并尽量采用接近口语化的表达方式，因为书面合约的目的不是在法庭上进行自我辩护，而是方便大家的沟通理解。

大部分合约应包含以下要素，启动重要项目时尤其如此。

项目的边界

首先要说明你会聚焦在什么问题（或可能性）上，如果在订约会议中谈到，你也可以澄清什么内容是你不会涉及的。

举例

"我们会对布罗根反应炉和其周边的支持网络展开调研，我们不会调研B电厂目前存在的问题。"

"我们会针对市场部门的组织结构和该部门与销售部门之间的衔接情况做出评估。"

项目的目标

项目目标就是你对结果的期望，即如果咨询成功，你能帮助组织实现什么样的改善。这是你对客户可以期待得到的最佳收益所做出的推测，有时这也是为了让客户更加现实地面对项目的局限性。你需要承认自己并非魔法师，并且你要不断地提醒客户这一点。

通常，你可以在以下 4 个方面帮到客户。

- 解决一个特定的技术或业务问题：客户愿意找你的原因就是客户组织中的某些地方出现了让人头痛的问题，因此项目的直接目标就是减少这种痛苦，无论痛苦的原因是当前结果令人不满意，还是改善的机会未得到充分开发。

- 帮组织创造一种新的可能性：有时，客户的驱动力更多地来自一种新未来的愿景，而非一个当下存在的问题。顾问的工作就是让这个愿景具体化，并为愿景的实现建立起支持性力量。这往往需要找到系统已有的优势，并找到充分扩展这种优势的方法，从而能创建一种新的文化。

- 教会客户如何在未来自行解决同样的问题：你当然可以独自制定解决方案，然后直接将方案转交给客户。然而，如果你的期望是客户能在未来自己解决同样的问题，那么你就需要和客户明确这一点。而要将你解决问题的过程传授给客户，就需要客户更多地参与项目过程。

- 提升组织管理资源、使用系统和开展内部工作的方式：每一个业务或技术性问题都有这样一个特点——该问题如何被管理就是问题之一，有时这也称为问题的政治性因素。很多内部顾问都不大愿意触及这个领域。然而，你越是能将这个方面纳入项目的目标，你提供给组织的帮助就越具有长期意义。（更多相关内容见第 16 ~ 18 章。）

总之，你应该在一开始就通过合约明确项目要达成什么。

举例

业务目标："这项研究的目标是将印制电路板制造过程中出现的产品问题减少 4%。"

"我们的目标是提高市场部对不断变化的消费需求的响应能力。我们特别希望找到方法，将新产品的推出时间缩短 6 周。"

学习目标："第二个目标是教会工厂的工程团队如何开展这样的生产分析。"

"未来，市场部人员要能够更有效地评估自己的市场响应能力，并能做出相应的调整。"

组织发展的目标："项目将会帮助工厂经理更有效地管理工程部和生产部之间的衔接。"

"项目的目标之一是提升市场调研团队和产品总监之间的合作。"

"项目的目标是为了创造一种高承诺度和责任感的文化，从而市场部成员会更加积极主动地寻找新的市场机会。"

你需要收集的信息

能接触到组织中的相关人员和信息，这是顾问在项目中的核心需要。而对客户组织而言，他们的一个主要矛盾点就在于要让你进入组织内部多深的程度。他们既想要让你知道实情，又害怕让你知道实情。走近一点，但不要太近。

无论管理者实际对你说的是什么，他们总是渴望在这一点上得到确认——组织已经在有限的条件下尽力做到了最好。有时，这种想要得到确认的渴望甚至可能大过想要解决问题的渴望。为了应对这种矛盾心理，顾问可以采取的一个做法就是在一开始就明确你需要什么样的信息，其中可能包括技术性的信息、数据、工作流程，以及人们对有待解决的问题持有的态度、扮演的角色和承担的职责等。

举例

技术性的信息、数据、工作流程："要完成这个项目，我们需要蚀刻工序的日常生产数据，并了解目前的排班和流程。"

"我们需要看到项目启动后最近 6 个产品改进举措的进度表，包括计划进度表和实际进度表。"

人们的态度："我们需要至少访谈 15 人，以了解他们目前对市场部门职能的看法。"

"我们需要与负责单面多层蚀刻和测试与检验的员工交流，从而能了解他们对上级部门制定的奖惩举措的看法。同时我们也会用同样的问题访谈相关主管。"

角色和职责："市场部门会提供有关各阶段新产品的决策由谁负责的信息。"

"我们会向所有主管收集信息，以了解他们对自己工作的想法，并了解他们对自己所负责的 PCB 生产环节有哪些管理权限方面的看法。"

你在项目中的角色

这个部分是你向客户表达你希望如何与客户开展工作的地方。如果你想要和客户以合作伙伴的关系开展工作，就直接说出来，并且要让你的表达既传递意图也传递精神。清楚说出你希望和客户共事的所有方式，这并不需要你付出什么代价。虽然你在一开始还无法预测最终会发生什么，但你可以向客户提出你希望双方在问题分析、解释调研发现、制定方案建议和行动计划等方面进行 50/50 的职责分担。

举例

"我们的首要角色是给你提供一份清晰易懂的报告，让你了解你的工厂目前在 PCB 生产的蚀刻和测试 / 检验环节表现如何。我们在设备的设计与运行、行业的最新测试和检验流程方面拥有专业能力，而你们对日常运营非常熟悉，因此，我们希望能在汇报产品缺陷问题的分析之后和你们一起制定改进方案。我们的主要角色就是要帮助你们掌握能力，下次可以独立解决这个问题，这就需要工厂主管参与问题调研的每一个步骤。我们的承诺是既能制定出解决当下问题的方案，同时也能对你和你的主管起到带教的作用。"

你会交付的产品

在这个部分，你需要向客户明确你会交付什么。这一点很重要。你的反馈是以口头还是书面报告的形式？篇幅会有多长，5 页还是 50 页？客户会收到多少细节信息？你会提供多么具体的建议？你会提供比较笼统的改善建议，还是会列出可被立即实施的具体改进步骤？你会直接提供真正的解决方案，还是会先提供一些能帮助客户最终找到解决方案的步骤？

当然，你无法在一开始就对以上所有问题做出准确的预测，但你的确可以根据自己的经验来判断你可以具体到什么程度。咨询关系中的这个维度——建议方案的具体程度和性质，往往是客户对自己得到的咨询服务产生失望情绪的一个主要原因。这并不意味着建议方案一定应该是非常具体或非常笼统的，这一点取决于顾问参与的项目是什么样的。但这里要强调的是，针对自己最终会交付什么样的产品，顾问一定要和客户达成清晰一致的理解。

举例

以下是有关提供具体建议的承诺：

"作为项目的成果，我们会提供一份详细描述调研发现的报告，篇幅为

5～15页。并且，针对每一项主要发现，我们会提供可供你们直接采取行动的具体建议。"

以下是有关提供总体性建议的承诺：

"我们会用大约一页纸来总结我们从调研中得到的主要结论，这些结论只是针对一些关键领域。和你们一起讨论完这些要点之后，我们再共同来制定行动方案，我们会在项目后期举行的半天反馈会议上开展这个方案讨论。"

当你向客户承诺你会交付什么结果时，记得要在适当的节点把行动的职责转交给客户，因为最终是由客户（而不是你）来负责交付后续的项目结果。你可以确保向客户提供一个解决方案，但你却无法确保这个解决方案一定会得到实施。把解决问题完全揽在自己身上，这可能是你自己觉得舒服的方式，但是会剥夺本应属于客户自己的责任。

客户的支持和参与

这一部分对顾问而言是合约的核心所在。在这里，你向客户明确：为了项目成功，你需要客户给你提供什么。最后包含在合约中的清单就是客户准备提供给你的东西。将你和客户在订约会议中口头讨论过的需要列到清单上，这可以确保双方沟通的清晰度，同时也确保所有敏感议题得到解决。

举例

"你（直线管理者）同意了会向组织沟通这个项目的存在和必要性，我们也确认了会和部门副总裁见面，以了解她对问题的看法，并且也会邀请她参加第二次反馈会议。（和该副总裁见面是有关敏感议题的一个举例。）此外，你们还会派出两位成员，最多分别花7天的时间参与我们的数据分析和总结工作。"

时间计划

在时间计划表中包含开始时间、中间的里程碑和最后的完成日期。如果你希望在项目完工之前先给客户提供阶段性报告，那么在一开始就做好这个规划。最后一分钟临时取消会议总比临时安排会议要容易得多。

举例

"我们可以在 6 周内启动这个项目，并在启动后 10 周内完成工作。"

保密性

由于你在处理技术性问题时几乎总会遇到某些政治性因素，因此谁可以看到什么报告就成为一个需要经常考虑的问题。在这一点上，比较好的做法是顾问保守一些，让客户自己来决定他们想要将报告分享给谁。而这一点其实是外部顾问的一个优越之处。如果你是一位内部顾问，那么你就很可能别无选择，只能直接将技术研究或审计报告发送给上级管理者。在这种情况下，你能做的只能是向客户承认你被要求将报告发送给谁，这至少可以让客户（必要时）有机会想一下如何进行自我保护。

举例

以下是有关保密性的一个简单例子：

"研究报告会被提供给工程总监（客户），该总监将决定进一步还需把这份报告发给谁。如果内部顾问被要求在组织的更大范围内汇报本次研究的任何结果，工程总监会被知会并被邀请参加此类会议。"

以下是一个更有难度的例子：

"审计结果将被汇报给管理审计委员会。在报告发出之前，部门总监

（客户）将先对审计发现和行动建议做出审核，此举旨在（亦是通常做法）确保发送给委员会的报告受到部门总监和审计团队双方的支持。最终发出的报告将包含该部门计划采取的改进举措清单。"

后期反馈

还有一个可选的合约要素，就是邀请客户在你离开后（如6个月后）向你反馈你的工作产生了哪些成果。如果你希望得到这个反馈，但通常却没有收到客户在这方面的信息，那你就向客户提出这个需要。

举例

"大约在项目结束6个月后，我会联系你们了解项目的后续影响。到时采取的形式可能是请大家完成一份问卷，或通过电话回答一些问题，或请你们发给我一些近期的运营数据。"

表 5-1 检查清单 2：分析一份合约

> 选一份你已经和客户协商好并有一定复杂性的合约，使用以下标题，将该合约所包含的要素写下来。
>
> 1. 项目的边界：
>
> 2. 项目的目标：
>
> 3. 你需要收集的信息：
>
> 4. 你在项目中的角色：
>
> 5. 你会交付的产品：
>
> 6. 客户的支持和参与：
>
> 7. 时间计划：
>
> 8. 保密性：
>
> 9. 后期反馈：

■ ■ ■
订约的基本准则

1. 任何关系中的职责分布都是 50/50。每一件事都有两方，双方必须有对等性，否则关系就会崩塌。双方的合约必须 50/50 对等。

2. 合约应由双方自愿进入。

3. 你不能有所得却不付出，合约必须考虑双方需要，即使在上下级关系中也是如此。

4. 所有的需要都是合理的，提出需要是每一个人与生俱来的权利，你不能说："你不应该需要那个。"

5. 你可以在别人向你提出需要时说"不"，即便对方是客户。

6. 你的需要不一定总能得到满足，而你仍可以活下去，并且将来你仍会拥有更多的客户。

7. 你可以向对方提出行为的期望，但你不能要求对方改变感受。

8. 你不能要求对方提供他没有的东西。

9. 你不能承诺给对方提供你没有的东西。

10. 你无法和不在场的人订约，如客户的上司或下属，你只有直接和他们见面才能知道你是否和他们有共识。

11. 尽可能将合约写下来，大多数违约的原因在于忽视，而非有意为之。

12. 社会合约总可以重新协商，如果客户在项目中间想要重新协商合约，你应当感谢他们告知你，而非不告知你就直接单方行事。

13. 合约应约定确切的截止日期或时间长度。

14. 好的合约需要你保持积极的信念，并且常常可遇不可求。

第 6 章

订约会议

喜剧导演大卫·斯坦伯格（David Steinberg）讲过一个经典笑话，有人第一次去见心理医生，走进咨询室时发现有两张空椅子，他问心理医生："我应该坐哪张椅子？"医生回答："都可以。"这个人就坐在了其中一张椅子上。医生立刻跳了起来，指着这个人大喊："啊哈！每件事都算数！"

订约会议也是如此，每件事都算数，但这并不是要做出评判（如椅子选错了），而是要意识到你走出的每一步都是在做出一个选择。当你面对不得不做出决定的情形时，你选择哪张椅子的决定将成为你获得洞察和建立连接的来源。在订约会议中，几乎每一件事和每一个行为都隐藏着有关这个项目和这位客户会是什么样的信息，并且这是一种无须花费时日、瞬间即可获得的信息。

这里的重点是顾问和客户在最初订约会议中的人际互动可以准确预示未来的项目开展情况。如果你能接受这个观念，那么你就会密切关注那些早期阶段的会议过程。事实上，订约的关键技能就是要能够识别并与客户讨论你们之间在关系和过程方面的议题。这往往并不是客户会关注的方面，却是你应该关注的。

通常，你和客户会通过电话、邮件、短信或其他联系方式安排你们的订约会议。在这个早期的接触点上，就会有一些你可以关注并为将来的关系发展做好准备的事项。例如，是谁提出要召开这次会议的？这个问题的答案就能显示谁在承担职责。如果是其他人提出要与你和直线管理者开会，这就是一个警告信号，意味着管理者可能对开展这个项目感到有些压力。你还要了解谁会来参加会议，他们的角色是什么，会议时间有多长。这些都可以显示出管理者对这个项目的重视程度如何。如果你听到对方说"我们有半小时时间"，这和你听到对方说"需要多长时间都可以"相比显然是截然不同的信息。

此外，你还要澄清客户对这次会议成果的期望。会议的目的是决定如何启动这个项目，还是决定到底要不要开展这个项目？需要你准备一份合作方案建议吗？如果你在会前就提出这些问题，这将有助于你更好地为会议做准备。同时，这也是在向客户传递50/50合作的信号，即你和客户一样是合作过程中的负责人，而并非仅仅是一位服务的提供者。

在客户主动找你的情况下，做到以上这些当然要比你主动敲客户的门容易一些。（在第7章，我们会聚焦于如何在客户不了解我们服务的情况下，主动向客户销售我们的服务。）在客户主动找你的情况下，我建议你至少通过电话提出以下这些问题，必要时也可以通过邮件提出，但邮件肯定无法取代你的声音。

- 你希望讨论什么？
- 你希望通过这次会议达成什么？
- 还有谁会参加本次会议？他们的角色是什么？
- 我们有多长时间？
- 你知道你们是确定想开展某个项目了吗，还是我们要在这次会议上讨论究竟要不要开展这个项目？

谁是客户

当你开始和客户订约时，一个关键问题是：谁是客户？大多数项目都存在多位客户，和你交流的直线管理者是你的客户，局部参与项目的其他人员也是你的客户。订约的"基本准则"之一是，你无法和不在场（或不在电话上）的客户订约。如果你在确立一个项目，而主要人员没有出席，那么你在真正和他们建立连接之前就不能假设他们一定会支持这个项目。

总体而言，一个项目的客户就是符合以下条件的人员：

- 参加最初的计划会议；
- 为项目设定目标；
- 审批行动计划；
- 接收你的工作结果报告；
- 会受到项目的显著影响。

基于以上，客户可能是一个人、一个高层管理团队或整个部门，你通过和该部门的代表所组成的计划小组一起开展工作，甚至是与你自己的上司一起工作。你需要尽量和参与项目启动的每一个人至少会谈一次，即使他们职级很高也不例外。只有这样，你才能直接了解他们想要什么，并知道你的计划是否会满足他们的需求。

■ ■ ■

引导订约会议

和客户就如何开展合作达成共识，这个过程可以遵循具有一定逻辑顺序的步骤。图 6-1 列出了能帮助你最终和客户达成共识（决定合作或不合作）的一系列步骤。运用这个模型可以确保你能充分完成订约阶段的核心工作。在以下对各步骤的描述中，我既会说明每个步骤要完成的关键任务是什么，也会举例说明真实坦诚地完成该步骤的关键任务会是什么样的。

我们在这里的关注点是要在你和你的客户（或直线管理者，或任何你需要与之订约的其他人）之间订立一份稳固、平衡与可行的合约。

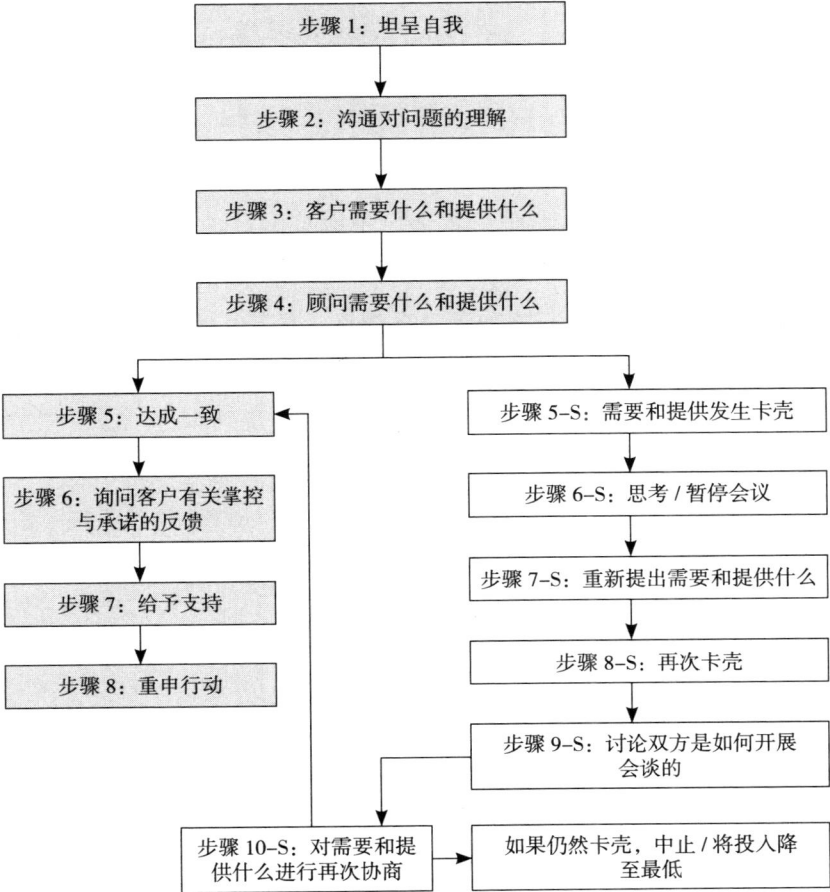

图 6-1　引导订约会议的步骤

步骤 1：坦呈自我 [①]

无论管理者带着多大的动力来寻求你的协助，在组织中寻求他人的帮助都是一件难事。即使顾问和管理者双方都经验丰富，当管理者需要请顾问来帮助解决问题时，他的内心仍会忐忑不安。因此，顾问在订约会议中要做的第一件事就是通过一些方式让顾问和管理者之间都感觉更加轻松自在。有些顾问采用的办法是和客户寒暄一番，比如聊聊球赛或天气。而一种更有影响力的方式是说出此时此刻你在这个会议中与客户见面的感受，你也可以说说这次会谈对你有何重要意义，然后你可以邀请客户也同样分享他们此时此刻的感受。

举例

"这是我还从没有合作过的少数部门（或工厂）之一，很高兴你们和我联系。"

"我很惊讶你们会对我们做的事情感兴趣，希望我们能一起做点什么。"

"我们过去和你们团队的合作历史颇为复杂，谢谢你仍然这么开放地对待这个项目。"

"我们过去和你们团队的合作经历了不少波折，对此我既有些担心，同时也很高兴能有机会重写历史。"

"看起来你的工作非常忙碌，我希望我们现在见面的这个时间对你是合适的。"

步骤 2：沟通对问题的理解

客户常常会迫不及待地告诉你发生了什么问题或总体情况是什么样的。在客户的这种急切心情背后往往有一种信念——他们相信自己的情况在某些

---

① 坦呈自我是国内"完美咨询"培训中的固定说法，借用的是 2009 年于北京大学出版社出版的图书《坦呈自我》的书名，意为更真实完整地呈现出自己。——译者注

方面是独一无二的，他们的组织真的非常特别，甚至管理者可能会认为他们的情况实在太特殊了。如果不在这个组织里待上一年，就根本不可能真正理解他们的问题。

在客户声明自己的问题独一无二的同时，伴随而来的是客户对顾问能否真正理解他们情况的担心。这种担心有时会以一种相当迂回的方式被表达出来，例如，客户可能会问你在这个组织或行业的其他地方做过什么样的工作，你向谁汇报（假如客户不知道），你做这一类工作大约有多久了，以及你究竟能否有所帮助。在所有这些表达或提问的底层，其实是他们对自己能否得到帮助或问题能否得到解决感到担心。毕竟，客户在顾问出现之前就已经在竭尽所能地尝试解决这个问题，因此，他们对自己始终未能解决问题感到沮丧或者对你能否做出任何贡献有所怀疑，这完全是可以理解的。

以下列举的一些基本顾虑需要顾问在订约会议一开始时就做出直接回应。

"我的情况极其特殊。"

"这个问题相当复杂，没有什么显而易见的解决办法。"

"作为一位顾问（或支持人员），你如何能在很短的时间里就提供切实的帮助呢？"

你需要向客户沟通你对问题的理解，而你的沟通方式要能够承认客户情况的独特性，对客户问题的复杂性做出回应，从而能缓解客户害怕得不到任何帮助的情绪。以下是你可以采用的方式。

激发反思而非提供方法，这赋予了人们命名这个世界的权利。提供方法是被压迫者和压迫者之间的关键元素，自己对事情做出命名的行动则是每一个人拥有的权利。

—— 保罗·弗莱雷（Paolo Friere）

承认客户情况的独特之处

每一位客户的人员不同，运营环境也不同，因此，管理者所认为的独特性的确有一定的道理。站在顾问的角度，我们却往往更容易注意到眼前这位客户与其他客户之间的相似之处。然而，在初始阶段，我们首先要用语言说出这个项目的不同之处，这一点很重要。

举例

"你们面临的情况有两个独特之处：一个来自上级的压力，另一个是你们这个地方本身的沙漠气候。"

"你们的情况有好几个特别的因素，这些因素让这件事既有意思又充满挑战。"

用你自己的语言，复述你对问题的理解

在这里，你要表达的意思是，即便这个问题的确有一定的复杂性，你也已经能开始理解这个问题。这是一种安抚行为，旨在让客户感受到自己得到了理解和支持。此刻，你其实还并不知道真正的问题所在，因为真正的问题往往与客户开场所陈述的问题大相径庭。此刻你要做的只是要让客户知道你在聆听，并让客户相信你的专业技术能力足以让你快速听懂客户的问题。

举例

"你详细地表达了自己对费用凭证、小额备用金和应付账款的担心，但听上去你最担心的是有些地方缺乏具体的财务控制举措，以及人们对遵循这些举措缺乏承诺。"

"我听到你对很多情况的担心，包括网速下降、安全系统崩溃、客户被迫承受离线一小时的痛苦，最极端的情况是竟然有人趁周末把每一件可移动的设备都粘连和焊接起来了，但我其实听到你最感到担心的是人们不喜欢在这儿工作。"

向客户保证，这个独特而复杂的问题可以得到解决，并且你能够提供帮助：你的保证必须是真诚的，并且你保证的是你可以帮助找到解决方案，而不是你现在就已经知道解决方案。你的专长就在于你知道找到解决方案需要遵循哪些步骤，这就是你会提供的帮助。在这个阶段，客户心里想的是：这个人是我可以依靠和信任，从而能帮助我解决这个问题的吗？你的回答则是一个初步的"是"，因为在这个早期阶段，你还没有确切地了解客户想要从你这里得到什么，或者客户愿意为你提供什么支持。只有在你真正知道客户需要什么和会提供什么支持之后，你才能知道这是不是一个你能取得成功的项目。

举例

"尽管这挺让你感到沮丧的，我可以理解你面临的是什么样的问题，我们近期经常处理这一类问题。"

"这种情况可能会给你打开一些新的视角，让你看到一些你之前还不太清楚的新选项。"

在沟通你对问题的理解时，既不要带有判断，也不要过早提供建议，使用简短的话语会很有帮助。很多顾问容易在这个早期阶段就走过头，太深地进入问题分析。这个阶段的任务其实是要对客户有关问题的独特性、复杂性以及能否真正得到帮助的顾虑做出回应，而并非对问题的性质进行深入分析（这是后面的任务）。当你回应客户的顾虑时，多说不如少说，拐弯抹角不如直截了当。用简短的话语表达你对客户问题的理解和支持，既不要过度保护自己，也不要虚情假意地安抚对方。同时，也不要进行推销，你只需要简短说明这个问题看似可以得到解决即可。下一步，你就要开始和客户具体交流彼此的期望了。

步骤 3：客户需要什么和提供什么

和客户打过招呼并听到客户初步陈述他所关切的问题后，你就可以直截了当地问："那么，你需要我提供什么呢？"客户对这个问题的回答是订约过程的核心，你需要直截了当地提出这个问题。这个问题将决定你能否和如何在这个项目上取得成功。

客户想要从项目中得到什么，与客户想要从你这里得到什么，二者有所区别。客户可能非常清楚地表达了自己想要从项目中得到什么（例如，改善成本控制、降低人员费用、减少设备问题、提升团队士气、发展一线主管技能、自动化销售报告系统），但仍然没有说出他对你作为顾问的期待是什么。

以下是一些客户经常需要顾问提供的东西：

- 某个具体业务问题的分析；
- 如何解决某问题的建议；
- 设计并交付一个培训课程；
- 个人的建议和支持；
- 设计一个成本更低的流程；
- 如何进行重组并降低劳动成本。

以上都是客户对你的服务提出的比较明确的要求。当你开始理解客户希望你如何开展这些工作时，这些要求就会变得更为复杂。为了理解客户希望你如何做，你可以询问客户，在开展这项工作时是否有任何特别需要注意的事项，或者这个项目有什么样的限制性条件。

提出有关项目限制性条件的问题，可以帮助你尽早了解到类似以下情况：

- 你只有两周的时间完成本需要四周的时间才能完成工作；

- 你不应该和某些人交流；

- 其他人都不知道这项调研的真实原因，因此你不应该告诉他们；

- 这个项目的预算只有 1.85 美元；

- 本次会议后，该客户就拿不出更多的时间和你开会了。

项目有哪些限制性条件，这是你现在就需要了解的重要信息，因为如何开展项目往往是你和客户在订约中最难协商的部分。让限制性条件得以浮现的技巧就是直接询问客户——他们希望你如何与他们开展工作，存在哪些限制性条件，例如，采用什么探索方法、谁参与、谁可以了解结果、时间计划和成本。

在你了解客户的需要后，下一步是你询问客户准备为项目提供什么样的支持。如果客户会直接为你的服务付费（假如你不在客户的编制内），你就会想知道这个项目的预算有多少。对内部顾问而言，客户可以提供给你的另外两项支持是他们内部人员的时间和他们的信息。在你表达你的需要之前，先在这些方面做一些具体探索。

实际上，大部分从事咨询的人对订约中的这一步骤都颇为擅长。组织内部的支持人员尤其如此，他们似乎总是以客户需求为导向，并且在识别客户需要方面技能娴熟。内部顾问通常会觉得下一步更有挑战：识别并表达出他们自己的需要和需求。

步骤 4：顾问需要什么和提供什么

完美咨询的一项最关键的技能就是直接用语言表达：作为顾问，你为了项目成功而对客户有何需要。

当我告诉内部顾问这一点时，他们经常这样回应："我们的角色是服务的提供者，我们的工作就是满足管理者的需求和需要，如果我们能成功地提供服务，那么我们就做好了自己的工作，所以我们不适合向我们服务的对象提出要求。"这种纯服务的倾向可能会弄巧成拙，顾问向客户清晰地表达对客户的需要正是为了确保项目的成功，而并非出于顾问自己的突发奇想，或只是为了满足顾问的一己之愿。

我们在这里所说的"顾问的需要"包含诸如这样的一些需要：妥善完成工作所需的充足时间；能接触到适当的人员和信息；在一些艰难时刻得到客户的支持；客户组织派出参与项目的人员；对保密性达成共识；提出建议后作后续跟进；管理者提供不受干扰的时间；管理者愿意考虑自己和相关团队会在推动变革中扮演什么样的角色，以及管理者愿意思考有哪些自己的因素导致了当前问题的持续存在。

在我们需要客户提供的东西中，一些需要的重要程度高于其他。因此，当我们计划订约会议时，将需要分成两类会对我们很有帮助：核心需要和理想需要。

核心需要

即你至少和必须得到的东西，又称"需求"或"必要的需要"。如果你无法从一位客户那里得到你的核心需要，那么你最好不要开展这个项目。核心需要随情况而改变，以下是一些举例：

- 接触到与问题相关的关键人员；
- 专业完成工作所需的充足时间；
- 钱；
- 获得某些历史记录和资料；
- 得到组织最高层人员对开展此项目的承诺；
- 24 小时内回电和回邮件。

什么才属于核心需要？我们对此的认知来自经验积累和挫败经历。由于我们从来不大可能在一个项目上获得我们需要的所有东西，因此常常会在一开始就要求自己做出一点让步，从而能让项目得以继续。然而，如果我们让步了一项核心需要，无论是因为实在急需获得客户，还是因为上司要求"将那位客户纳入进来"，我们都会为之懊悔。在核心需要上做出让步，会导致我们的项目建立在很不牢固的基础之上，因而会让我们面临失败的风险。

如果在一次订约会议中，你和客户的意见一直在调整，忽然，你必须对是否同意某事做出决定，此时你应该暂停讨论，让自己中途休息一下。你可以喝杯咖啡，去趟洗手间，在地上扔几颗弹珠，边找弹珠边思考，或在手机上回几封邮件，或者做一下能给自己一点思考空间的任何事情。在这个中途休会的过程中（无须超过三分钟），你只要问自己一个问题：客户的这个意见是否在任何方面有悖于我在该项目上的核心需要？如果答案是"是"，那么你就要回到会议中并告诉客户："你提出的想法非常有道理，但没有提供我认为项目成功所必需的东西。"然后，你们继续协商。

在启动一个项目时，对你而言最重要的事情就是要务实地确定你在项目上的核心需要，如果你能诚实地做到这一点，既没有过分贪心也没有牺牲自我，那么订约会议上就不大会有其他事情会伤害到你。虽然项目过程中仍会发生很多给你带来痛苦的事情，但只要你的核心需要得到满足，项目就可能取得成功。如果核心需要没有得到满足，那么项目就会遭遇失败。

理想需要

即你希望从客户那里得到，但如果得不到也可以继续将项目开展下去的事物。这些并不是你随意或任性提出的需要，而是会让项目开展得更为有效的需要，但同时你也明白，如果这些需要没有得到满足，你仍有可能取得成功。以下是一些举例：

- 客户组织派出人员和你一起工作；
- 管理者和项目相关的其他人员见面，做出解释，并亲自寻求他们的支持；
- 集团最高层深度参与项目；
- 充分的时间计划；
- 召集由公司所有层级人员参加的大型团体会议；
- 如果你在项目中表现出色，客户就会向组织中的其他人积极宣传。

内部顾问往往过度以客户需求为导向，因此很难识别自己需要客户提供的东西。下面列出了一些被内部顾问认为是需要客户提供的东西：

- 合作解决问题；
- 对项目的承诺；
- 对项目结果不持有偏见；
- 完成工作所需的条件（可能是一辆车、一位司机以及一位翻译）；
- 在项目中开放地听取我的反馈；
- 在我离开项目后向我反馈后续进展；
- 向我的上司反馈；
- 接受某些事情就是做不到；
- 给予谅解。

用语言表达出你的需要

将你需要客户提供的东西识别出来是第一步，下一步是对这些需要采取行动。这呼应了完美咨询的两大要求：完成每个阶段的核心任务和行为真实坦诚。此时，确定顾问对客户的需要就是一项关键任务，而将这些需要用尽可能简单直接的语言表达出来就是一种真实坦诚的行为。

有时我们很容易让这种表达变得过于复杂，我们可能会认为自己应该做些解释或证明。因此，我们在提出一个需要时会加上一大段话来说明我们在其他地方的经验，或者该组织有哪些独特的要求，这会让我们的表达变得十分模糊和笼统。有时我们还会通过提问的方式表达自己的需要，所有这些做法都会模糊化和削弱我们的表达。

以下是一个举例：

需要

一位培训经理在和一位部门总监交流，议题是派送该总监的一位下属去参加一个有关如何开展艰难对话的课程。培训经理想要提出的需要是请该部门总监也一起参加该培训，从而该总监能直接参与到该项目中来。

模糊地表达需要

培训 经理：	"我们根据之前的经验发现，如果学员回到工作中后能有一些积极的强化举措，学员对学习收获的记忆就能保持得更持久，这也会让学员将自己学习到的新技能更好地运用起来。在这件事情上，因为这个课程会介绍一种完全不同于以往的重要且有效的员工沟通方法，因此，如果没有采取积极的强化措施，你就会看到学习效果下降，你的投资所产生的成本效益比率也就会大大降低。之前你参加过绩效评估的课程吗？"
评语：	培训经理所说的都是真实的，部门总监应该亲自参加课程的理由也非常充分。问题在于培训经理的需要被淹没在一长串的说明解释之中，最后提出的这个问题才最终

表达出希望部门总监参加课程的想法，但这种表达需要
的过程十分间接，也没有必要。

真实坦诚地表达需要

以下是另一种方式——真实坦诚地表达需要的方式：

培训经理：	"我希望你也能参加这个如何开展艰难对话的课程。"
评语：	这种表达方式可能看起来过于简单，其实不然。这种陈述方式的力量就来自它的简单和使用日常用语。完美咨询的目标是最大限度地发挥顾问对客户的杠杆影响作用，从而能让顾问的专业技能得到充分应用，而言行真实坦诚是顾问能在各个咨询阶段做出的最有影响力的事情。

当我们思考自己需要客户提供什么时，首先我们会想有哪些需要，接着会思考提出这些需要的理由。我们知道自己希望管理者也参加课程，因此我们就会开始思考如何向客户解释，我们会开始烦恼自己要如何措辞，如何运用财务术语进行解释，如何找到便于客户理解的词语等。然而，所有这些努力不仅是一种过度用力，还会对我们得到所需造成模糊和障碍。

这里的技巧是：

1. 用简单的日常用语表达需要；
2. 安静，等待客户回应；
3. 如果客户提出疑问，就用两句话做出回应并重申需要；
4. 安静，等待客户回应"是"或"不"。

你不会总能得到肯定的回答，生活就是如此。但如果你简单陈述了你的需要，通过沉默让客户说出他们的感受，然后你简短地做出解释，那么你就已经尽你所能了。长篇大论可能会让你感觉更好，但是这会产生适得其反的作用。简单而真实坦诚的表达则会帮助你尽可能地得偿所愿，同时也会让你更加清楚地知道自己和客户在相关问题上处于什么样的立场。

练习

这里有一个有用的练习，请打开电脑或拿出纸笔，画出两个栏目：核心需要和理想需要。思考一位你认为重要的客户，分别列出你对这位客户的核心需要和理想需要。先不要担心你究竟会不会真的向客户提出这些需要，你只要毫无保留地将它们列出来即可。

步骤 4（续）：顾问需要什么和提供什么

在表达你对客户的需要之外，你还要向客户说明你会提供什么，这要求你能务实地面对自己所能承诺的限度。

很多时候，顾问都会在承诺中清晰地描绘客户组织的现状和如何改进的建议。然而，只有在管理者承担起 50% 职责的前提下，顾问才能承诺真正的改善。运营的改善必须是由顾问和客户双方共同做出的承诺，而非仅由顾问单方做出的承诺。如果我承诺自己作为顾问仅凭一己之力就能实现某种结果，那么我就是把自己当成了魔法师。事实上，我不可能提供不在自己掌控范围内的事物，我也无法掌控客户的行为或行动。如果我一时头脑发热，承诺自己一定会达成某些本应由客户负责达成的具体结果，我其实就成了客户的同谋，正好满足了他们暗自想要袖手旁观，坐等我们独自创造奇迹的愿望。

以下是不同表达方式的对照举例。

客户：	"多长时间可以达成结果？"
魔法师顾问：	"我们可以在三天内修复故障和恢复正常生产，之后你就不会再遇到任何问题了。"
务实的顾问：	"我们可以在三天内修复故障和恢复正常生产，之后要维持它的良好运转就靠你们了。"

对大多数咨询从业者而言，以下两点是我们需要不断加强的。

1. 清晰地表达（有时要冒夸大的风险）我们为了项目成功对客户有什么样的需要。

2. 谨慎地承诺（有时要冒低估的风险）我们能在项目中独自交付什么样的结果。

步骤 5：达成一致

和客户协商双方的需要之后，你们可能会就这件事达成一致，也可能发生卡壳。（我会在第 8 章介绍如何应对卡壳。）如果像大多数情况下那样，你和客户的观点达成了一致，你完全可以暂停一下，享受一下开心的感觉。如果你觉得实在太开心了，你甚至可以对客户说："看来我们对如何开展项目达成了一致，我非常开心。"同时，重申双方达成的共识会很有帮助。

顾问常常以为订约会议到这里就应该结束了，其实不然，在你和客户订立好一份稳固而平衡的合约之前还要完成三个重要的步骤。

真理的敌人不是错误，而是确信不疑。

——布鲁斯·格雷戈里（Bruce Gregory）

步骤 6：询问客户有关掌控与承诺的反馈

这是一个保险步骤，大部分产生问题的合约都是源自以下原因。

1. 客户在某种强迫力量之下和顾问达成了共识，而这种强迫力量是很微妙和间接的。

2. 客户虽然同意了开展项目，却越来越觉得自己对事情缺乏掌控。

因此，顾问一定要在项目之初检测以下问题。

检测客户的承诺度

直接询问客户："这个项目是你真正想要开展的吗？你对我们约定的开展项目的方式满意吗？"管理者可能感觉受到强迫的原因有很多。例如，有可能是高层提出了要开展这个项目，或者最近各个组织都很流行开展这种项目，或者因为管理者觉得拒绝你是一种政治上不明智的做法。

当你提出有关客户承诺的问题时，这并不意味着如果客户缺乏承诺你就一定要退出项目，你提出这个问题只是为了能从一开始就了解障碍所在。假如客户的行动是出于被迫无奈，那么你最好现在就知道这一点，并务实地去面对它，从而避免在项目中投入太多，或在合约并不稳固的情况下还假装它十分稳固。

提出有关承诺的问题还有一个额外的好处，那就是可以促使客户对这一事实负起责任——他们自己也是在不完全支持这个项目的情况下启动该项目的。有时候，如果客户承认他们受到了某种强迫，这反而会提升他们对项目的承诺度。

因此，在订约会议结束前与客户交流有关承诺的话题十分重要，记得去做。

检测客户的掌控感和脆弱感

和客户完成有关对项目承诺度的讨论之后，继续提问："你觉得你对这个项目如何开展有充分的掌控感吗？"并加上第二个问题："这项工作中有没有让你觉得容易受到伤害的地方？"

客户组织的管理者（其他人也一样）往往视掌控感为首要之需，一旦客户觉到形势开始失控，合约和项目就会立刻受到威胁。和提出承诺度的问题一样，你也需要现在就了解客户心中有何不安。在组织中，放弃掌控权是引发不安的一项主要原因。每当客户将一位顾问引进到组织中时，其实都是在放弃自己的一点掌控权。因此，作为顾问，你需要检测客户有何不安。

当我向内部顾问提出以上建议时，他们反问我："好啊，但我们怎么知道会不会得到诚实的回答呢？客户会对我们说真话吗？"当你提出有关掌控感和承诺度的问题时，如果你采用的是一种真心实意想要听到真实答案的方式，那么客户就会直截了当地做出回答。如果你是用一种劝说或恳求的口吻提出这些问题，那么你就不会得到诚实的回答。这些问题并不是间接推销的技术，而是为了帮助管理者将他们的疑虑表达出来。

然而，即便你真诚地提出了这些问题，有时依然不会得到客户的直接回答。但这些问题仍然值得被提出来，因为问题会在那一刻之后的很长一段时间里继续在我们身上产生作用。此外，通过提出这些问题，你也为将来在项目过程中继续和客户交流此类话题打开了空间。

步骤 7：给予支持

给予支持，就是你对客户与你开展这个项目的意愿做出支持性的表述。毕竟，邀请或允许他人进入自己的组织并听取他人的改进建议，这其实是一件需要勇气的事情。即使客户身高七尺，披鳞带甲，口喷火焰，我也相信客户仍有一种想要得到支持的愿望，而我很乐意满足他们的这种愿望。

同时，赞赏客户的优势所在和做对之处，这和指出客户的有待改进之处一样，都是我们服务客户的一种方式。

你还可以向客户反馈，他们在这次会议中做了哪些有助于双方合作的事情。如果你不给客户提供这方面的反馈，客户就可能永远都不会知道。提供支持性的反馈要真诚和具体，以下是几个举例。

"启动这样的项目需要你这边冒一定的风险，谢谢你愿意和我一起冒这个风险。"

"这样的情形已经在你们这儿存在了很长时间，而你现在决定对此做出改变，这真是太好了。"

"你非常清晰地表达了你的疑问和顾虑。"

"你告诉了我很多有关你个人层面的挑战，谢谢你这么信任我。"

"你对这类问题的本质很有洞察力，这会对项目非常有帮助。"

"我知道一开始你对是否让我加入这个项目持非常怀疑的态度，我很高兴我们过了这个坎。"

步骤 8：重申行动

作为最后一个保险步骤，你需要确保你和客户都清楚各自下一步要采取的行动，你只要做出简单的陈述即可。

"你会给你的团队发送一份有关开展本项目的备忘录。"

"我会从 3 月 4 日起进行访谈。"

"从明天起，我会和乔治一起回顾记录，你和我们一起会在周五下午 4 点开会讨论。"

■ ■ ■

双方同意后续行动计划后，订约会议就完成了。任何社会合约都不会是永久有效的，事实上，你往往需要在项目期间和客户重新协商合约。不过，如果你已经完成以上 8 个步骤，你就已经竭尽所能地完成了当前阶段的工作。在接下来的两章中，我们将探索订约过程中可能出现的一些迂回曲折之处。

第 7 章
订约中的细微差异

当我们和客户开展工作时，进入合作关系的方式有以下三种。

1. 我们被请入：客户主动联系我们并邀请我们与他们共事。

2. 我们想进入：我们自己主动想帮助客户或实施某个项目计划。

3. 我们被派入：我们的上司或领导层委派我们去解决某个问题或去实施某个项目、流程和举措。

无论我们是受到客户邀请、被他人委派，还是因为我们自己想进入（因为我们有项目要实施或有专业技能可以提供给客户），挑战都在于要从一开始就通过坦呈自我和分享自己对问题/情况的理解建立信任关系。最开始这些步骤的顺序和具体细节可能有所不同，但订约的目标完全相同：和客户对我们要做什么和如何做达成共识，或对我们不准备做什么达成共识。

第6章中介绍的完美咨询订约模型是为"被请入"的情形而设定的，即模型各步骤的顺序和角色设计所支持的是当客户邀请我们去帮助他们处理某个情况、解决某个问题的情形。只要稍加调整，这个模型就同样能适用于"想进入"和"被派入"的情形，我们只要对步骤顺序和具体任务做些微调即可（事实上，我们只要对该模型的上半部分做调整）。以下是有关如何做的一些思考。

被派入

这种情形发生在当有人委派你去客户组织解决有关某事或某人的问题时，你就代表着一种干预。另一种情况是你因为机构的要求而去实施某个流程或战略，或者启动某个变革计划。在这些情况之下，开展订约会谈的最佳方式是：一开始就通过"坦呈自我"将房间里的大象请出来，即和客户分享你为何会在这里，你感受如何，并邀请客户也分享他们的感受。在这种"被派入"的情形中，客户有可能对你为何要与他开会一无所知，也有可能已经知道你为何找他，但不喜欢有人被派来修理他们。因此，无论你的态度多么友好，人们对实际上在发生什么都心知肚明。

在你分享完你对即将一起开展工作的感受后，继续分享你对被委派之事的理解。此时，客户有可能想要回去与他的领导层沟通，或者你和客户可能会同意要一起做些什么，从而能对有待解决的表象问题／情境做出澄清。一旦你们对此的理解达成了共识，你们就要进入"需要和提供"的协商，并进一步完成订约模型的其他步骤。

举例

贝弗莉（Beverly）的上司和首席护士长一起决定要让芭芭拉（Barb，一位护理总监）接受教练辅导，因为他们认为芭芭拉在让她的护理经理们做决策和行动方面很有挑战。贝弗莉向首席护士长提供过教练辅导，而首席护士长发现那次辅导非常有用。因此，两位上司安排了贝弗莉与芭芭拉会面和启动教练辅导的流程。

贝弗莉： "嗨，芭芭拉，我的上司安排我来和你见面，她和你的上司一起决定了要让我与你合作，但我还不清楚自己应该做什么，所以我对今天这个会议的态度是比较谨慎的，我不想做任何假设，你对今天这个会议感觉怎么样？"

芭芭拉： "坦白说，贝弗莉，我并不清楚你来这儿的目的是什么，我的上司安排了这次会议，他对我说你会给我的团队提供帮助。"

贝弗莉： "谢谢你，芭芭拉，我很欣赏你这么诚实。我所知道的情况是你可以通过我的帮助让你的经理们更多地靠自己做出决策。"

芭芭拉： "在这个方面我确实遇到了很多挑战，但你会怎么帮助我呢？"

贝弗莉： "我还不知道，也有可能我帮不了你，但我想先听听你的挑战，然后我们一起决定我能否帮到你。之前我帮助过其他护理负责人应对他们的团队问题，不过每个人的情况有所不同，我还是想先了解你这边的挑战所在，然后我们再决定一起做什么。目前，你希望从我这里得到什么样的支持呢？"

在以上对话之后，你就可以继续订约模型的步骤 3 和步骤 4（协商双方的需要），并根据模型完成其余的订约步骤。

■ ■ ■

想进入

当我们看到客户组织发生了一些情况，而我们认为自己的专业可以对此有所帮助时，"想进入"的情形就发生了。或者，我们可能想在高层的支持下努力将某个项目计划付诸实施。这两种情况都属于同一种模式——我们都是在主动向客户销售我们的专业技能或解决方案。我们都要从坦呈自我开始对话，即用话语将我们此时此刻的体验表达出来，并询问客户对于和我们开展工作有何感受。

由于是你主动发起了这次交流，这位潜在客户可能还说不出他们对于和你开展工作有何感受，但无论怎样，你仍要提出这个问题！在坦呈自己的感受后，进一步分享你看到客户正在面对什么样的问题／情况。在你试图向客户"销售"你的专业技能或项目计划之前，你最好先对客户所面临的情况形成自己的想法。

成功的销售即有效的订约

基本上，销售你的咨询服务所需要的技能和常规订约的技能是一样的，但以下几点有关销售场景的附加概念可能会对你有所帮助。

反转表达需要的顺序

在客户主动找你的情况下，你和对方讨论"需要"时会首先询问客户希望从你这里获得什么。但在你主动联系客户的情况下，你应该直接说出你想要从客户这里得到什么。图 7-1 显示了这个顺序的反转。

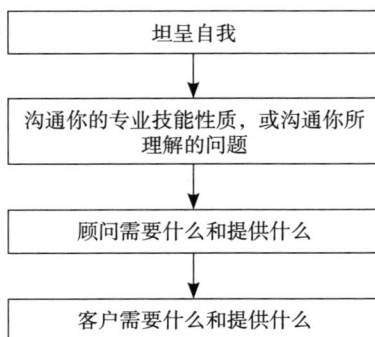

图 7-1 "销售"情形下的订约初始步骤

你选择与这位客户沟通一定是有原因的，因此你要先向客户解释你认为这位潜在的客户正在面临什么样的问题，并且在你进一步和客户讨论需要之前，你还要暂停一下，询问客户是否认为你所描述的确实是他们所面临的问题。如果客户的回答是否定的，你可以再试一次，如果仍然没有得到客户肯定的回答，那么你就要考虑安静地退出这次对话了。

得到客户对问题的确认后，进一步提出你想要从客户这里得到什么，承认你是在销售自己的服务。支持部门人员的成就感来自自己的服务能得到直线管理者的使用，这是众所皆知的事实，管理者也明白这一点。因此，内部顾问希望通过这次会议达成的目标之一就是让管理者成为自己的客户——那就承认这一点。如果你表明自己只是想要"提供帮助"，这只是说出了故事的一半而已。

举例

汤姆（Tom）是杰夫（Jeff）的客户，汤姆正在和他团队的工厂经理们一起推出下年度的新目标。杰夫从汤姆和工厂经理两边都听说了这件事情进展不佳，而杰夫在召集团体沟通、促进共创和提升责任感方面颇为擅长，他采用的流程还能帮助团队远离"瀑布式"沟通，即从上至下的单向沟通方式。杰夫想向汤姆提供他的这项专业服务，因此他和汤姆约了这次订约会谈。杰夫在会议上首先做了自我坦呈。

杰夫： "嗨，汤姆，谢谢你今天抽出时间和我见面。我很兴奋能有机会和你分享一些关于如何帮助你的团队推进目标设定的想法，同时我也有些谨慎，因为我们从来没有在这方面有过合作。"

汤姆： "谢谢，杰夫，我很想听听你的想法，不过我并不确定你们能怎么帮到我。"

杰夫：　　　"我很感谢你能这么开诚布公，你对我们之间开展合作有什么顾虑吗？你和我们团队之间有什么过往经历是我应该先了解的吗？"

接下来就只要聆听客户想说的话，然后开始沟通对问题的理解。

杰夫：　　　"我了解到你正在和你的工厂经理们制定和推出明年的目标，我也从你和你的团队这儿听说了这个流程在过去的进展并不顺利。"

汤姆：　　　"对于去年的表现，我自己觉得挺挫败的，但我并不知道他们也是这么认为的。"

杰夫：　　　"可以请你多说一说你在这件事上经历的挫败吗？"

再一次，杰夫只要聆听客户，然后和客户交流彼此想要什么和准备提供什么。

杰夫：　　　"我希望你能同意我们之间开展合作，通过实施一个流程提升你们团队的目标协同性和共同责任感，这需要你和你的团队投入一些时间，首先需要你邀请他们参加一个启动会，然后我们还需要对他们逐一进行访谈，从而制订出初步的计划。"

汤姆：　　　"我想了解你们具体能提供什么，并且我希望我们能确保在本月底之前完成这件事。"

接下来，这次订约会谈的其余部分按照基本模型进行即可。

销售，与其煽风点火不如清除障碍

我们从小到大可能都对销售人员有这样一种印象，即优秀的销售人员一定是精力旺盛、活力四射、口齿伶俐，特别能鼓舞别人。这可能有一定的道理，但同时，优秀的销售人员其实也可能是那些沉默寡言、行动缓慢、笨口拙舌和让人感觉普普通通的人。这两种人都能成功，然而人们却常常过度地强调个性对成功销售的重要性，因此，来参加我们咨询工作坊的人常常认为优秀的顾问也应该要富有魅力和气质。

魅力和气质，这其实是两个被高估了的神秘特质。我必须承认，我对这两个特质尤其不以为然。我自己就是那种沉默寡言、行动缓慢、笨口拙舌和让人感觉普普通通的人。一些来参加工作坊的学员问我是不是一直都是这个样子，我问他们："你们说的'这个样子'是指什么？"他们说："呃，就是这种低调和半睡半醒的样子。"然后他们就回去了，以为我只是在故作低调，只不过是为了他们的学习体验才刻意设计了这样一种风格，而一旦我到了客户面前，就会立刻把平时闲置于外表之下的麦克卡车开出来。这当然不是真的，我们本来是什么样就是什么样。但他们其实是在担心——只有某种特定个性的人才适合从事咨询工作，而一旦谈到销售，他们的担心就更加强烈了。我并不相信这一点，原因如下。

假如我的咨询服务能够满足客户组织真正的需求，那么我就会认为客户应该会在一定程度上愿意接受我的服务。如果我对客户的需求做出了准确的评估，但客户却否认他们有这些需求，或者否认我的服务会对他们有所帮助，那么我就要问自己，是什么在阻碍客户信任我提供的服务？面对拒绝我的客户，我会尝试去理解他们到底是在抵触什么，通常是以下这些：

- 他们不信任我所在部门的能力或保密性；
- 他们觉得如果接受我的服务就会失去他们自己的掌控权；

- 他们觉得如果对我们说"是"，就会让他们处于十分不利的处境；
- 他们不信任或不尊敬我这个人；
- 他们以前在类似的事情上有过糟糕的经历。

当我在向客户销售一项咨询服务，而客户对此进行抵触时，客户的某些感受才是导致他们抵触的真正原因。而此时，如果我躲进一个电话亭，摇身一变，然后大摇大摆地走出电话亭，开始对客户展开真正的"销售"，那么我只是在火上浇油，因为这种做法只会加剧客户的抵触。我的个性如何，高调还是低调，这些都不是真正的问题。真正的问题在于，客户的负面感受在告诉他们不要相信我或我说的话。而应对抵触的办法就是要帮助客户用语言直接表达出他们的不信任和负面感受。客户越能把他们的疑虑和不信任表达出来，就越能真正自由地基于我所提供的服务的价值进行深入思考。而我越真实坦诚，客户就越能够信任我，抵触也就会越快地消失。以下是如何向客户销售咨询服务的几点诀窍。

- 如果是你主动向客户销售你的服务，不要表现得和客户请你去有什么不同。
- 不要以组织利益为由，试图通过更多的解释和呼吁克服抵触。
- 一定要帮助客户把他们对你和你的产品服务的疑虑表达出来。
- 一定要承认，你就是去销售你的咨询服务的，并且你希望客户能购买。
- 一定要真实坦诚，并遵循订约的步骤顺序。

如果你做到了所有这些，客户也表达了他们的疑虑，你们之间也建立了信任关系，但客户仍然拒绝了你的服务，那么你就应该退回一步，重新评估自己是否找到了客户的真正需求，或者你是否向客户建议了恰当的服务内容。和强行推销一项不会成功的服务相比，失去订单却维护了你和客户的牢固关系，这才是更为明智的做法。

关于时间和钱

无论对内部顾问还是外部顾问而言，客户经常会以组织没有钱和时间为由拒绝与你订约。然而，这两个都只不过是间接的原因，我从来不会把它们当成真正的原因。这两个都只是管理者为了掩饰自己不愿意开展项目的真实想法而使用的借口，真实的原因总是和客户的承诺相关，而不是预算本身的问题。

客户对开展项目是否有充分的动力才是真正的问题所在，而不是时间或钱。管理者对他们自己和组织的时间拥有支配权，他们也总会在他们想要开展的事情上投入资金。并且，只要是他们想做的事情，不管有没有时间和钱他们都会去推动。因此，如果他们想要开展你的项目，他们总会找到办法。而如果你认同了他们没有时间或预算的理由，那么你就成了客户的同谋，你在和他们串通起来回避真正的原因。不要与客户合谋，要探询真正的原因，那样你才能得到更大的机会。

■ ■ ■

通过会议示范你的工作方式

咨询工作首先是一个有教育意义的过程。当我们表现优秀的时候，直线管理者可以向我们学到如何管理他们的组织，或者通过与我们的接触而学到如何解决他们的技术或业务问题。即便你参与解决的是一个技术性很强的问题，管理者也可以通过和你一起共事的经历而学到如何处理这一类问题。事实上，管理者通过观察顾问"做"而学到的要大于通过听顾问"说"而学到的，这就是为什么顾问真实坦诚的行为是完美咨询的核心要素。

订约会议就是一个你向客户示范你将如何开展工作的机会。在这个会议中，你会收集问题相关的信息，为怀疑创造空间，测试你自己的理念，分享你对问题的直觉反应，和客户交流彼此有何需要，并针对整个沟通过程向客户提供你的反馈。此外，你还会和客户一起定义问题和制订计划。因此，如果客户提出你将如何与他们开展工作的问题，那么你可以把订约会议当作你工作方式的一个迷你样本，你可以向客户说明，整个项目会按这些步骤展开，只是会比这个过程更为复杂。

你越能将咨询过程中的"内容"维度和"关系"维度区分开来，你就越能降低客户对失控和暴露脆弱的恐惧感。有时，即便我们已经通过订约会议示范了自己与他们开展工作的方式，而管理者仍不能明白我们将会以什么样的方式帮助他们，那么我们可以现场给他们进行一次非常简短的演示。我会和管理者约定一次 20 分钟的迷你咨询，咨询的问题由这位管理者自选。20 分钟后，我们会停下来回顾这场迷你咨询。这种方式可以帮助我更清楚地解释和演示我会以什么样的方式与客户开展工作，也会帮助这位管理者了解——如果与我开展项目合作，他会有什么样的感受，我的方式是否符合他的期望。

在项目范围较大、项目存在很多模糊性、管理者十分担心失控的情况下，这种示范咨询过程的方式会尤其有用，因为在你简短的咨询过程中，管理者有机会体验到你的做法——你会如何做到既积极地回应和协作，同时又仍能提供不同视角的观点。

■ · ■

结束订约会议

如何衡量成功

在结束订约会议时，询问客户——你和客户如何能知道项目成功了？这可能是个难以回答的问题，但至少可以帮你澄清管理者的期望。如果管理者能给出比较清晰的答案，就会给你制订项目计划提供指引性的方向。虽然这种方向通常只是定性的，无法用数字衡量，但仍会大有帮助。

会议结束前 20 分钟

在订约会议结束前，你一定要问一问管理者对这次项目、会议以及和你共事有何感受。你只要提出"你对这次会议感觉怎么样？还有什么疑虑吗？"以及"你对我所说的和我与你开会的方式感觉如何？你有任何想法要提出来吗？"即可。我们这样做的目的其实是为客户如何促进他们团队的参与提供一个示范，无须你指出这一点，他们就会通过这次体验获得这方面的学习。并且，他们会由此了解与你共事会是什么样的情形，以及你离开他们组织后会留下什么。请记住，这次会议的目的是帮助你们双方做出是否开展合作的决定。

请为以上这些问题讨论预留 20 分钟的时间。虽然它们实际上可能只需要花 2 分钟，但如果有一些新的议题被引发，最好的处理方式就是立即与客户展开讨论。一方面，立即讨论将会传递出你强烈的好奇心；另一方面，永远不要等到会议结束时再询问客户的反馈，如果会议过程中发生过一些碰撞，那么等到会议结束时就已经来不及做任何补救了。

■ ■ ■

总结

本章关键要点在于，为了确保我们的专业知识与建议能在后期得到客户的采纳实施，我们需要在最早期时就引导和塑造好我们与客户的对话。这是在为未来奠定基石，因为高质量的相互信任能给双方都能带来最大的益处。这些对话步骤（包括这些步骤所带来的不适）其实是你在采取的保险措施，它们会确保你能和客户建立起解决问题所需的关系。这听似激进，但它却是无须明言就确实会产生效果的做法。

我们通过付出行动铺设出我们想要行走的道路，这和口头上的解释说明截然不同。我们无须对客户说："我希望和你建立起相互信任的关系，因为这是我们在这个项目中取得最大成果的最佳方式。我们应该对彼此保持开放和诚实！"解释说明不会带来任何力量，相反只会导致彼此疏远，并且显得我们无所不知。通过采取本章介绍的这些小步骤，我们就会逐步与对方建立起合作伙伴关系。在这种关系下，我们和客户一样脆弱，一样好奇。这并不是在保证这些方法会在任何情况下都立竿见影，这只是我们的一种选择——我们选择按照既有利于自己也有利于客户的方式采取行动。这就是在我们不掌握直接控制权的情况下如何发挥影响力的具体做法和表达方式。

第 8 章
订约中的苦恼

订约中有一些特别挑战的情形值得我们在这里专门讨论，一个情形是当你在"步骤 5：达成一致"遭遇卡壳时，另一个情形是当客户表明愿意开展项目，但你却知道客户其实对项目缺乏动力时。

对于以上两种挑战情形，我们都有让会谈继续向前开展的应对方法。

■ ■ ■

当订约会议卡壳时

当你和客户难以达成一致时该如何应对？在图 8-1 中，这个步骤叫作"步骤 5-S"（S 代表 Stuck，即卡壳）。

步骤 5-S：需要和提供发生卡壳

处理卡壳的情形需要经过两个阶段：首先，你需要知道你们卡壳了；其次，你需要对此做些什么。

知道你们卡壳了

有时，你可能觉得自己只是在正常地和客户讨论项目的利弊得失问题，

```
┌─────────────────────────────┐
│      步骤 1：坦呈自我          │
└─────────────────────────────┘
              │
┌─────────────────────────────┐
│   步骤 2：沟通对问题的理解      │
└─────────────────────────────┘
              │
┌─────────────────────────────┐
│  步骤 3：客户需要什么和提供什么  │
└─────────────────────────────┘
              │
┌─────────────────────────────┐
│  步骤 4：顾问需要什么和提供什么  │
└─────────────────────────────┘
         │              │
    ┌────────────┐  ┌────────────────────┐
    │步骤 5：达成一致│  │步骤 5-S：需要和提供发生卡壳│
    └────────────┘  └────────────────────┘
         │              │
    ┌────────────────┐  ┌────────────────┐
    │步骤 6：询问客户有关掌控│  │步骤 6-S：思考/暂停会议│
    │    与承诺的反馈   │  └────────────────┘
    └────────────────┘      │
         │          ┌────────────────────┐
    ┌────────────┐  │步骤 7-S：重新提出需要和提供什么│
    │步骤 7：给予支持│  └────────────────────┘
    └────────────┘      │
         │          ┌────────────┐
    ┌────────────┐  │步骤 8-S：再次卡壳│
    │步骤 8：重申行动│  └────────────┘
    └────────────┘      │
                  ┌────────────────────┐
                  │步骤 9-S：讨论双方是如何开展│
                  │        会谈的      │
                  └────────────────────┘
    ┌────────────────┐  ┌────────────────────┐
    │步骤 10-S：对需要和提│  │如果仍然卡壳，中止/将投入降│
    │供什么进行再次协商  │  │    至最低          │
    └────────────────┘  └────────────────────┘
```

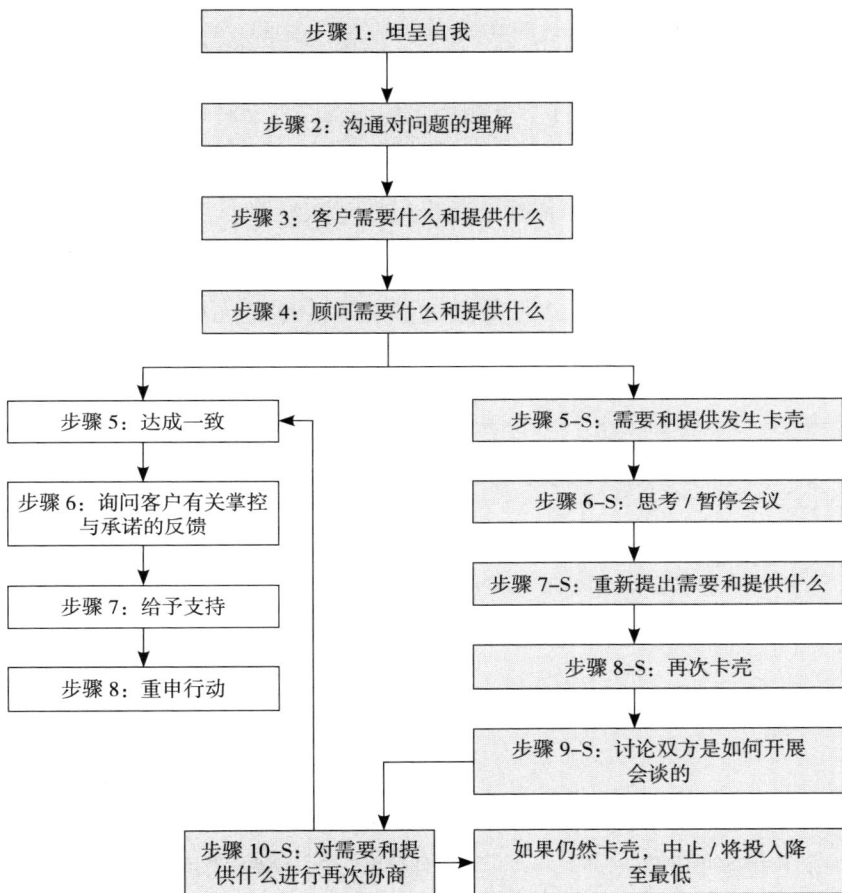

图 8-1　在卡壳时引导订约会议

而浑然不觉你们已经陷入了一个僵局。然而，当你们卡壳时其实会有很多清晰的信号。

1. 当你听到自己在对某事做第三次解释时，你卡壳了。当你第一次解释为什么需要某样事物时，可能你没有说清楚，原因可能是你用了专业术语，或是你的话太生涩难懂。当你第二次解释时，可能已经感觉到客户没有认真地在听你解释。而当你挣扎着进行第三次解释，想要用一种不同的和更加清晰的语言来表达自己时，你就要承认自己卡壳了。

在组织中，很多时候人们是通过以下这样的密码进行沟通的。

表 8-1　人们说出的话与其真实意图

当人们的意思是：	他们会这么说：
我不喜欢它。	"我不理解它。"
我不想做这件事。	"我们再多收集一些数据。"
	或
	"这在其他什么地方产生过效果？"
	或
	"回头我再找你。"
	或
	"让我先和我的团队讨论一下。"
我完全不明白你所说的。	什么也不说，基本没有目光接触。
我会决定每一个步骤。	"你何不仔细考虑一下再来找我？"
我不会让你们的人靠近我的组织，我只会在口头上答应一下。	"我们还想和其他人讨论一下这个问题的不同解决方案，然后我们再来联系你们。"

你需要了解和相信以上密码，因为它是在发出一种早期的警示信号，表明你和客户的会谈卡壳了。当你心里在想"这个客户实在没有明白我说的话"时，实际情况可能是这位客户完全明白了你说的话，但只是不同意你的

说法而已。这时，不要再进行第四遍甚至第五遍的解释，相反，要承认你卡壳了。

2. 当你注意到客户在对同一个想法做第三次解释时，你卡壳了。当客户觉得你仍然没有明白他的意思时，你就会听到客户说类似这样的话："让我想想能不能换一个方式来解释这一点。"客户之所以再次做出解释，是因为客户以为问题在于缺乏清晰的理解。然而，如果客户已经在进行第三次解释，问题就不在于缺乏清晰的理解了，而是在于双方缺乏一致性。这时就意味着你卡壳了，要承认这一点。

3. 你的身体会给你传递清晰的信息，让你知道你卡壳了。如果你开始强忍住哈欠，那么你就要把这个身体信息当成一个信号，它表明你觉得会谈没有按照你期望的方式开展。觉得无聊或者很累，这往往是你感到生气的一种间接表达，意味着你因为客户的抵触而产生了一种微妙的恼怒情绪，其原因可能是你觉得客户对某事缺乏热情。而当你生气时，你又告诉自己不应该生气，因此你会努力压抑自己的恼怒情绪。而压抑真实感受是一件非常耗能的事，尤其是当你在无意识地做这件事的时候，你的肩膀和脖子会开始疼痛，你会开始打哈欠，但你会在最后一分钟把哈欠转变成一个微笑，你会开始看手表，或者开始想昨天打网球的事。或者，你会注意到客户看起来非常疲倦，客户正在把哈欠转成笑容，或开始看向窗外，或在你说话时偷偷打盹儿。

所有这些都表明你和客户的交流进展不顺。假如你们的交流正在往达成共识的方向进展，你的能量会不断提升。而如果你的能量在下降，并且你开始觉得有些恼怒，这就很清楚地表明你没有得到所需，你卡壳了。

4. 你的眼睛会为你提供订约卡壳的线索。相信你的眼睛，相信你看见的非语言信息。有很多文章、图书都在讲身体语言——如何解读别人的不同姿势，你自己在需要沟通或隐瞒某种特定信息时要怎样管理自己的姿势。然而，如果你运用身体语言或非语言行为的目的是操控局面，或是让自己呈现某种特定的状态，这其实是一种错误的做法，因为当你强迫自己的身体做出某种姿态，从而隐藏你的真实感受时，别人很可能会看出这一点。留意你自己的非语言行为，或注意自己对他人的非语言行为产生了什么样的心理反应，这些都是对你很有价值的信息来源。

如果你在订约过程中仔细留意那些非语言的线索，那么你就会注意到客户时而在讨论中，时而又不在讨论中，你还会注意到客户的双手——他们的手势时而好像在把你推开，时而好像要把你抓入拳心，时而又好像一把枪一样对准你，或是手指张开，手心向上，好像在说："我来参加这个会议纯属意外，我只不过是命运的受害者，在这种情况下，我们这种平庸之辈还能怎么办？"当你看到这些手势时，就可以在最粗略的层面上做出准确的解读：他们是支持还是反对？客户想进入这个项目还是离开这个项目？你们的交流进行得好还是不好？

客户在身体层面的行为举止和你自己的动作只是一些线索，它们会帮助你认识到自己卡壳了，但它们并不会告诉你卡壳的原因。因此，不要试图去猜想某些动作手势的具体含义是什么，你只需要相信这些身体语言告诉你的总体性信息。

客户说的话和他们的非语言行为之间往往存在鲜明的对比。比如，他们说自己真的对这个项目很感兴趣，而他们的身体靠在墙边，双手好像搭了一个防空洞那样交叉在脑后。如果一定要我在相信对方说的话和相信对方的身体之间做出选择，我会选择相信身体，因为我们都很善于用语言进行自我防卫，而在非语言的防卫方面并不那么擅长。因此相信你所看到的，但只是把它看作一种信号，不要直接去评论客户的行为，不要说："每次我提出要访谈你的下属的建议时，你都会把椅背靠到墙上，把头埋进手臂，屏住呼吸，把脸憋成了红色，这是为什么？你是不是对我的建议感到非常不安？"

基于一个人的行为去推测其动机，这样的做法中夹杂着猜测和投射，而这二者都是略带侵略性的，一旦它们被说出口，就不可避免地会引发对方的防卫。你的目标是帮助客户更加直接地表达他们的疑虑，你只是想从客户那里得到一个信息，从而知道事情进展到了哪里。而如果客户的身体语言和所说的话并没有相互匹配，因此你得到了两个不同的信息，那么你可以提出一个开放式问题，询问客户对你们讨论的内容感觉如何，例如，"你对我们刚才讨论的事情有什么样的回应"。关注非语言的行为是为了建立早期的警告系统，让你能收集更准确的线索，从而能更加实际地判断客户对你所说内容的反应如何。

你自己的身体也是一个指示器，它会透露你对订约会议的真实感受。如果你和客户的交流在表面上进展顺利，而同时你又发现自己能量很低，身体瘫在椅子上，那么你就要开始思考，是不是你的身体识别了某些你的头脑选择忽略的警示信息。但如果你们的交流进展得十分顺利，而你的身体瘫在椅子上，原因只是你确实觉得累了，那也是情有可原的。

那么，当你注意到自己卡壳时要怎么做呢？

步骤 6-S：思考 / 暂停会议

关于处理卡壳，其中最难的部分是承认自己陷入了僵局。当你能承认自己确实卡壳时，首先要让自己的思维从交谈中撤离，变成这个订约会议的旁观者。你可以继续说话和聆听，但同时你也在思考自己能否通过某种方式改变自己的处境。

有时改期再进行讨论会是一个明智的选择。或者可以暂停会议，你可以对客户说："我们似乎在这一点上有些纠结，我想再花点时间思考一下。"然后你们休息一会儿，去趟洗手间。这个做法并不复杂，但会很有用，因为这会让你有机会重新评估你和客户之间是否存在不可调和的分歧，或者是否因为开展这次会议的方式引发了某些误解。当你的思维或身体从纠结中撤离后，你就给了自己时间，从而能找到另一种开展项目合作的方式，或者另一种和客户达成共识的方式。

步骤 7-S：重新提出需要和提供什么

如果你认为你和客户之间的分歧是可协商的，你可以向客户表达你需要什么或能提供什么的新想法。我们在订约会议中往往会在时间计划上卡壳，客户希望 30 天内完成这个项目，而我们认为需要 60 天，双方理由都很充分，因此会谈就卡壳了。

在重新思考或暂停会议后，你可能会决定你可以在 30 天内完成这个项目，前提是客户要派出两位成员和你配合，并且你还需要征得客户的同意，最后你提供给客户的可能会是一篇概要形式的报告，而不是详尽的长篇报告。在这种情况下，你可以采用以下两种方式来做出应对。

- 改变你提供的支持："这项工作会在 30 天内而不是 60 天内完成。"
- 改变你的需要："我可以在 30 天内完成这项工作，前提是你能派出两位成员和我一起工作，并且你能接受更简短的最终报告形式。"

在提出新的"需要和提供"方面，你至少可以做出一次尝试，但有时候，这一步仍然无济于事。

步骤 8-S：再次卡壳

如果你发现改变"需要和提供"只不过是把你和客户带入了另一个僵局，那就真的需要"换挡"了。当你和客户已经经历了两次僵局而仍然没能达成共识时，你就需要问自己，真正的问题会不会在于你和客户工作的方式以及你和客户之间的关系。

直线管理者为项目做决策时往往基于他们对相关人员的感觉，这位管理者信任你这位顾问、你的部门或你所在的公司吗？与此同时，顾问能否和管理者达成共识也是基于他们是否信任这位管理者。因此，如果顾问和客户在如何开展项目或是否开展项目上卡壳了，这就意味着双方需要进行另外一种类型的讨论了。

步骤 9-S：讨论双方是如何开展会谈的

当会议再次卡壳时，你们的对话就应该切换为有关会议进展如何的讨论了。此时，你需要暂时将你们原本正在讨论的项目放到一边。关于如何讨论会谈的进展情况，我们可以采用很多种方式，本书第 10 ~ 11 章（有关何为抵触和如何应对抵触）将介绍这些方式。

以下是一些能帮助我们将讨论的焦点从内容转向会谈过程的方法。

1. 直接说"我想我们卡壳了"。这只是一句对事实（会议没有任何进展）的简单陈述，但这可能是你此时能做的最有力量的事。当然，你需要用你自己的语言和风格来表达这句话，但关键在于你要把你们一直在兜圈子的事实直截了当地说出来。如果客户还在继续谈论项目的事情，那么你就要再说一次你们卡壳了，并鼓励对方和你一起讨论为何会谈会卡壳。不要只顾着自己冥思苦想卡壳的原因，要让双方一致认为卡壳原因是当下时刻的关注点。

2. 通过一个开放式的问题，询问客户对会议进展有何感受。你不必小心翼翼，只要直接提问："你觉得我们在对项目开展方式达成共识方面做得怎么样？"如果你坚持提出这个问题，你就会很快发现管理者对于和你一起开展项目的真实想法。管理者通常担心的是：

- 能否保持对项目的掌控权；
- 你看起来非常固执；
- 觉得他们被你误解了；
- 你们团队在组织中的声誉；
- 这个项目的收益看起来很不清晰；
- 你在说一些行话和冠冕堂皇的话；

- 他们想要选择一条安全的路径；

- 公司在强加某个项目在自己身上。

订约中很多卡壳的发生都是因为管理者对以上这些方面心存顾虑，而和你们如何开展项目并没有太大关系。你需要和客户对这些顾虑和感受进行直接的讨论，而一旦这些顾虑被表达出来，关于具体如何做的讨论就会容易很多。因此，你只要提出这个问题就好。

步骤 10-S：对需要和提供什么进行再次协商

有关会议进展的讨论通常可以帮助你走出僵局，这时你就可以和客户回到有关如何开展项目的讨论中去，和客户达成共识，从而能回到原来的会谈轨道（步骤 5：达成共识），继续完成"结束会谈"的步骤。

有时，尽管你运用了所有技能，完美实施了所有以上建议，你们的会谈可能仍然卡壳。

步骤 11-S：如果仍然卡壳，中止 / 将投入降至最低

尽管项目对你十分重要，但并非每个项目一定如此。至关重要的一点是，你需要在此刻，即项目早期，就接受这个事实，而不是指望未来发生某些扭转局面的奇迹。

当你和客户卡壳的局面已经无法改变时，你就需要说，"看来我们很难达成共识，可能现在并不是做这件事的好时机"，或者"因为我们看起来很难对如何开展项目达成共识，因此我建议我们先不要启动这个项目"。你可以运用你自己的风格和语言来说这句话，然后你就可以和客户结束这次订约会议，从而减少进一步的损失。

■ ■ ■

难以向客户说"不"

如果要告诉直线管理者停止某个项目合作会更好，但内部顾问尤其会感觉自己在冒极大的风险。然而，尽管存在风险，拒绝没有成功机会的项目仍是一件符合你和客户双方最大利益的事情。当你和客户在订约中卡壳时，原因往往在于你们双方都已经认定，如果不能按照你们自己的方式开展工作，那么项目肯定无法取得成功。如果你明明不相信项目会取得成功，却依然和客户开展合作，那你就是在冒失败的风险。因此，顾问提出停止合作的原因并不是出于顾问自己过于任性或挑剔，或是因为顾问只喜欢参与一些更有新鲜感和专业刺激性更强的项目。你对客户说"不"的理由只是为了避免失败和避免浪费你们的资源，以及避免影响你将来参与其他项目的信誉度。

保留对客户说"不"的可能性还有另外一个理由，那就是你希望客户采用你这样的方式来管理他和组织中其他成员的关系，即我们可以通过说"不"表明自己的局限性，我们有权利告诉对方边界在哪里，并且我们可以自己决定要对什么付出承诺。如果我们无法说"不"，那么"是"就失去了意义，承诺也将不复存在。然而事实上，说"是"几乎已经变成了我们的一种程序，以至于一段时间后，连我们自己都分不清什么时候我们的"是"是真正发自内心的，什么时候只是一种习以为常的反应。

如果你无法经常性地对客户说"不"，那么你还可以有一些其他选择。例如，你可以把自己的时间投入降到最低，这样就有可能减少你的潜在损失。一种最简单的处理方式是要求推迟项目，你可以说："我愿意和你一起推进你希望开展的这个项目，不过我建议我们八个月后再来启动这件事。"等到那时，说不定这位管理者已经换了工作，或者你这边已经在开展一些更好的项目了。

在你实在无法推迟项目的情况下，还有一个选择就是把这个工作的范围和时间降到最低程度。例如，缩小项目的目标，降低项目的曝光度，减少你的时间和精力投入。这里的关键点是你能诚实地对待这个项目的局限性。

总之，要用务实的态度对待那些缺乏吸引力的项目，并让上司和其他人都清楚地了解这个项目是在并不稳固的基础上启动的，你本来并不希望推进这个项目，但由于你无法对客户说"不"，因此别无选择地开始了这个项目。或者，如果这个公司项目就在你自己手中，那么你可以采用一种低调的方式开展这个项目。

这里需要考虑的关键点是开展这个项目是否真正对你有益。没有这个项目和没能"转化"这位客户，会好过启动一个很可能失败的项目。如果你决定退出，这位客户可能会生气，觉得自己遭到了你的拒绝，但在这种情况下你失去的只是这一位客户。而如果你开展了一个你认为很可能会失败的项目，并且确实进展不佳，那么你就会面临更大的麻烦，因为这位客户会告诉其他 5 位管理者这个项目是多么令人失望，以及这个项目是怎么失败的。这样，你要面对的就是 6 位而不是一位管理者对你的不满了。

开展成功概率很低的项目就是一件对顾问的工作十分不利的事情。

■ ■ ■

应对缺乏动力的客户

当客户组织的管理者面对一个其实自己并不想开展的项目时，他们也会采用一种不自然的姿态。如果他们同意开展自己并没有意愿的项目，往往是因为迫于他们的上司和下属的压力，有时甚至是因为他们很难对你这位顾问说"不"。同时，你也很可能因为来自你上司的压力而被迫接受这个项目。在虚拟环境中工作的需要更是增加了订约的复杂性。我们对技术与日俱增的依赖给我们的咨询工作带来了方方面面的影响，其中给订约带来的风险是最大的。

针对如何应对缺乏动力的客户（见图 8-2 中的模型），以下是对每一个步骤的指引。

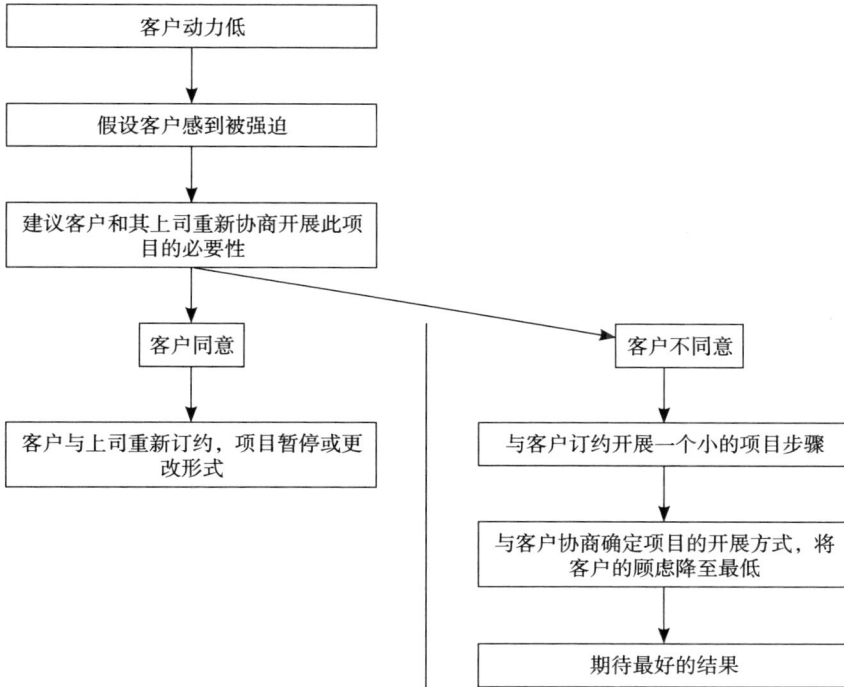

图 8-2　当客户缺乏动力时的应对步骤

1. 如果客户对项目动力低，你的第一选项是考虑不要做这个项目。

但如果你或客户认为你们无论如何都要开展这个项目，那么就进入第 2 步。

2. 承认（至少对你自己来说）项目是在面对压力或未得到重视的情况下启动的；询问客户是否感受到了任何推进项目的压力。通常客户会承认他们的感受。

当客户承认时，则进入第 3 步。

3. 建议客户回去和施加压力的人重新协商是否必须开展此次项目。之后，客户可能会同意停止项目或改变项目形式，从而让项目更可被接受一些。但如果你是在担任审计或监管的角色，你自己就是压力的来源，那么你就要承认客户和你开展工作是因为别无选择。你可以对客户说："让我们一起找到能对我们双方都最有利的开展项目的方法。"

如果你因为迫于压力而必须开展项目，则进入第 4 步。

4. 和客户订约开展一个小的项目步骤，通过这个小步骤的合作，你可以让客户了解这个过程是否真的那么可怕。通常，如果客户在此过程中有积极的体验，那么他们的顾虑就会减少。如果你是在进行审计或评估，你也有办法在保持双方信任的前提下开展工作。

你可以向客户承认你是在明知对方缺乏动力的情况下开展项目的，此时进入第 5 步。

5. 询问客户，是否有哪种推进项目的方法可以让客户的顾虑降到最低。客户的顾虑往往和失去掌控与暴露脆弱之处有关，因此你可以问客户："有没有什么方式可以让我们能启动这个项目，同时不会让你觉得失去太多掌控感？有没有什么确立项目的方式可以让你觉得易受伤害的地方能得到保护？"你可以和客户协商确定项目开展的方式，从而从项目中得到你需要的东西，与此同时，客户也不会感觉自己好像是这个项目的受害者。

然后你能做的就是期待最好的结果。管理这样的合约很有难度，担任审计角色的人时时刻刻都要面对这样的情形，你所能做的就是承认压力的存在，同时为处于这种情形之下的客户提供支持，帮助他们用语言表达出他们的感受，因为你除了继续开展这个项目之外并没有太多可做的改变的余地。

■ ■ ■
无休止的协商：顾问角色的不断改变

咨询项目发生在真实的世界里，在充满政治的组织中，其中的人和压力都在不停地发生改变，咨询项目本身也时常会发生局部的变更。另一个经常会改变的方面是客户对待你的方式。客户往往既想要你参与项目，同时又希望你离得远一点。因此，你在客户关系中的角色定义就成了一件需要被不断协商的事情。咨询工作的本质就是基于一种社会性的合约，尽管可能也需要在某个法律合约之内，但社会性的合约始终在发挥作用，并且在某些方面甚至发挥着决定性的作用。

有时项目中发生的变化是显而易见的：新管理者上任、预算被削减、探询问题原因的过程中发现了新问题。但在更多的情况下，改变会以更加微妙的方式发生。例如，在你还没有意识到的时候，客户已经开始用一种略微不同的方式对待你了。你本以为你会被邀请去参加一个会议，但这并没有发生。或者客户本已经安排好时间要和你开会，但计划被打乱了。这些迹象很难被察觉，但是可能表明你需要和客户重新开展一些讨论或协商了。

下面是我和一家大型医药公司合作的例子。我们计划要在 5 月举行一次大型的管理发展研讨会，大约会有 75 位高层管理者参加，会议目的是让这些管理者为明年三个关键新产品的上市共同解决一些问题。现在是 1 月，我在和该公司的筹委会成员一起在为 5 月的会议做准备。筹委会成员包括两位业务部门的管理者——吉姆（Jim）和卢（Lou），还有来自支持部门的里奇（Rich），以及我这位外部顾问。吉姆、卢和里奇都是副总裁，直接向总裁汇报，我主要负责会议的具体设计和构建。由于举办这次会议的想法最早是由总裁提出的，筹委会知道总裁支持此次研讨会的开展。筹委会已经做过多次讨论，我一直参与其中，感觉自己已经是筹委会的一分子。

事情的转变发生在 1 月某个周二的早晨，我正在和吉姆、卢和里奇开会。

两位业务部门的负责人吉姆和卢一直在讨论近期高层管理团队难以相互协作的问题。他们认为，如果整个团队还是无法在一些事情上尽快达成共识，就肯定会在5月的管理大会上出丑。他们在讨论中还提到，总裁是导致目前局面的原因之一，因为这位总裁向来寡言少语，人们很难了解他的真实想法，因此无法得知自己的立场和总裁有何异同，这使得每个人都感到很不舒服，而这个问题肯定会在5月的大会中暴露。最后，卢建议推迟5月的大会，等管理团队准备好了再召开会议。但吉姆提出还是按计划进行，他认为让问题在大会中暴露是好事，这会迫使管理团队和总裁去直面和解决问题。支持部门的里奇则认为我们有些小题大做，他认为问题并没有我们想象的那么严重，人们不会在大会上觉察到什么异样。

　　总之，卢说要取消5月的大会，吉姆说要按期召开，里奇则提出，"这里的问题到底是什么？"我们四个人的会议一直在这些问题上绕来绕去，没有任何进展。我非常赞同按期召开大会，但不要把当前的问题留到大会上再去处理。我最终提出了一个建议，就是第二天早上我们四人一起去和总裁做一次沟通，和他一起明确一下目前存在的问题，并建议他在5月的大会之前就开始着手解决这些问题。基于我之前和这位总裁有过的沟通，我知道这位总裁并没有觉察到他沉默寡言的风格对管理团队带来了什么样的影响。大家围绕我提出的这个建议讨论了好一会儿，卢担心自己会因为传递坏消息而躺枪，吉姆则问："为什么不能直接去谈呢？"里奇的意见则是，"如果我们措辞谨慎，避免小题大做，去直接沟通也不会有什么问题。"最后，在我向他们施加了不少压力后，大家终于决定在第二天下午4点去找总裁讨论目前的顾虑，我同意我会向总裁提出我们的想法，其他人可以随时补充。

　　散会时，卢对我说："你去向总裁直接提出来会比较合适，因为你不像我们，你不是他的下属。"我同意他的观点，这也是我提出以上建议的原因。离开会议室时，我感到很疲惫，心想第二天和总裁的这个会议是目前唯一的解决办法了，只有通过这次沟通才能解决目前的问题和排除障碍，筹委会才能妥善完成筹备5月的管理大会的任务。

　　周三下午，我在4点之前到达了公司，我坐下来和里奇聊了几句，稍做寒暄后，他告诉我："顺便说一下，4点的会议取消了。"吉姆、卢和里奇周三一大早就开了会，他们重新考虑了和总裁沟通的事情，卢反复思考后觉得风险太大，吉姆和里奇也表示赞同，因此他们决定把4点的会议改成筹委会的计划会议。

　　我感到既惊讶又失望，同时还有些愤怒，带着这样的感受，我参加了4点钟的筹委会会议。我提了很多问题，问他们为什么要取消会议，对之前讨论的顾虑准备怎么办。卢一再强调直接去向总裁提出相关问题的风险有多大，这会让他处于多么不利的位置，并且再次提醒我说这件事对我而言是更容易，因为我反正不在那儿工作，再说，这件事本身也没有我们想象的那么严重。我觉得卢所说的风险也有一定的道理，如果他那么担心这件事会对他不利，那可能也有他的道理。

　　我感觉自己已经尽力了，因此在他们安抚了我一番后，我也就开始和他们一起讨论5月会议的计划事宜了。里奇申明说，他最近几天内会找一个时机向总裁提出有关管理团队和总裁之间关系的问题，看看总裁会有什么样的反应。但我们都知道这只是一种善意的姿态，这件事并不会真的发生，时机已经错失了。

　　离开会议时，我对整件事情感到忧心忡忡，同时也很纳闷为什么这件事让我这么不安。我能够理解卢对风险的担心，因为我也认为不应该盲目冒险，同时我也知道这件事并不算是一个危机，项目仍会继续，只是一个机会被错失了，但这种事情每天都在发生。

　　在我一边牢骚满腹一边又假装若无其事地过了几小时后，我忽然意识到了真正困扰我的是什么——在过去的24小时中，我在这个团队中的角色发生了彻底的改变。在我周二离开会议时，我还是筹委会的重要一员，我参与重要的决策，施展我的一份影响力（可能甚至比我的一份还要大），我也会参与行动的实施。然而，当我第二天回来时，一切都改变了，其他人在我不在场的情况下已经做出了重要决策：不去和总裁沟通，并且他们还自行实施了决策，即取消了 4 点的会议。

我的角色在一天之中发生了改变，从筹委会的一位正式成员变成了一位只是接收信息和决策的人，并且还需要别人来安抚我和让我冷静下来。他们没有打电话问我能否参加早上的会议，没有通过电话和我商量怎么办，也没有在他们实施行动之前先打电话向我解释他们准备做出的策略性改变。我从一位筹委会的成员变成了一位只是负责为 5 月的会议制订具体计划的专家，并且这一切就发生在我眼前，而我到会议结束 3 小时后才醒悟到底发生了什么。

想清楚这些后，我在几天后再次和里奇见了面，我的目的是和他重新协商我在筹委会中的角色。我们达成了共识，我仍然会被当成筹委会的正式成员来对待，在这之后的项目过程中，我也基本上保持了这样的角色。

在这次事件中，重点在于顾问的角色会以多么快速而微妙的方式发生转变，因此，顾问和客户维持合约和重新订约是一个永无休止的过程。

选对重新订约的时机非常重要，这应该发生在你刚刚意识到客户开始以不同的方式对待你，以及事情刚开始发生改变的时候。如果你任由事情发展，过一段时间后（比如一个月后）再和客户坐下来讨论发生了什么，事情就会变得难上加难。当我在三天后去找里奇讨论之前发生的事情时，当时的对话就进展艰难，他的第一反应是为什么我没有在三天前的会议上提出来，我无法回答这个问题。我希望自己能在当时的会议上就提出来，因为那样我就可以和整个筹委会重新协商我的角色，而不是和里奇单独协商。但事实是我当时还没有注意到自己的角色变化，而时至今日我还在写这件事情，可见我放下的能力仅此而已。

当你发现自己和客户的合约开始出现变化，或者客户开始改变一些基本规则时，你在变化发生的那个时刻拥有的杠杆影响力是最大的。在你向那位客户提出讨论这些变化之前，你等待的时间越长，你和对方重新订约的难度就越大。然而，无论时间过去了多久，你都应该和客户对合约中的改变进行讨论。项目过程中就是会一次又一次地重新订约，明白这一点会对你有所帮助。随着你和客户在咨询的不同阶段中循环，你们就需要不断地进行协商。

■ ■ ■

其他苦恼

在订约阶段，无休止的协商只是苦恼之一，订约过程中的每一步都有可能出现困难与挫折，以下是其中的一些。

想法飘忽不定的客户

有时你会发现你已经是客户为这个项目而会见的第四位顾问了，或者客户内部的行动总是在不断推迟。面对这种情况，你可以采取的一种办法是更加用力地向客户进行推销，另一种方式则是直接询问管理者——为何如此难以做出决策。如果客户总是停留在挑选咨询顾问的阶段，或者始终不能确定何时启动项目，这往往意味着管理者虽说想要启动这个项目，却并不是真的希望会有任何事情发生，不然，管理者为何要如此小心翼翼地控制着这个过程呢？与此同时，这种方式当然也很可能就是这位客户管理自己组织的方式。

盘问你的资质和经验

在你的职业生涯中，时常会有人向你提出有关资质的问题，比如，你在其他地方有过什么样的经验？你有哪些资格证书？这在哪些地方产生过效果？业内通常都有些什么样的做法？面对这样的"拷问"，你可以提供两种回应。第一种回应是把你精心预演过的实战故事娓娓道来，可能你已经积累了很多"证明"，只是希望你的这些证明能正好击中客户的痛点。第二种回应的方式则是在你的实战故事后增加一个问题："你是不是在担心我能否真正帮到你？"如果管理者承认自己确有担心，不要认为对方是在针对你个人，因为管理者（无论他们看上去有多么自信满满）可能会认为自己的问题是无法解决的，或者他们自己已经尝试过所有的办法，或者他们相信完全可以依靠自己解决问题而无须他人帮助，只是他们还需要更多的时间而已。管理者需要确信自己的情况有可能得到改善，你只要让他们得到这种确信就好，不要陷入防卫性的喋喋不休，不停地宣讲你的经验有多么丰富，哪些管理者非常认可你，或者向客户保证项目一定会产生积极的效果。我们很容易因为别人对我们工作的质疑而触发我们对自己的怀疑，但是拼命推销自己并不能真正打消那些疑虑。

中间人

有时在顾问和管理者之间会有一个中间人的角色，这个人可能来自这位管理者的团队，或来自另一个部门。如果这位中间人过于活跃，或者保护性太强，就会在你和管理者之间竖起一道屏障，让你很难了解事情究竟进展到了哪一步。在这种情况下，你要尽早和尽量多地和真正的客户取得直接的联系，并敦促这位管理者亲自参加会议，从而能与你直接开展项目讨论。

一个常见的误区：过度探究问题

在咨询技术工作坊中观察了数百位顾问如何应对抵触的客户后，我发现有一个显而易见的误区：顾问往往会在订约会议中为探究问题而花费太多的时间。

如果我们的会议时间是 1 小时，我们可能会在理解问题上花费 50 分钟的时间，然后只留下 10 分钟去做真正需要在这次会议上完成的核心工作——协商双方的需要和处理客户对失去掌控及暴露脆弱之处的顾虑。之所以会出现这种情况，往往是因为我们自己受到了客户的困惑或固执情绪的影响，以至于不知道该如何继续开展讨论。因此我们就不停地向客户提问，试图对他们的问题做出更多的了解，而这种做法正好让双方都轻松地避开了真正需要在订约会议中讨论的话题。

不要在订约会议中花费太多的时间去探究问题，因为你会通过整个咨询过程找到真正的问题所在。并且，此刻你听到的也只不过是表象的问题，并非问题的底层因素。如果你不知道下一步该怎么办，或者你们的会谈卡壳了，你有两种选择。

1. 看着客户并告诉他："让我们暂停一下对问题的讨论，请告诉我你希望我提供什么。"

2. 看着客户并表达你此刻的想法，任何想法都可以，这会把你们的对话带往正确的方向。比如，你可以告诉客户，"看起来你对这个问题的性质还有些困惑"，接着你可以说，"以下是我希望你能提供给我的东西，从而能帮助我们采取下一步的行动。"然后开始协商双方的需要。

把讨论问题的时间控制在会议总时间的 35% 以内。如果你确实没能理解客户看到的问题到底是什么，你可以和客户协商另外一个小的合约，让你能对客户的问题做出更多一些了解。因为，如果会议已经进行了 20 分钟，而你还是没能理解客户到底想要解决什么问题，那么可能无论你再提多少个问题都不会在这次会议上得到答案。

■ ■ ■

订约要点检查

截至现在，你已经有了完美地主持一场订约会议所需的所有信息。

订约会议的各个步骤按序覆盖了该会议的核心工作，这些工作可分为 4 个部分：①理解问题和协商需要；②通过检测客户的顾虑与承诺结束会议；③当双方难以达成共识时解决卡壳的问题；④告诉客户他们正在和曾经做对了什么，包括在本次会议中有哪些有助于项目合作的行为。订约会议的每一个步骤都十分重要，因此不能跳过任何一步。如果你确实完成了每一个步骤，但是仍然没有得到你想要的合约，那么你已经尽你所能了，因此你的咨询已经是完美的了。

你可以运用表 8-2 中的检查清单为订约会议做准备。你只要在每一次订约会议之前对清单中的问题做出回答，那么你就为这次会议做好了准备。

表 8-2　检查清单 3：计划订约会议

当你为一次"订约会谈"制订计划时，请回答以下问题。

1. 你预计在这个项目中会有什么样的职责不平衡？
   - 你认为客户会把你当成"专家"，因此会希望你承担 80% 的职责吗？
   - 你认为客户会把你当成"帮手"，因此希望自己保留 80% 的职责？
2. 你需要客户提供什么？
   - 有哪些核心需要？
   - 有哪些理想需要？
3. 你准备为客户提供什么？
   - 技术维度。
   - 人的维度。
   - 引导对方改善相互共事的方式。
4. 你认为客户有可能想要得到什么？列出所有的可能性。
   - 技术维度。
   - 人的维度。

5. 关键客户会出席会议吗？

- 谁是决定是否开展这个项目的人？

- 谁会受到这个项目的显著影响？

- 谁会缺席这次会议？

- 他们在这个项目中的角色是什么？例如，针对问题制订行动计划，或将你的咨询结果付诸实施，或分享他们拥有的有用信息。

6. 你预计会遇到什么形式的抵触？

7. 在什么样的情况下最好不要开展这个项目？

■ ■ ■

订约会议之后

表 8-3 中的这份检查清单包含一些你可以在订约会议之后回顾的问题，以便你更加清晰地了解你和客户之间的互动质量如何。订约会议是项目其余部分的指示灯，通过检查你对以下这些问题的回答，你可以预见你需要在这个项目中应对什么样的问题。

表 8-3　检查清单 4：回顾订约会议

1. 你如何给双方参与的平衡度评分？		
	客户	顾问
参与的平衡度	100% _____ 50/50 _____	100%
谁采取主动	100% _____ 50/50 _____	100%
谁掌握控制权	100% _____ 50/50 _____	100%
2. 客户表达了什么样的抵触或疑虑？		

3. 你对合约有何疑虑?

  - 有哪些是你用语言向客户表达了的?

  - 有哪些是你间接表达了或没有表达的?

4. 你是如何给予客户支持的?

5. 客户的顾虑是如何表达出来的?

  - 沉默。

  - 遵从。

  - 攻击。

  - 提问。

  - 提供答案。

  - 直接用语言表达。

6. 你观察到了什么样的表情和身体语言?

7. 你认为客户对这个项目的动力程度如何?

8. 你自己对这个项目的动力程度如何?

9. 还有什么是你没有向客户表达的?

10. 回顾"引导订约会议"的模型,你是否跳过了某些步骤?

  - 跳过的步骤。

11. 你从这次经历学习到了什么?你在会议中做对了什么?

第 9 章
内部顾问的困境

我们带领的大部分咨询技能工作坊是由各公司为它们的内部顾问组织的，学员们会耐心地坐在那儿，听我们讲关于"向管理者说'不'""在问题发生时要直面管理者""要清晰表达自己的需要"，以及"要直接应对问题情境中的政治因素"等议题。最后，教室后排有个人举手说道："你说这些是很容易的，因为你是外部顾问，你不用在你提供咨询服务的组织里生存下去，而我们是内部顾问，只要有一位管理人员不满意，我们就有麻烦了，你不明白在组织内部是怎么回事。"

对此我曾经非常抵触，我会对他们说问题其实是一样的，他们应该采用我对待客户的方式来对待他们的内部客户，等等。这时，这些参加工作坊的人就会把身体靠回到椅子上，然后我会宣布茶歇时间到了，他们会热烈地相互交谈，把我晾在一边。但现在我对他们所说的话已经不再有任何抵触了。

以下是我对内外部顾问有哪些重要区别的思考。

■ ■ ■

内外部顾问的差异

作为一名内部顾问，你时刻身处某种组织文化和某个层级之中。你有一位你必须（至少在一定程度上）满足其需求的上司，你所在的部门有一些必须达成的目标。例如，技术部门要向运营单位推出一套新流程，财务部门则希望新的管控程序能得到采纳。

有上司和部门目标，这会如何影响你与管理者订约和开展工作呢？

- 你往往无法只是根据管理者的需要做出响应，因为你自己有一些程序步骤需要得到管理者的采纳，而这个方面可能与这位管理者的理念和风格是有冲突的。
- 公司可能会根据有多少管理者采纳你所在支持部门的方案而对你做出评价。因此，你常常需要向管理者销售你所在部门的方案，而这件事情可能会给你带来巨大的压力。
- 你经常会被期望去"转化"一位反对者。某位管理者可能过去若干年来都一直拒绝接受你所在部门的服务，现在你却要负责去把这位管理者纳入你们的服务范围。
- 如果你惹恼了一位管理者，后果将不堪设想，因为你的潜在客户的数量受限于组织中管理者的数量。如果你搞砸了一两次工作，对你的负面评价就会不胫而走，组织中对你的服务需求就会急剧减少。而一旦这种情况发生，即便你仍然领着公司的薪水，也等同于失业了。
- 你在组织中的身份和级别是众所周知的，而这可能会限制你接触到那些你需要与之直接订约的核心高层。外部顾问的身份和级别则是相对模糊的，因此他们可以更加灵活地穿梭于不同级别的人员之间。
- 一个人很难成为自己所属之地的先知，这个信念往往会被过度夸大，甚至会被当成一种防卫的理由。但这句话也有一定的道理，因为你和管理者服务于同一个组织，管理者会认为你和他们一样受到组织中一些影响势力和疯狂现实的制约。因此，他们可能很难立刻信任你并认可你真的能为他们提供一些特别的帮助。

以上这些方面意味着内部顾问需要同时通过强制规定和自主选择这两种方式开展工作，这使得组织内部的咨询变成一种风险很高的工作。到最后，内部顾问所能做的就是让管理者清楚地了解，强制性的改变会有哪些局限性，需要付出哪些代价。总之，虽然你不拥有最终决策权，但这并不应该成为你不对这个过程提出任何疑问的理由。

外部顾问同样面临以上大部分的问题，只是强度有所不同。身处组织的外部，他们的咨询服务市场更为广阔，并且，只要能让客户满意，外部顾问所在的组织一般就不会对他们有什么怨言。

而对于内部顾问，因为问题的强度和场景有所不同，他们的处境更为微妙和脆弱。这给内部顾问造成了一些制约性因素，影响了内部顾问和客户的订约以及冒风险向客户提供诚实的反馈。然而，如果内部顾问因为这些限制性因素而长期采取小心翼翼的行事方式，那么他们很快就会被客户只是当成帮手使用。假如他们忽视了所有的限制性因素，则又会被评价为过于天真，甚至在极端情况下会被评价为对组织缺乏忠诚度，他们会被指责"对我们这儿的工作方式缺乏敏感度"。

本书所描述的咨询方法能帮助内部顾问以一种高风险高回报的方式开展工作，同时仍能获得客户对自己的尊重和认可，毕竟，你要做的就是完美地开展你的咨询。本章余下的内容将讨论内部顾问需要特别注意的一些事项。

■ ■ ■

三角和矩形订约关系

支持部门人员和管理者之间的会谈往往只是订约流程中的一部分，至少支持部门人员还需要和自己的上司订立合约。

每一个内部咨询团队——无论是技术工程、财务审计、人力资源，还是总部支持团队，都有一些自己想要推进的优先级项目，也都有一套关于和客户工作时要多提供指导还是多邀请参与的信念。技术部门希望自己的技术顾问向运营单位推销他们的某些创新流程，市场团队则希望他们的客户能采纳市场部制定的某种定位和定价策略。

每一个支持部门的团队都设定了要向管理者推行某些事项的工作目标。因此，内部顾问既要满足客户的需求，也要履行他们和自己的上司所订立的有关实施本部门优先事项的合约，这就使得上司必然会进入这个项目的订约流程。因此，内部顾问至少会处在一个三角形的订约关系中（见图 9-1）。

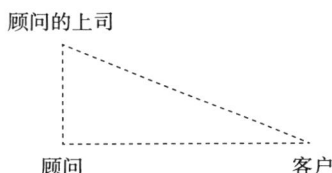

图 9-1　三角形的合约

有时候，这个订约关系还可能是矩形的（见图 9-2），甚至是五角形的。

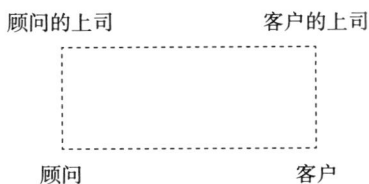

图 9-2　矩形的合约

矩形的订约关系一般起始于内部顾问和客户双方的上司，他们之间已经达成了总体共识。这就意味着，顾问和客户开展的这项工作并非由他们任何一方主动发起的，但他们却需要根据既定的承诺启动这项合作。这种情况带来的一个结果是订约过程需要更长的时间，因为顾问会希望自己能和订约关系中的每一方都进行会谈和澄清期望。虽然有时候这并不现实，但至少你能知道自己遇到了什么样的阻碍，而不会把这次订约看成只是一个简单的过程。在探索阶段开始之前，三角形或矩形关系中的每一边都需要得到探究。

上司的期望

当你将所有的相关方都纳入订约框架时，你就会发现，内部顾问和客户之间存在的很多显而易见的问题只不过是顾问和自己上司之间的问题的症状而已。上司可能设定了一些你作为顾问无法实现的期望，因此你可能会觉得自己永远不能对客户说"不"，或者你可能觉得自己不得不去转化一些非常难以应对的客户。

我曾经问一个工程咨询团队，他们所在的组织对他们的咨询工作提出了什么样的要求，他们的回答可能代表了内部咨询的一些常态。

"无论如何，一定要把这项工作完成。"

"既然这里面的技术问题这么关键，就不要顾虑对客户的敏感度，没必要进行太多的嘘寒问暖。"

"不要惹客户不高兴或者和客户对立。"

"待久一点，把工作干完，但也不要待太久。"

"说服客户实施你的建议。"

"向他们推行公司的要求。"

"所有问题都能解决。"

"每个客户都能被沟通影响。"

"要忠诚于你自己的组织。"

"家丑不要外扬。"

"不要评价别人，也不要说任何人的坏话。"

"绝不要向客户承认任何错误。"

"和客户的约定一定要非常非常灵活。"

"不要对将来的工作许下任何承诺。"

"要把个性因素排除在外。"

"永远都要保持低调平和，不要表露情绪。"

"带上行李，准备出差。"

"举止要稳重、得体、自信，要有礼有节。"

上述期望当然会让顾问感到不切实际、压力重重。虽然这些话并非全部出自某一位上司之口，但它们的确能代表内部顾问和他们的上司缺乏清晰明确的合约所带来的窘境，有的甚至是有清晰明确的合约时发生的窘境。

和上司订约

在内部顾问难以实现上司期望的文化常态下，让我们看一看内部顾问和他们上司之间的合约。订立合约时很重要的是要明确你需要得到什么。因此，我向一个内部顾问团队提出了这个问题——为了能应对他们所承受的压力，他们需要从自己的上司那里得到什么？以下是他们的回答。

"把我派去一个项目之前先明确对我的工作要求。"

"能找得到上司。"

"在项目的非技术层面和政治关系层面提供帮助。"

"不要总是向客户过度承诺我能提供什么。"

"给我自由度，让我自己根据具体情况和客户协商合约。"

"在项目应该达成什么结果和我应该提出什么建议方面，把他们的主观偏见降到最低。"

同样是这个顾问团队，他们也列出了他们自己对客户的期望。请留意以下期望和上文是多么的相似。

"要明确工作要求。"

"要让我能接触到客户组织的代表，并让我拿到数据。"

"和我一起解决问题——相互合作。"

"对这个项目有承诺。"

"荣辱与共。"

"让我觉得被需要和有价值。"

"不要对项目应该达成什么样的结果持有主观偏见。"

"负责提供完成工作需要的物质条件。"

"保持开放和提供反馈。"

"在我离开后告诉我项目的后续结果。"

你与你上司之间的相互理解和共识有多清晰，这一点会大大影响你对客户做出恰当和完美回应的能力。如果你和你上司之间的合约很不清晰，那么你和客户之间的合约就很可能是不稳固的，你会很容易向客户做出妥协，也不会愿意从一个成功概率很低的项目中退出来，你可能还会发现自己为了推行你所在部门的优先事项而给客户施加了太多压力，从而导致你和客户之间关系的疏远。

尝试这个练习

首先，请列出你对你上司的需要。接着，邀请你的上司列出他们对你的关键期望，然后你们交换彼此的清单并一起讨论，看看你们能否订立一份适当平衡双方需要的合约，既满足你所在的团队或部门为实现对组织的承诺而对你提出的需要，也满足你为了回应客户的需求和优先事项而提出的需要。

和同事订约

再增加一层复杂性，我们往往需要和同一个单元或部门的同事合作，从而能一起和某个客户组织开展工作。在最佳情形下，我们都会很清楚彼此同属于一个咨询团队，而这一点在虚拟或远程办公的环境中可能并不会得到足够的重视。例如，人力资源部门不同部分的人员可能需要一起和同一个客户组织开展工作，如果这些人力资源顾问在和客户订约之前并没有先在内部相互订约，他们之间就可能产生矛盾冲突。这就很容易导致困惑和角色不清，而客户也往往很善于通过找到抵触最小和最弱的环节得到他们所需。

与此同时，客户组织内部的同事关系也应该成为我们与客户订约的一个部分，这是我们帮助客户组织以相互协作的方式实施我们的建议的一种方式。后面会有更多这方面的内容。

邀请是首选

内部顾问可以向上司和内部顾问团队提出的一个关键问题是："你可以发出什么样的邀请，从而能鼓励人们选择参与实现成功所需要的各种关系、任务和流程，并成为为之负责的合作伙伴？"提出这个问题的意图是开启一种新的对话方式——在我们和客户都认定自己没有选择权的时候，我们去直面自己和客户，让我们双方都认识到我们其实拥有选择的权利。选择来自邀请，不是来自强制规定。这需要一种新的对话方式，在其中，人们能相互聆听和理解，能真实地说出他们重视什么和面临什么样的挑战。这样的对话可能会有些艰难，因为这种对话是不可预测的，不是我们习以为常的那种方式。

邀请并不仅仅是让人们聚集到一起的一个步骤，它同时也在明确表达一种以合作的方式一起工作的意愿，这意味着我们并不需要依靠强迫、推销或讨价还价来创造一种新的未来。当我们认为只有通过讨价还价或微妙的胁迫手段才能实现某些改变时，我们其实是基于一种资源匮乏的信念在行动。如果我们不相信人们拥有为理想而行动的意愿和能力，讨价还价和胁迫就变成了必须采取的手段。追求理想抑或愤世嫉俗，我们的选择体现的是我们对于人类本性的一种精神姿态，但愤世嫉俗常常以"现实"为名而变成了一种合理化的存在。

承诺采用邀请的方式，这是追求理想未来的一种核心策略，这将决定前来参加讨论的人们会置身于何种环境之中。尽管出于自愿的行为常常会带来各种问题，但你也将得到一种特别的回报，那就是前来参加讨论的很多人都是怀着高于他们自身短期利益的追求而来。你会不断遇见那些真正自愿前来参与的人，即便有时候数量寥寥。如果我们对最终结果感到担忧，那只不过是因为我们自己内心的怀疑，我们担心如果给了人们自由选择的权利，人们就可能不会真的去选择创造一个不同以往的未来了。

邀请需要用语言表达出来，"我邀请你。"这是一种很有影响力的对话方式，因为当你发出邀请时，你就在这个世界上创造了一种诚意和选择。当你下一次和你的上司、你上司的上司以及你自己的团队对话时，尝试提出这样的问题："你可以发出什么样的邀请，从而能鼓励人们参与实现成功所需要的各种关系、任务和流程并为之负责？"

如果你们的谈话进展不顺利，就说明你已经准备好开始阅读以下两章的内容了——理解抵触和应对抵触。

3

更多基本概念

第 10 章
理解抵触

咨询工作中最艰难的部分是成功应对来自客户和我们周围其他人的抵触。当我们开展咨询时，我们可能会理所当然地认为，只要我们能清晰而有逻辑地表达我们的想法，并且始终把客户的利益放在心上，客户就会认可我们的专业能力并采纳我们的建议。然而，我们很快就会发现，无论我们的数据和建议多么有理有据，客户仍然可能会对我们做出抵触。因此，我们开始认识到只依靠正确、清晰和实证还不够。

抵触并不会经常发生，但一旦发生就会令人非常困惑和沮丧。当我们遭遇抵触时，往往就会把那位客户看成一个顽固不化和缺乏理性的人，而我们通常采用的应对方式也只是试图更加清楚、重复和更加用力地向客户解释我们的数据和建议——"让我们再看一下幻灯片上的内容"。

要想理解抵触的本质，关键在于要认识到这一点——抵触其实是客户对其自身情绪过程的一种反应（reaction），而并不是我们和客户之间交流的客观、逻辑和理性程度如何的一种反映（reflection)。当客户不愿意接受被帮助的过程和不想面对组织中的难题时，客户进行抵触其实是可以预见和十分自然的一种反应。

抵触的发生不仅是可以预测得到的和十分自然的，同时它也是客户学习过程中的一个必要组成部分。作为顾问，如果我们希望永远都不会发生抵触，或者希望抵触一旦出现就会立刻消失，这样的态度其实会对客户学习和整合我们的专业知识造成障碍。为了让客户学到解决难题的重要能力，客户的抵触情绪需要得到直接的表达，只有这样，客户才能准备好真正接受和运用我们所提供的专业帮助。

应对抵触的技巧包括以下方面：

- 当抵触发生时能将其识别；
- 将抵触看作一个自然的过程，一个你正在切中要害的信号；
- 支持客户将抵触情绪直接表达出来；
- 回应客户，比如"很好的观点"；
- 不要把抵触看作针对你个人或能力的一种攻击。

做到这些并不容易，本章和下一章将围绕这些内容展开。

■ ■ ■

抵触的表现形式

抵触有很多种表现形式，并且有些形式极为微妙和难以捉摸。在同一次会议中，你可能会遇到好几种不同形式的抵触。当你开始应对某种形式的抵触时，有时这种形式的抵触会消失，但又会以另一种形式再次出现。

对于以技术为导向的咨询顾问，如工程师、会计、计算机、系统和数据方面的人员，识别抵触可能尤其有难度。我们的技术背景会让我们十分习惯于以数据、事实和逻辑为导向，因此，当我们需要感知人的情绪和人际关系时，就好像需要在一张高度失焦的照片上看清楚图像那么困难。

以下这些对常见抵触形式的探索就是以帮助顾问看清图像为目的的。

"给我更多细节信息"

客户不断要求你提供越来越细节的信息，比如"11点到7点班次的人是怎么想的？""你汇总数据的时候会用什么表格？写数字时用红色还是蓝色墨水？"客户好像对细节永不知足，似乎无论你提供多少信息都无法满足他们的要求。每一次会谈后，你都会感觉下次开会时你还要带上更多的后备数据。同时，你又感觉太多的时间被投入在信息收集的事情上，而在行动事项的决策讨论上投入的时间却微乎其微。

客户提出的有些问题是有道理的，毕竟客户需要了解实际情况。然而，如果你能回答他们的问题，但也开始失去耐心，你就要开始猜想，客户不断要你提供更多细节的行为可能是一种抵触的形式，而并非只是在寻求更多的信息。

给你灌输很多细节信息

客户要求你提供很多细节信息，这件事的一个必然结果是他们反过来给你提供太多的细节信息。你询问客户这个问题是怎么发生的，得到的回应是，"哎呀，那是十年前9月的一个周四的下午，我记得当时我穿的是一件蓝色的T恤衫，外面下着倾盆大雨……我希望我没让你觉得厌烦啊，不过我觉得让你了解这件事情的背景还是挺重要的。"客户不断地给你灌输越来越多的信息，而你能明白的却越来越少。

当你开始感到厌烦或困惑，不明白所有这些细枝末节和当前的问题有何关系时，你就应该开始猜想，你遇到的可能是一种抵触，而并不只是客户热情地想要向你和盘托出所有的情况。

时间

客户说他真的很想开展你的项目，只是时机有点不合适。你这边焦急不安地等着客户的回复，而客户总是给你一种非常忙碌的感觉，实际上，客户几乎连和你见面的时间都没有。有时候，这种抵触形式还会表现为你们的会议经常被打断：客户开始接电话或不时地看一眼手机，或者一边开着线上会议一边处理很多其他事情，或者忽然有人打电话进来，客户扭头对我说"请稍等一分钟，彼得，我必须先和安处理一下这件事情。"然后客户就开始和安说话，而我还坐在那儿等着。

在以上这些举例中，客户似乎想要传递什么信息呢？

- 这个组织让人非常兴奋，每时每刻都有很多事情在发生。
- 在我的组织里时间太紧张了。
- 我的时间太紧张了。
- 我希望你相信，我拒绝你是因为没有时间，不是因为你的方案建议让我觉得很不舒服。

我们每天都在面对这样的"时间"问题，很多时候，这其实是客户不愿意向你承认自己对项目的真实感受而做出的一种抵触。如果你发现客户在12月说很想开展某个项目，但要等到来年第三季度才能启动，你就应该开始怀疑，你可能是遇到了抵触。

不切实际

客户不停地提醒你，"这是在现实的世界，我们面对的是非常实际的问题"。"现实世界"这个词我应该听过上千次了，这让我不禁疑惑，客户是不是认为我们这些顾问是生活在虚幻的世界里？客户这种形式的抵触其实是在谴责我们不切实际和纸上谈兵，甚至是理想主义。

和很多其他抵触形式一样，这种"现实世界"的说法也不无道理，但如果这么说，那么几乎任何说法都是有一定道理的了。这里的关键是客户强调"实际性"的强烈程度，这会引发你猜想自己遇到的其实可能是一种情绪问题。

"我并不惊讶"

我一直觉得很不可思议，"不惊讶"竟然对人们如此重要，就好像只要不觉得惊讶，这个世界发生任何事情就都不是问题。当你刚刚完成了一次调研，你可能会告诉管理者："房屋倒塌了，工人罢工了，已经是第三位首席财务官跳槽了，30%的新员工流失，税务部门正找上门来……"而这位管理者的第一反应却是"我并不惊讶"，就好像觉得惊讶才是这个世界上能发生的最糟糕的事情。

管理者对惊讶的恐惧其实源自对始终拥有掌控感的渴望。当我们遇到这样的情形时，我们会觉得气馁，因为它向我们传递出这样一种信号——我们的工作真的并没有那么重要或者独特，我们会觉得自己的贡献被贬低了。但我们应该这样看清它的本质：这只是客户的一种抵触，并不是在反映我们自身的工作有什么问题。

攻击

最公开化的抵触形式是客户对我们进行攻击——言辞激烈、满脸通红、捶击桌面、手指到你的脸上、每句话的结尾都掷地有声。这让咨询顾问觉得自己好像是笨手笨脚的小孩，不仅把事情搞砸了，还不知怎么触碰到了某条不可逾越的道德底线。面对这样的攻击，我们的回应方式往往是要么退缩，要么还击。这两种回应方式都意味着我们已经开始把客户的攻击当成针对我们个人了，而并没有把它看作另一种形式的抵触。当客户对我们发火时，这和你个人完全没有关系，除非你自己一定要这么认为。

困惑

在客户向我们寻求帮助的过程中，客户有时候会感到困惑。这很正常，客户并不一定是在抵触我们，而只是想要澄清一些事情。然而，当你了解了客户的困惑所在，并向客户解释过两到三次后，客户却还在不停地说他们感到困惑或无法理解，那你就要开始考虑，这种困惑可能代表的是客户难以对你说"不"。

沉默

这是最难应对的一种抵触。我们不断地主动联系客户，但是很少得到回应，客户显得十分被动，没有对你的提议做出任何具体反应。当你询问反馈意见时，客户可能会说："你继续，我没有任何问题，有的话我会提出来。"不要相信这句话，沉默从来不等于赞同。如果你在处理的事项对组织而言十分重要，而客户却没有做出任何回应，这种情况是不正常的。

沉默通常意味着反应被堵住了。对一些人而言，沉默或压抑自己的反应就是一种抗争的方式，他们在用行动告诉你："我是如此坚持对这件事情的立场和感受，以至于我连话都不会对你说。"要小心沉默的客户，如果因为管理者没有在会议上提出任何反对意见，你就认为会议进展得很顺利，不要相信这一点。问问你自己，这位客户有没有给你提供实际的支持，或有没有表现出真正的热情，或有没有亲自参与行动。如果鲜有这样的迹象，你就要开始考虑——沉默会不会是客户抵触的一种形式。

理性化

你和客户本来在讨论如何开展项目，客户却切换主题，开始在理论层面不停地探究事情为何如此，当下有哪些外力因素。此时，你就是遇到"理性化"的抵触了。客户说："这些结果隐含了一个很有趣的假设，我在想目前这种情况和我们之前的三次经历是不是存在一个相反的关系，看来这次危机向我们提出了好几个问题。"

投入大量的精力谈论理论，这其实是一种逃避痛苦的方式，也是很多人会在面临困境时采取的一种防卫方式。这并不是要质疑理论的价值，或否定理解事情原委的必要性，而只是在提醒我们要小心，在真正的问题其实是你和客户能否勇敢面对某个艰难处境的时候，你要避免和客户成为同谋，一起陷入无休止的理论探究。

如果在一个高度紧张的时刻或会议中忽然开始出现这样的理论探究现象，你就要猜想自己可能遇到了抵触。此时，你的任务就是要把讨论从理论层面带回到行动层面，这包括你自己的谈话内容。

说教

当客户以说教的方式进行抵触时，会大量使用某些特定的词语或短语，如"那些人""应该""他们应当理解"等。当你听到这些措辞时，就能知道自己马上要进入一个"事情应当如何"的世界了，而那只是客户对现实的一种防御反应。客户会用"那些人"来指当时不在场的任何人，而这是一种带有优越感的用词方式，用来描述组织中这样一些人——他们比说话者级别低，或是对说话者所做的某些事感到不满，因此他们"真的不明白事情应当如何"。

当客户用带有优越感的措辞说话时，实际上是把自己置于高高在上的位置，而这样的行为其实往往是在抗拒自己的某些不舒服的感受，或是抗拒某些自己不想采取的行动。"他们应当"的措辞实际上是在说："我很明白，但是他们不明白，为什么他们就不能像我这样用大局观来看清楚事情呢？"事实上，通常说话者所指的"那些人"其实心里是明白的，并且往往非常明白，真正的问题在于，由于说话者不赞同"那些人"的观点，因此遁入了一种道德说教的立场，而没有去直面双方观点的冲突。

说教对顾问颇具诱惑力，因为那些习惯于说教的管理者在把你邀请到一个精选的圈子，这个圈子里的人知道什么才是对"那些人"最好的，以及那些人"应该明白"些什么。一旦进入这样的圈子，你就会感觉自己成了精英阶层的一员，权力在手，备受保护。如果组织中的其他人不理解你们的所作所为，那只是进一步表明了他们有多么困惑，以及他们有多么需要你们。当你面对这样的诱惑时，你要尽可能得体而又坚定地拒绝它。

遵从

最难识别的一种抵触来自那些言听计从的管理者，他们完全赞同你的意见，并且热切地想要知道下一步应该做什么。把遵从看成抵触是一件有难度的事情，因为你正好得偿所愿地获得了管理者的赞同和尊重。然而，如果你真的相信每一位管理者对于获得帮助都存有一定的矛盾心理，那么当你完全没有收到任何负面反应时，就会知道这里有所缺失。当收到一套行动建议时，每一位客户都会有一定的疑虑。如果这些疑虑没有被直接表达出来，那么它们一定会通过其他途径表达出来，并且有可能会以一种更具破坏性的方式表达出来。我宁愿客户直接向我表达这些疑虑，因为这样我才能直接做出应对。

当客户以遵从的方式抵触时，你是可以识别的。任何时候，如果他们几乎没有表达任何疑虑，而他们表达赞同的意愿又很弱，你就可以判断客户在以遵从的形式进行抵触。如果客户表达赞同时能量很高，充满热情，并且对你们双方面对的问题表现出真诚的理解，那么你完全可以觉得自己十分幸运，而不必将客户的赞同看作一种抵触，即使客户没有表达什么疑虑，你也可以这么认为。但是，对那些尚未对问题进行任何讨论就急切想要得到解决方案的客户，你要保持谨慎。同时，对那些对你完全依赖并表示你怎么做都没问题的客户，你也要保持谨慎的态度。

方法论

如果你的项目中包括详尽的数据收集，客户提出的第一波问题可能是你采用了什么样的数据收集方法。假如你开展了一次问卷调研，你又会被问到有多少人回复了问卷，回复的程度如何，精确到 0.05 的分析结果是否具有统计学意义。接着，客户还会问你，那些级别较低的人和那些在很远的时区居家办公的人是如何回答问卷的。

前 10 分钟的方法论探讨可以代表合理的信息需求，因为如果客户提问的目的确实在于获得信息，这段时间已经足以让你树立项目的可信度了。然而，如果客户过了 10 分钟还在继续提出方法论的问题，你就应该开始小心，这些提问可能是一种抵触，因为会议的目的不应该是盘问你所采用的方法，而是理解问题所在和做出行动的决策。当客户反复提出有关方法的疑问或不停地提出各种方法的建议时，这一做法将有助于客户推迟自己对问题中的自身因素承担起责任和投入自己的行动。

飞速好转

还有另外一种比较微妙的抵触形式：当项目进行到中间或临近尾声时，客户那边却似乎不存在你正在试图解决的问题了，即当你们离客户直面问题和采取行动的时间点越来越近时，你开始听说情况已经大幅好转了。

以下是这种抵触形式的两种情况。

- 如果在项目刚开始时公司成本很高，利润很低，一旦情况稍有改善，管理者就来对你说，成本控制和盈利状况已经得到了改善，大家现在感觉好多了，因此可能对你的服务需求已经有所降低了。
- 你和客户在 5 月会谈时约定了要在 6 月 20 日启动某个项目，而当你在 6 月 10 日打电话给客户确认项目启动时间时，管理者却说："如果我们想的话，是仍然可以启动这个项目的，但出于一些原因，现在这个问题看起来倒并不是那么严重了。"事实上，客户的业务方式并未发生改变，真正的原因其实是客户组织意识到从 6 月 20 日起就真的要开始直面自己的问题了。相比而言，表现得好像问题并不是那么严重则似乎会让人轻松一些。

我曾经为这样一家公司做顾问，这家公司的工程部和制造部之间很难相互合作。在项目的"探索"阶段，我了解到在这两个部门的各个层级之间的冲突已经存在了 10 年之久。该公司总裁站在制造部的一边，他们一直在攻击工程部，两个部门在职责和权力方面也存在重叠和不清晰的问题。就在我准备向客户提供调研反馈时，这位总裁打电话给我，告诉我工程部负责人就要离职了。这位总裁认为，由于这位负责人即将离开，原本的问题也就可能不会再继续了。显然，这位总裁抱持了一个美好的想法，那就是这个人离开后大家就无须再去直面两个团队积存 10 年的深层问题了。

管理者通过"问题好转"进行抵触，这个过程和婚姻咨询中的现象十分相似。一对吵架的夫妻终于预约了一位婚姻咨询师，但当约定的时间临近时，他们发现双方相处得越来越好了。当这对夫妻最后见到咨询师时，他们四目相望，说自己已经不太确定要咨询什么问题了，因为他们近来相处得十分愉快。

当然，客户情况好转并没有问题，但大多数的表象之下都潜藏着需要关注的深层问题。如果客户突然说他们的问题已经有所好转，我会担心他们过于急切地抓住了问题改善的表象，而掩饰了本来需要通过你的咨询聚焦解决的真正问题。

迫切要求解决方案

最后一种抵触的形式是客户急切地要求得到解决方案："别和我谈问题，

我需要听到解决方案。"由于顾问往往也急于解决问题，如果没有能够稍稍推迟一下对解决方案的讨论，顾问就很容易和客户成为同谋。

迫切渴望得到解决方案，会阻碍客户获得有关问题本质的重要学习，也会导致客户过度依赖顾问来解决问题。并且，如果管理者缺乏耐心和兴趣停下来检查真正的问题所在，那么解决方案也不会得到有效的实施。顾问需要认识到这一点：客户急于获得解决方案，这可能是客户的一种防御行为。而对同样急于解决问题的顾问而言，这是一种尤其具有诱惑力的抵触形式。

■ ■ ■

客户抵触我们时到底在抵触什么

这个标题可能看起来很像是一首歌曲的名称，但理解这个问题确实十分重要。

成功应对抵触的关键就在于不要把它当成针对你个人的。当你遭遇抵触时，你是那个和客户同处一室的人，客户防御时会直视你，因而你不得不做出回应和忍受这场风暴。因此，你会理所当然地认为客户的抵触就是冲你而来的。然而，客户的抵触并不是在针对你个人，客户抗拒的并不是你，而是这样一种现实——他们不得不做出某个艰难的选择，不得不采取某个不受欢迎的行动，以及不得不去直面某些他们在情感上想要回避的现实问题。大部分时候，这是客户对于不得不成为自己未来的推动者的一种抗拒。

假如你应邀去帮助一个组织解决问题，这就意味着这个客户组织过去没能自行解决这个问题。究其原因，往往并非该组织的管理者真的缺乏解决这个问题的聪明才智，而是因为他们没有看清楚这个问题。管理者往往和问题靠得太近，以至于任何潜在的解决办法都会牵动他们的情绪，因此他们才需要一个第三方来帮助他们看清这个问题，并找到可能的解决方案。而在这个问题或解决方案中，就包含了一些让客户难以看清和直面的艰难现实。

举例

让客户困在其中的艰难现实有多种多样，举例如下。

- 某些人可能不得不被公司解雇，或需要被告知绩效不佳。
- 团队成员可能极为不满，而管理者可能并不想让这些不满情绪浮现出来。
- 管理者可能对一些工作感到力不从心，但又不愿意面对自己能力不足的事实。
- 组织中的政治形势岌岌可危，管理者不想在这个时候掀起风浪。
- 完成当前任务需要用到组织目前尚不具备的技能，这意味着组织可能需要裁掉一些员工，而这通常是一件很难面对的事情。
- 管理者的上司可能就是造成问题的原因之一，而这位管理者可能不想直接与这位上司对抗。
- 组织可能是在向一个日益萎缩的市场销售产品或服务，要应对这样的问题实在让人觉得气馁。
- 管理者知道自己的管理方式很专制，也并没有打算做出改变，然而他又明白自己的行为造成了什么样的负面影响。
- 一个已经投入大量资金的发展项目正在显示一些负面结果，这意味着需要上报坏消息，之前做过的承诺也不得不收回来。

以上所有这些艰难现实都涉及一些令人痛苦的问题，并且这些问题的解决过程也通常会引发很多痛苦。大部分技术性或者业务性很强的问题之所以会产生或持续存在，在某种程度上就是因为这些问题的管理方式不当。当管理者进行防卫时，他们其实是在对自己的管理能力进行防卫，这是一种自然的反应，甚至这对管理者而言是值得采取的防卫。因为比起关心我们作为顾问的能力表现如何，抵触的管理者更关切的是他们自己的掌控感和能力表现如何。

因此，抵触其实是管理者对某些艰难现实和他们自己管理这些问题的方式所进行的防卫。而当我们作为顾问参与这个问题的解决过程时，我们的一项重要工作就是要开始指向这些艰难现实。我们要做的是帮助客户直面这些问题，而不应该因为客户会进行抵触就避开这些问题。

潜藏顾虑的间接表达

当你遭遇抵触时，你看到的其实是客户更深层焦虑的外在表现。此时有两件事在同时发生：一是客户感到不安；二是客户在间接地表达他们的不安。

顾问之所以会觉得自己似乎成了客户抵触的受害者，正是因为客户在通过间接的方式表达他们的不安。如果客户能够真实坦诚地用语言把他们的不安直接表达出来，例如，"我很担心我会失去对这个部门的掌控""我觉得我没有足够的能力处理这个问题"，或者"人们在期待我去交付一些我无法交付的工作"。如果客户能够这样表达，我们作为顾问就不会觉得自己受到了攻击，相反，我们会觉得自己很愿意支持这位管理者。

管理者如果把他们潜藏内心的顾虑直接表达出来，就不是抵触了。只有当管理者在面对艰难现实时采用间接的方式表达他们的顾虑，那才是一种抵触。客户间接表达顾虑的方式包括指责缺乏详细数据、时间来不及、不切实际、预算不足、"那些人"缺乏理解等。这些常常会成为客户不开展某个项目或不实施某些建议的理由。

■ ■ ■

潜藏的顾虑

如果我遇到了抵触，并且我想知道客户真正在顾虑什么，我敢打赌，客户的顾虑要么和掌控有关，要么和脆弱有关。如果你提出的建议没有引发客户的抵触，可能是因为你的建议没有威胁到管理者的掌控感或在组织中的安全感。

掌控感

在大部分组织中，保持掌控感是价值观体系的核心所在，人们对掌控感的重视程度甚至超过了对组织效能或绩效的重视程度。很多管理者对保持掌控的重要性深信不疑，即使这会导致不良绩效也在所不惜。越来越多的案例已经证明，参与式管理会带来更高的生产力，然而，这仍未成为一种普遍的管理方式。我曾在一家公司的某个部门看到这样的情况：事实已经证明他们对管理信息系统的控制是生产力提升的主要障碍，然而管理者仍然选择了以牺牲绩效改善为代价而继续保持对信息系统的控制。

掌控权就好像是组织中的通用货币，组织的整个回报奖励体系就是围绕你能拥有多少掌控、职责和职权来构建的。如果你的绩效表现优秀，那么你可能并不会获得太多金钱上的回报，但你会得到更多的掌控感。在过去这些年，组织已经认识到这一点——要让员工全力以赴地投入工作，你永远不可能付给员工足够高的薪资。因此掌控权成了组织推崇的一种奖赏方式。

所有这些其实都在传递一个信息——组织对掌控权的重视程度非常高。保持掌控感其实无可非议，失去掌控感会使人陷入非常焦虑的状态。因此，当我们遭遇抵触时，一个不大会出错的猜测就是管理者觉得自己正在失去掌控感。

脆弱感

管理者担心自己受到伤害是引发大多数抵触的第二个重要原因。组织是充满竞争和政治的系统，你需要保持领先于其他同事，能始终被上司青睐，同时还要确保下属对你的忠诚和支持，这些都非常重要。而要同时做好这三个方面，又能出色地完成你的工作，则是很有难度的事情。随着你在组织中的职位晋升，你需要应对越来越高级别的人，然后你会发现，受到他人评判以及一次又一次地证明自己，这其实是你在任何岗位（直至 CEO 的岗位）都必须面对的现实。

从某种角度来看，政治就是对权力的运用。组织的运作方式其实和政治系统颇为相似，区别只是在组织里没有投票选举而已。当你开展咨询项目时，你需要考虑的一个重点是这个项目可能对组织中的政治关系和客户权力产生什么样的影响。当你遭遇抵触时，一种可能的原因就是你在无意之中破坏了组织中的政治平衡。

举一个研发部门的例子，在这个部门中，负责探索性研究工作的团队在过去一直都享有极高的地位和独立性，产品开发团队则一直被严格管控并需要对短期结果负责。负责该部门的副总裁强烈地感受到部门内存在的效率低下和职责重叠的问题，并且整个部门没有像一个整体那样运作。因此，我们应邀去帮助整个研发部门进行结构重组。在开展项目的过程中，我们遇到的大部分抵触都来自那个负责探索性研究的团队，他们经常开会迟到，质疑我们的方法，沉默不语，然后到会议快要结束时，他们会告诉我们，"你们怎么考虑都可以。"

在他们抵触的背后是什么呢？真的是我们的方法有问题吗？他们是在反对我们这个项目的技术原理吗？都不是，他们是在抵触这样一个事实：此刻，他们还享受着优待和特权，他们有地位，有自主权，可以自由调配资源，可以自己选择启动什么项目，在他们提出的那些技术和结构问题的底层，其实是他们在担心自己即将在这个政治系统中失去现在的地位。

他们的顾虑有一定的道理，如果一个探索性的研究团队失去了独立性，那么新产品开发的长期前景就会变得暗淡。然而，这个团队的政治性担忧（在组织中失去权力）是以一种非常间接的方式表达出来的，因此很难应对。而当他们终于直接说出担忧和减少抵触后，顾问就能和这个部门的副总裁以及产品开发部门一起找到折中的解决办法。终究，人们是希望这个世界能正常运转的，只是过程有些颠簸而已。

■ ■ ■

有时并非抵触

有时候客户的反对也并不是抵触，客户只是真的不想开展项目而已。

我们都有可能变得过于敏感，将每个管理者的反对行为都诠释为掩盖了某种深层焦虑的抵触。然而，如果一位管理者直接告诉我们，"不，我选择不启动这个项目，因为我不相信这会有用"，这其实并不是抵触，因为管理者在这句话中既没有指责顾问，也没有把解决难题的责任推卸给顾问。管理者负起了对组织的责任，并且他们也有权做出自己的选择。如果我们认为管理者做出的是错误的选择，好吧，这就是生活。

我们获得酬劳是因为我们向客户提供咨询，不是提供管理。如果一位管理者告诉我，"我现在所处的情况实在不合适立刻启动这个项目"，我会很欣赏这位管理者的直接表达，因为这样我就能清楚地知晓我们双方的立场如何，而无须担心是否自己在之前做错了什么。与此同时，我也觉得这位管理者已经充分理解了这个项目，并清楚知晓风险所在，只是他最后发现这些风险实在太高了。虽然我可能会因为这个项目没能启动而感到失望，但这个过程仍然是完美的。

■ ■ ■

恐惧和希望

虽然有时顾问和客户表现得好像是对立的两方，实际上他们的感受和担忧往往是相互呼应的。客户普遍存在的一些恐惧可能正好呼应了顾问的类似恐惧，双方的希望也是如此。以下列举了三组令人沮丧的例子，同时也列举了三组令人振奋的例子（见表 10-1 与表 10-2）。

表 10-1　三组令人沮丧的例子

客户的恐惧	顾问的恐惧
感到无助和无用："我无权改变现状，我是个受害者。"	"我无法做出影响，一切努力都是白费。"
和组织与周围的人有疏离感："没人在意我，我也不在意他们，我不属于这里。"	和客户有距离感："我们会保持陌生人之间的距离，我们永远不会靠近，我会完全根据角色行事。"
困惑："我有太多的信息，我无法厘清这些信息或看清问题。"	"我拿到的信息太少了，他们不会或者无法告诉我实际情况。"

无助、疏离和困惑，如果这三种潜藏于客户内心的顾虑没有被直接表达出来，就会导致客户产生抵触行为。而当客户采用间接的方式表达这些顾虑时，就会引发顾问也产生类似的不安。走出这种困境的办法就是帮助客户用语言将这些顾虑直接表达出来。同时，当我们自己抵触时也要这么做，因为客户的抵触与顾问的抵触往往是相互呼应的。

看到这些恐惧和抵触的同时，我们也要看到它们的另一面，并发现其中蕴藏的潜力。每一位客户同样拥有实现"完美"的可能性，当客户能朝着这个方向转变时，顾问的工作就会变得更为容易。

表 10-2　三组令人振奋的例子

客户的潜力	顾问的潜力
选择：拥有对现状采取行动的选择权和力量感，是行动者而非受害者	高影响力，努力付出会得到明确的回报
投入：积极投入现实情境，感觉自己是其中一分子，面对艰难现实和张力迎难而上	真实而又亲近，不是根据角色公事公办或只是在完成任务
清晰：选项很清晰，庞杂的信息得到简化	能接触到所有信息，能看清楚实际情况

实现以上潜力是任何咨询工作的目标之一，即让客户和顾问双方都能为他们自己和他们所处的现实状况承担起责任。顾问处理客户抵触的过程就是帮助客户从无助、疏离和困惑的状态转变为主动选择、投入和清晰的状态。而要帮助客户实现这样的转变，顾问首先需要实现自己的内在转变，从感觉自己影响力低、疏离和信息贫乏，向着影响力高、真实和清晰的状态转变。

依赖他人和寻求帮助

大多数组织的氛围都不利于管理者寻求帮助。组织中往往存在很多竞争，因此，无论管理者向内还是向外寻求帮助，都可能被视作一种软弱的表现。我们的个人主义文化也从早期起就在发出这样的信号——我们应该自食其力，不应该对他人有任何依赖。成为客户则和组织与文化所传递的这些信息背道而驰。因此，抵触的部分原因就来源于依赖他人和寻求帮助所带来的不适感。

还有一个让人们难以接受客户身份的原因：管理者觉得不会有什么办法真能帮到他们。无论我们是被邀请、被派入，还是我们自己主动去找客户，在顾问被允许介入之前，管理者已经尝试过自己解决问题，但要么收效甚微，要么徒劳无功。这可能导致他们已经在心里认定这个问题是无法解决的。并且，管理者或团队成员对此深信不疑，以至于他们认为自己只能忍受这些问题的存在，而根本不可能去解决它们。他们觉得没有人真的能帮到他们，或者他们认为是某个人必须发生改变。

当你遭遇抵触时，需要去探索是否有可能存在以上原因。当管理者觉得他们获得帮助的希望十分渺茫时，这种消极心态会立即成为你帮助他们解决问题的障碍。如果管理者缺乏尝试的动力，那么任何技术性的办法都不足以解决问题。然而，管理者往往并没有清晰地意识到自己已经认定问题无可救药，顾问的任务就是要将管理者的这种感受提升到意识的层面，即帮助管理者将这种感受用语言表达出来。而当管理者开始检视自己无能为力的感受时，他们才能开始认识到这只是一种观点，并非现实。此时，希望常常就会出现。

寻求确认而非改变

当我们向他人寻求帮助时，我们既想得到问题的解决方案，同时也想得到一种确认，那就是我们过去所做的一切都已经很完美了。

我的同事尼尔·克拉普（Neale Clapp）有一天提到：当人们去接受心理治疗时，他们往往是想要得到一种确认，并不是想要改变。如果客户邀请一位顾问来帮助自己，然后又对顾问说自己并不想做出任何改变，也不想学习任何东西，从表面看，这好像很荒唐。这的确很不合理，但重点就在这里：抵触是一种情绪过程，并不是一种理性思维的过程。

在情绪的世界里，两种相反的感受常常同时存在，并且这两种感受可能都是真实的。客户可能确实想学习和解决问题，同时也想得到支持，他们希望有人告诉自己，他们在这个问题的处理上已经采用了最佳办法。他们一边寻求帮助，一边又在逃避问题。抵触就是逃避，而在这种逃避行为的背后，你就能发现解决问题的办法。因为，当我们能够帮助客户将抵触表达出来时，抵触的力量就会变弱，虽然并不一定会立刻消失，但也不会再产生决定性的影响。这样，我们和客户合作的概率就提升了，客户就准备好并愿意向我们学习和被我们影响了。我们自己也是如此。

完美应对客户的抵触，就是理解客户的矛盾处境并接受抵触存在的合理性。

当一位管理者遇到了问题，并且已经在承受该问题带来的严重后果时，至少客户已经知道事情能糟糕到什么样的程度。也就是说，管理者不仅已经清楚地知道问题有多么严重，并且已经学会了忍受这样的困难处境。他们可能并不喜欢处于这样的困境，但他们已经学会了如何应对。此时，我们作为顾问参与进来，并为客户提供一个新的解决方案。我们承诺这个解决方案会给他们带来情况改善，即痛苦将会减少，结果将会提升。然而，这样的承诺会把管理者带入一个未知的世界，意味着必须发生某种改变。

对未知的恐惧是客户抵触的一个主要原因，只因为未知是不确定和不可预测的。我们都见过这样的夫妻，他们结婚十多年了，双方在一起的每一分钟都好像是在受苦。我们可能很纳闷，为什么他们还要继续在一起生活？原因可能就是因为他们至少已经知道情况能糟到什么程度。他们已经知道有什么样的不利因素，同时也知道自己可以在那种情况下活下去。知道未来会发生什么，这会给人带来一种安慰，如果双方分开，则会让未来变得不可预测，而应对不可预测的未来所带来的恐惧可能远比继续凑合在一起生活更加痛苦。组织也同样非常重视可预测性，人们总是希望组织系统保持稳定（"别让我惊讶"），而这就是顾问需要不断面对的一种防卫反应。

毫无疑问，如果一个组织处于严重的困境，这种组织中的客户是最难以应对的，因为他们需要做出最多的改变，但他们实施改变的能力却是最弱的。在一些低绩效的组织中，过去的失败经历已经让整个组织处于高度紧张的状态，以至于他们无法再冒一次风险，因此宁愿继续固守绩效低下的现状。如果遇到这样的极端情况，顾问可能很难让抵触变化的原因浮出水面，因此只能接受现状。

■ ■ ■

恶魔与天使

在任何组织中，都会有几位因为轻视支持部门和内部顾问而人尽皆知的管理者。当我们为来自同一家组织的人员举办工作坊时，无论学员来自人力资源、审计、信息系统还是工程部，他们都会不约而同地提到同样一两位高级管理者的名字。在这些支持人员的眼中，这几位管理者就像恶魔一般，顽固专制，冷酷无情，相当于现实世界中的亚哈船长（Captain Ahabs）[①]。每当我们在工作坊中谈到抵触的话题时，就会有人提到这些恶魔。我们的生活中好像都至少需要一位这样令人难以忍受的客户，他们成了我们咨询中挫折经历的避雷针。同时，这些恶魔又散发出一种致命的吸引力，因为他们体现了一些顾问想要拥有全能力量和无往不胜的愿望。

恶魔并不真的存在。曾有好几次，我听说了某位管理者是如何咄咄逼人和难以相处，然后我真正见到了那个人。一开始我感到惴惴不安，不希望自己成为最新的受害者，而实际上，我们的交谈很快转到了恶魔的真实处境上。恶魔们并不是对顾问心存仇恨，他们只是在担心那些给他们带来难题的人。在恶魔们狂暴的表面背后，其实是所有管理者共同的担心：失去掌控和变得脆弱。客户越是显得咄咄逼人，他们的担忧就越是强烈，因此他们就越需要得到支持。

天使也只是一个片面的形象。我合作的每一个组织里都能找出这样一位言听计从的管理者，他们追求进步、思想开放、信任他人、甘冒风险、为人可靠、头脑聪慧、深具魅力。然而，天使其实也并不真的存在，天使们只是难以直接说"不"而已。即使是那些最支持项目的管理者，他们内心也会有自己的疑虑，也会想要逃避真正的问题，也会想要保持现状。面对这样的管理者，我们需要帮助他们把他们的另一面表达出来，这既对他们有利，也对我们自己有利。

■ ■ ■

还有英雄主义

另一个应当破除的迷思是顾问对英雄主义自我形象的追求。我们往往会

[①] 亚哈船长是美国电影《白鲸》中的主人公，性格冷酷。——译者注

认为自己应当有排除万难的能力，无论客户如何难以应对，问题如何棘手，日程如何紧张，我们都相信成功取决于我们自己是否全力以赴。这种超乎一切的、想要成为英雄顾问的想法会导致我们接受糟糕的合约。在英雄主义行为的背后，往往暗藏了一个交易，那就是如果我们现在吃一点亏，将来就能得到很好的回报。这个暗藏交易的实质在于，它只是一种假设，并且从未公之于众。然而，咨询工作的回报就应当从我们正在开展的项目中获得，如果我们的付出没有得到回报，这个项目就应该受到质疑。

顾问的这种冲动其实是顾问自己对职业道路中的艰难现实所做出的一种抵触。顾问应该拒绝接受那些不稳固或不切实际的合约，如果你无法对客户说"不"，你可以说"以后"，如果你说不出"以后"，那就说少一点。

■　■　■

理解抵触是如何产生的，这只是第一步。下一章将提供应对抵触的方法。

第 11 章
应对抵触

人们经常使用"克服抵触"这样的措辞，好像抵触或防卫应当是被打倒在地和被制服的敌人。如果你带着"克服抵触"的想法，那么你就会试图通过自己的聪明和逻辑赢得和说服客户。然而，你不可能说服客户不要产生抵触，因为抵触是一种情绪过程。抵触对于学习至关重要，它在传递一些重要的信号，在抵触的背后是某些感受和某些潜藏的顾虑，而你无法说服客户改变他们的感受。

有一些具体步骤可以用来帮助客户走出抵触情绪和开始解决问题。这里的基本策略就是要让抵触像一阵风暴一样自己刮过，而不是去和它针锋相对。当感受被直接表达出来时，这些感受就会自行消退和发生变化。顾问需要掌握的技能就是邀请客户用语言直接表达出他们当时的内心体验，即让客户变得真实坦诚。而要鼓励客户做到这一点，最有效的方法是顾问自己也做到真实坦诚。这里的真实坦诚指的是顾问要用语言表达出自己看到的实际在发生的事情，不带有任何主观评判。这就是你所要做的事情。

在这种不与之针锋相对的应对抵触的方法中，有一种"禅"的品质。如果你与之抗争，认为自己非战胜它不可，那么你所做的一切举动都只会强化这个抵触。假如一位客户在反对你的方法论（并且已经持续了10多分钟），而你不断地为自己的方法进行辩护，引经据典，详细介绍自己的其他经验，这位客户就会更觉得挫败，因此可能会比刚开始讨论时更加执着于找到你的方法中的漏洞。和自我辩护不同的另一种做法则是更多地探询客户在担心什么，然后尝试解释为何你的方法论如此重要。只有让客户更多地说出他们内心的顾虑，才能有助于风暴的平息，而如果你不断为自己的方法论进行辩护，则只会导致风暴继续肆虐。

试试这个练习

双手合掌放在胸前，用你的右手臂代表客户的抵触，左手臂代表你对抵触的回应。用你的右手臂和手掌用力向左推动你的左手掌，同时用力将你的左手臂和左手掌向右推动。如果你的双臂持续这样相互推动，你的两只手就会正好卡在胸前的位置，你的两个手臂都会越来越紧绷，你很快就会感到疲劳。这就是你在对抗抵触时发生的事情——你被卡住了，张力在上升，你觉得精疲力竭。

现在，你再次把两个手掌合在一起，用你的右手臂和手掌向左推动你的左手掌，这一次让你的左手做出让步，允许你的右手一直向左移动，到某个点时，你的右手会停下来，因为它已经移动到了最左端。如果你保持这个最后的姿势，你会注意到你的右手（即抵触）开始有疲劳感，并因为手臂自身重力开始往下沉，你的左手（即你对抵触的回应）允许了你的右手（抵触）达到了它自己的极点。在保持接触而不对抗的状态下，左手仍可以维持它自己的姿势，但是不会有紧绷感或产生太大的能量消耗。

这就是处理抵触的方法：鼓励对方将顾虑完全表达出来，从而让这些顾虑消失。记住这一点——抵触就是客户对他们疑虑的间接表达，而我们的目标就是要帮助管理者停止推托和开始直接说出他们心中的疑虑。只有当客户能直接说出他们的顾虑时，顾问才能理解真正的问题所在，从而能做出有效的回应。

■ ■ ■

应对抵触的步骤

应对抵触有 3 个关键步骤：

1. 识别客户在用什么样的形式进行抵触。这里的技巧是捕捉管理者传递出来的信号，然后在你心里描述出你看到的正在发生的情况。这需要你如实地进行描述，不是解释你认为他们有何感受，而是要回答这个问题——你看到了什么？

2. 用中立的和不带惩罚的方式说出你所看到的抵触形式，这就叫作"命名抵触"。这里需要的技巧是要使用中立的语言。

3. 保持安静，等待管理者对你的陈述做出回应。不要解释你的意思是什么，这不会产生帮助。

步骤 1：识别信号

我们所接受的技术培训使得我们都将注意力集中在事实、数字、数据资料等理性层面，因此不大会去密切关注对话中的人际关系和感性层面。要提升我们应对抵触的技能，我们就需要知道客户在用什么样的形式进行抵触，但第一步只需要注意到在发生什么。[1] 这里是一些捕捉信号的方法。

更多地相信所见而非所闻

注意客户传递出来的非语言信息，客户是否表现出以下行为。

● 不断远离你？

---

[1] 我的一位朋友吉尔·高顿（Gil Gordon）在多年前帮助我理解了捕捉信号和用语言描述抵触是两个不同的步骤。

- 把身体拧得像椒盐卷饼那样?
- 一只手伸出手指, 另一只手握紧拳头?
- 每次听你说话时都在摇头?
- 向你弯着腰, 好像屈尊俯就的样子?
- 接听紧急电话?
- 赶着参加下一个会议?

以上任何现象都应该被看作客户对项目感到不安的信号。他们为何感到不安则是我们希望进一步理解的。

聆听你自己

另一种判断你正在遭遇抵触的方法是把你自己的身体当成一个测量仪。如果你在和客户讨论的过程中开始感到不安,这可能是即将发生抵触的早期迹象。当然,如果你感到厌烦或恼火,这也表明有些事情正在发生。如果双方的讨论是在直击真正的问题,这样的讨论从来不会让人感到厌烦或恼火。此外,如果你发现自己在打哈欠或在强压自己的某些负面情绪,你也应该把它当作一种信号。你的所有这些反应都是提醒你注意的信号,它们在提醒你——应当开始用语言把你正在遭遇的抵触形式描述出来。

注意对方重复性和预警性的言辞

如果你听到对方已经第三次解释同一个想法,或者你听到自己已经第三次回答同一个问题,那么你就可以确定自己遇到抵触了。重复提出某些想法和问题之所以是一种抵触,是因为客户第一次表达想法或者你第一次回答问题未能达到效果。通过重复性的言辞,客户在间接地透露潜藏内心的担忧。

此外,你还会听到客户对你说以下这样的话,表明他们觉得自己没有得到你的理解。

"你必须理解这一点……"

"让我来向你解释一下。"

"我希望明确这不是一个学术性活动。"

这些话带有一种微妙的攻击性，它们表达了一种挫败感，好像顾问马上就要犯一个严重的错误，但同时这些话听起来又好像是在帮助我们。

你可能还会经常听到其他很多表明双方交流出现困难的言辞。请花一点时间把这些话写下来，并且随着你捕捉抵触信号的能力越来越强，你可以经常更新你的这张清单。

步骤 2：命名抵触

当你觉察到抵触后，下一步是采用中立和日常的语言命名这些抵触。这里的技巧就是把抵触的形式描述出来，从而能鼓励客户更加直接地表达出自己内心的疑虑。

表 11-1 中是一些抵触的举例，以及如何采用中立的语言描述这些抵触形式的举例。

表 11-1　一些抵触的举例

当客户采用这样的抵触形式时	顾问用这样的陈述来命名抵触
客户在逃避自己对问题或解决方案的责任	"你认为你自己不是问题的一个部分。"
向你灌输很多细节信息	"你在给我提供很多细节信息。"
只给你一个字的回答	"你给了我非常短的回答。"
改变话题	"话题一直在切换。"
顺从	"你看起来愿意做我建议的任何事，我不知道你真正的感受是怎样的。"
沉默	"你很安静，我不知道如何解读你的沉默。"

当客户采用这样的抵触形式时	顾问用这样的陈述来命名抵触
迫切要求解决方案	"我还在了解情况，但你希望我现在就提供解决方案。"
攻击	"你对我做的事提出了很多问题，你看起来对某些事情感到很生气。"

描述这些抵触最简单的方法是找到一些日常化的语言。你可以想一想你对你的伴侣或是一位亲近的朋友会说什么，你就同样对客户说出这句话，这个方法会让命名抵触变得更容易一些。这个建议的重点就在于要采用简单直接的表达方式。

举例

以下是一些其他的抵触形式，请尝试采用中立和无攻击性的方式命名这些抵触：

- 提出很多方法论的问题；
- 理性化和谈论大量的理论；
- 困惑或茫然；
- 能量低，注意力不集中；
- 责怪他人。

以下是如何命名这些抵触形式的举例。

- 方法论："你对我采用的方法提出了相当多的问题。"
- 理性化："每次我们快要决定行动事项时，你就会返回到问题的理论探究中去。"

- 困惑："看来你对我们的讨论感到很困惑。"
- 能量低或注意力不集中："看上去你似乎在思考一些其他事情，你对这个项目的热情似乎有些低。"
- 责怪他人："你认为其他人可能应该对我们面临的这个问题负责。"

很多时候，客户会更加直接地告诉你他们对这个项目的真实感受，他们会说出内心的担忧。但有时候命名抵触也可能不会奏效，在这种情况下，你可能确实无能为力。

找到恰当措辞的提示

如果命名抵触没有奏效，你可以采用的另一个方法是用语言表达出你对会谈的感受。遭遇抵触会让你感到不安和沮丧，有时你还会觉得自己很愚蠢、无关紧要或无足轻重。此时，你可以尝试用以下列举的方式向客户表达你的感受。

"我看不到这个讨论的进展，这很令我沮丧。"
"我感觉我提出的观点好像都被认为是无关紧要或者无足轻重的。"
"我很难看到我们能在哪个地方达成共识。"
"我感觉你显然对此有些疑虑。"

有时候，客户会忽然停下来问你为何会有这样的感受，这就使得你获得了直接讨论相关问题的机会。与命名客户的抵触相比，向客户表达感受的风险更大，因为客户可能并不在乎你的感受。他们可能会说："所以你觉得不舒服，但这和让这台设备正常运转又有什么关系呢？"即便如此，表达你的感受就是一种真实坦诚的行为，这会鼓励客户也以类似的方式对你做出回应，而这就是你希望看到的。

步骤 3：安静，等待客户回应

命名客户的抵触后，我们往往倾向于继续不停地说话。例如，一位顾问可能会对一位缺乏动力的客户说：

"你看起来对开展这个项目缺乏动力，让我来告诉你这个项目非常重要的 4 个原因，你听完后就会改变想法了……"

第一句话还可以——顾问在尝试用中立的语言描述客户内心有担忧的表现。然而，当这位顾问继续说个不停时，就会让这位客户从这个对话中脱身，因此很容易导致客户逃避对自己抵触行为的责任。

我们之所以滔滔不绝地说个不停，其实是为了消除我们自己直面客户时的紧张感。不要继续说话，和这种紧张感共处。你要做的就是指出客户的抵触，然后保持安静。

> 一个伟大真理的反面是另一个伟大真理。
>
> ——尼尔斯·玻尔（Niels Bohr）

■ ■ ■

两次善意的回应

当客户向你提出有关项目的方法论、成本和结果的问题时，大多数问题其实是在表达客户内心的不安或疑虑。然而，顾问尽力对这些问题的实质内容做出回应仍然重要。

一条基本原则就是你要对每一个问题做出两次善意的回应。也就是说，当客户向你提出方法论和结论的问题，或询问你是如何设计出这个分析方法时，你要对每一个问题做出两次回应。然而，当同样的问题被第三次提出时，你就可以把它理解为一种抵触形式了。此时，你不要再继续针对问题的内容做出回应，而是要认识到这一点——通过一而再，再而三地提出同样的问题，客户其实是在表达他们内心的疑虑，他们还没有准备好投入这个合作过程并为他们自己的问题负起责任。因此，当同样的问题被第三次提出时，很可能客户真正的感受其实是他不太愿意为这个问题或过程付出承诺。

在你做出两次善意的回应后，你就知道你面临的其实是客户缺乏承诺的问题，但你并不清楚真正的原因。总之，不要以为客户只是在担心流程或方法的问题，要先做出两次善意的回应，然后将客户的这些提问视为一种抵触的形式去做出应对。

■ ■ ■

为一块"顽石"提供咨询

你可能时不时地会遇到一位对手，你已经为其提供了完美无瑕的咨询，但你和这位客户的合作情况却每况愈下。

在我们提供的咨询技术工作坊中，作为学习体验的一部分，有时我们会邀请学员和一位真实的客户开展一个咨询项目。曾经有一个咨询团队，当他们从订约会议回来时，他们就拉长着脸，原因是他们的客户在会谈中表现得十分抗拒，不愿意分享信息，非常难以沟通，那位客户甚至在会上对这个咨询团队说他觉得他们的表现非常糟糕。

为了能应对这种令人绝望和挫败的情境，我们列出了一个如何为"顽石"提供咨询的方法清单。

1. 不要寻求对方的赞同、情感支持或喜欢。
2. 不要期待和对方建立 50/50 的责任分担关系，"顽石"客户会把所有的责任都推卸给你。

3. 对方会争论和批评，请为此做好准备。

4. 不要询问客户的感受或表达你自己的感受。

5. 要请客户理解你，但不要期望他们和你达成共识。

6. 让客户在项目过程中拥有大量的掌控权。

7. 将你对数据信息的阐述或解释降到最低程度，自我辩护只会让情况更糟。

8. 给予客户支持。

9. 不要把客户的回应当成在针对你个人。

10. 不要被勾住，避免陷入细枝末节。

11. 希望客户会在你离开后从这个项目中得到学习，你无法现在就让这个项目完整闭环。

12. 展现自信。

13. 找些轻松幽默的自我调剂方法。

14. 记住"顽石"们的焦虑来自担心失控。

15. 不断前进。

16. 尽可能避开"顽石"。

实际上，世界上并没有那么多的"顽石"。客户的表面有多么坚硬，内心就有多么柔软。通常，当顾问为"顽石"提供清晰的支持时，这些石头就会开始变软。但如果客户仍然像石头那样坚硬，那么你就要减少你在这个项目中的投入，而不要逼迫自己去做一位英雄。如果"顽石"正好就是你需要经常与其共事的人，或者就是你的上司，那你要么想想如何逃离，要么开始将一些精力投入业余活动。最后，尽力别让你自己变成一块"顽石"，当你太多地和"顽石"相处后，你也会很容易变成一块"顽石"。

不要将抵触视作针对你个人

客户的抵触行为并不是在反映你自身存在的问题，但很多人都习惯于分析自己的过错。在最近一次工作坊中，我邀请一群工程师列出他们作为顾问做得好和不好的清单，他们很快就能列出 8 ～ 10 条做得不好或有问题的地方，而做得好的地方则平均每人只有两条，并且花费了他们双倍的时间。这种自我批判的热情极为普遍，它阻碍了我们将注意力聚焦在客户身上——客户自己才是抵触行为的真正原因。

如果你一定要把客户的抵触当成针对你个人，那么你可以在晚上 6 点后再这么做，也就是用你自己的时间来做这件事。你可以为此花上一整晚的时间，还可以邀请你的朋友一起讨论，但不要在你和客户一起的时候做这件事。不过，这里也有例外：如果情况确实是你没有做好自己的工作，因此客户指出了你的问题，那么你就应该为此负责并在行动上予以改正。这种情况不会经常发生，在这种情况下，并不是客户在进行抵触，而是顾问确实犯了错误。

请记住，客户的防卫不应该被否定，而应该被清晰地表达出来。一旦客户的防卫受到压制，它们就会在未来以更危险的方式突然出现。这里的关键点就在于你在抵触出现之时如何做出回应。

■ ■ ■

总结应对抵触的几个要点。

- 不要将抵触视作针对你个人。无论客户使用了什么措辞，客户抵触并非因为质疑你的能力。
- 防卫和抵触是在发出一种信号，表明你触及了某个很重要和很有价值的事实，而这个事实正在以一种令人难以接受的方式呈现。

- 客户的大多数提问其实是一些伪装成问题的声明，要尝试从问题的背后找到客户真正想要表达的内容，这让你无须再去费力回答那些表面的问题。

应对抵触比收集数据更难，比想出一些好的实施办法更难。而咨询工作的核心就是要能够在这些艰难时刻做出有效应对，因为这在每个项目中都是决定双方关系走向的关键时刻。最重要的不是客户的抵触带来了什么样的挑战，而是我们在面对抵触时做出了什么样的回应。

第 12 章
虚拟技术的迷思

从一开始起，技术带给我们的承诺就是速度、成本和规模。把这些加总在一起，就是消费文化之下的主导思维，即追求便利性。能和不在同一屋檐下的人沟通，这并非新事，只是这方面的技术在新世纪得到了加速发展，我们过去称为"工作场所"的地方更是如此。我们以为自己生活在一个全新的技术时代，但实际上，书写和印刷技术的发明让人类在很久以前就开始了远程交流，电话机的发明是另一个跨越。今天，我们有了被称为虚拟化或数字化的工作场所，我们的生活也线上化了，而这些都是过去的黄页广告的另一个版本，都是用你的手指帮助你完成查找信息的工作。

在今天这个世界，真正发生改变的是虚拟技术如何无孔不入地进入了我们生活的每一个角落。我们给坐在我们旁边的人发电子邮件，我们通过互联网寻找爱情、得到陪伴和相互交流，我们和素未谋面的人定期在一起工作，我们从另一个地方的人那里接受教练辅导和治疗，而在此过程中我们的大部分感官都没有用武之地。作为顾问，我们现在不仅要影响那些不在我们职权范围内的人，还要影响那些甚至都无法和我们在同一个屋檐下见面的人。此外，我们一天之中的每一分钟似乎都在各种通话中，我们牺牲了自己的私人和独处时间，牺牲了自己的夜晚和周末，因为我们时不时地会瞄一眼邮件和信息，甚至连走路时也不例外，这可真是一种现代形式的"walking your talk"（原意为"说到做到"，这里指一边走路一边还在通过虚拟技术与人交流）。

计算机技术及其创造出来的虚拟世界确实令人惊叹，给我们的生活带来了前所未有的便利，加上之前的洗碗机、汽车和电话，技术的确方便了我们的生活。然而，技术只是技术。虽然这些技术十分有利于商业发展，推动了消费市场，让广告商也非常高兴，在营销、通信、自我表达、意识形态等领域都起到了积极的作用，但就其本质而言，技术并不能帮助人们建立真正的关系、做出真实的表达和实现真正的意义。并且，当人们面对一些需要通过高度相互依赖才能完成的工作时，技术甚至并不能帮助人们完成这些工作，而相互依赖正是人们完成大多数工作的必要过程和最终结果。

技术最大的优势就是快捷和便利，这是好事，但关键在于要明白我们工作中的哪些方面适合追求速度、减少人力和降低成本，这就是虚拟世界对支持部门和咨询工作而言喜忧参半的原因。在我们被期望以更快的速度交付，而我们能和相关人员见面的时间（无论线上还是线下）却不断缩减的情况下，任何以关系为核心基础的工作都很难取得期望的成果。

无论我们的世界变得如何虚拟，本书提供的咨询流程仍然适用。不管我们是和人们线下见面，还是通过网络进行线上交流，我们都仍然需要建立连接，询问对方对一起开展工作的感受；我们仍需交换彼此的期望，探询对方的疑问，倾听和理解对方抵触背后的顾虑，在探索过程中也需如此。同时，客户组织的团队之间仍需相互合作，而我们要愿意向客户直言这个问题。以下是我们需要特别关注的几个方面。

非正式接触的终结

虚拟世界的工作方式让我们丢失了非正式交流的价值。过去，当我们在等待会议开始、中场休息、会后逗留、穿过走廊或经过一扇门开着的办公室时，我们会相互碰面，正如简·雅各布斯（Jane Jacobs）描述一个街坊社区时所说的，"……能够触摸得到和感受得到另一个人，我看到周围环境中这些小小的要素对我们营建和理解一个社区十分重要。"当然，有一些方法可以让虚拟活动变得更有人情味，但那需要人们特别加以关注。

当我们开展线上活动时，我们不在同一空间，因此需要特别注意让整个过程更加个人化。作为顾问，我需要仔细确认客户需要我提供什么。当我听到或看到一种抵触的行为模式时，我需要更多地信赖我仔细聆听的能力，我还需要有意识地创造出安静的空间，而这一点在虚拟会议中更难做到。在会议中途提出"我们进展如何"或"你得到了你希望得到的东西了吗"这样的问题变得更为关键，因为我们知道在这样的会议中我们会丢失太多的信息。

邮件不能算数

关于电子邮件，我们已经知道的一点是原本的意思经常会被扭曲。一句轻微的嘲笑会被当成在表达失望，幽默会被当成漠不关心，而强烈的愤怒则会爆发，并且会留存更久的时间。同时，如果你因为发出了邮件就以为对方一定会收到和阅读，那么有一半可能是你想错了。电子邮件对于事情逻辑层面的沟通很有帮助，但对关系层面的沟通却很有风险。

效率的隐性成本

在学习发展领域，每一位顾问都可能有一个主要的担心，那就是大量精力被投入在用线上培训取代线下的课堂体验的工作上。线上培训的卖点是可以根据学习者的需要随时随地开展学习，并且学习者之间无须同步进行。这些的确都是线上培训的好处，但这里没有说出来的一点是，这将会如何影响学习者的体验质量和采用多种学习方式的可能性。

互联网非常有利于我们了解事实、获取丰富的信息，以及即刻收到最新的新闻，它就是一个大型的百科全书和新闻机构。互联网带给了我们各种诱人的可能性，然而在这些激动人心的外表之下却隐藏着一些人类需要付出的代价。如果我们的咨询工作是要帮助组织转型，而人与人之间的关系对我们所追求的结果至关重要，那么我们就需要看到这个事实——计算机技术带给我们的主要是便利，它并不能取代大多数学习所需要的社交过程。记忆无须太多社交，但学习需要；内容无须社交，但关于内容的交流却需要通过实时互动才能最有效地得以实现。

正如我在脸书（Facebook）、领英（LinkedIn）上的简介和我真正是谁并无太大关系，我们需要创造一种不一样的未来，通过精心的设计和协调，让屏幕上的面孔之间能够建立起真正的关系。Zoom、Skype、Teams、谷歌和所有其他用于团队协作的系统也都需要更多精心的设计，从而能更好地促进关系的建立和对话的开展。

在虚拟世界中建立连接

以上问题带给我们每一位顾问的提示是，无论我们以虚拟还是实时方式工作，都需要创造彼此之间的连接。无论人们之间原本如何，总有很多方法可以用来帮助建立连接。最根本的问题是连接的深度和愿意冒多大的风险。一些咨询式问题会比其他问题更难回答，更牵动人的情感，需要我们投入更多。但这些问题非常有力量，即使隔着屏幕也不受影响。

以下是一些让虚拟活动变得更加人性化的方法。

- 参加人数达到或超过 6 人时，每隔 30 分钟将参会者分到 3 人小组中，并且每次都采用随机分组的方式，以便最大化地让彼此不熟悉的参会者相互交流。
- 围绕本书聚焦的掌控、意义和脆弱感议题，提出这些关乎个人的问题：为何参加本次讨论对你很重要？你有什么疑问？你对什么持反对意见？你想要通过这次聚会从其他人那里获得什么？
- 当参会者从小组讨论回到大组中时，问大家：刚才的对话中有什么触动了你？

- 一定要尽量减少屏幕共享，那会让每个人缩成比邮票还小的尺寸，甚至会消失不见。

- 活动进行到一半时，询问大家是否得到了他们想要得到的，是否给出了他们所能提供的。通过这些问题，人们的责任感、主有感和能动性开始发生改变。但只在 3 人组中提出这个问题。

- 结束前，在小组中询问每一位参会者从这次活动中收获了什么礼物或洞察，是从谁那里获得的。

在虚拟空间中，我们可以讨论任何面对面讨论的问题，并且可以跨越不同的地域和文化，这是我们已经在新冠病毒感染疫情期间学到的。我们可以在任何情况下开展咨询和建立连接，虽然虚拟空间的一些设计元素会影响使用效果，但其功能也已经足以支持我们完成咨询流程中的步骤。

更多帮助连接的问题

以下总结了另外一些问题，可以帮助我们在虚拟空间里建立亲近感和关联感。

- 参加今天的通话为何对你来说很重要？（而不是一开始就问"你期望得到什么"或"你想要带走什么"。这种提问方式把参会者当成了缺乏能动性或责任感的消费者。）

- 在你的项目或工作的这个阶段，你正处于什么样的十字路口？（这个问题默认你始终拥有选择的权利。）

- 你觉得自己在哪些地方正在失去掌控？你觉得哪里容易受到伤害？

- 你们希望相互之间得到什么？我想要从你这里得到什么？你想从我这里得到什么？

- 你愿意做出怎样的不期待回报的承诺？

这些都是重要的问题，只要我们愿意提出和重视这些问题，这些关于关系和个人的问题在虚拟空间也能得到很好的交流。它们会支持你在未来进一步提出以下问题。

- 你觉得和我一起共事感觉如何？
- 关于我们所关切的这个问题形成的原因，来自你的因素是什么？
- 对于接下来可能发生的改变，你有什么样的疑问或顾虑？
- 你从这次聚会中收到了什么礼物？此刻你发现了自己拥有什么样的优势？

这些问题可以帮助我们建立亲近的关系和将我们联合在一起，由此形成的关系结构和资本将能帮助我们渡过项目中的艰难时期。当我们对这些问题展开交流时，我们需要调动所有的感官，这样才能让讨论产生我们想要的影响力。但在现在，我们有时确实无法在线下见面，因此我们便无法调用所有的感官。

解决问题式的虚拟会议

令人惊讶的是，即使是一些以促进参与为主题的会议，也往往并没有真正的参与性。大多数虚拟会议只是传统会议模式的翻版：老师站在教室前，专家拿着麦克风站在讲台上，领导者坐在桌子的主席位；会议的目标就是分享信息，确保所有人都能理解，或确保所有要点都讲清楚；最后，每个人离开会议时都会带走一份清单或事先制定的学习内容。

以实现以上目标为意图，传统的线上会议经常是按照下面这样开展的。

1. 参会者在等候区或主会议室里安静地等待会议开始。（5分钟）

2. 会议的领导者宣布："我们开始吧。"视图通常是演讲者模式，这种模式传递出一种信息——演讲者才是会议的焦点。

3. 主持人欢迎大家，介绍会议平台的一些技术操作方式，如聊天区、举手、提问，以及掉线情况下拨打哪个号码。（4分钟）

4. 共享演示文件，通常是一张日程表，虽然会前已经发出过这张日程表。

5. 发言人介绍日程，参会者跟随发言人阅读日程。

6. 发言人分享下一页文件，内容通常是对我们如何来到这里的回顾。或者，如果是一次线上研讨会，这位发言人就会介绍下一位发言人。（6分钟）

7. 发言人分享PPT演示文稿并具体讲解内容。（30分钟）

8. 30分钟或超过30分钟之后，发言人询问大家是否有任何问题。

9. 然后参会者提问，发言人、专家或顾问回答问题。（7分钟）

10. 如果这纯粹是一次工作会议，讨论就会转向行动计划的制订——谁应该在何时完成什么？可能还会澄清一下结果的衡量方式。这就意味着无论出于自愿还是接受分配，人们都应该为接下来的行动步骤负责。

11. 主持人或发言人宣布下次会议时间、下一阶段行动，或者下次活动。（2分钟）

12. 主持人或发言人说："感谢你们参加会议，我们会发送本次会议的PPT供大家参考。"（1分钟）

13. 最后主持人或发言人通常会用这句话结束会议："如果你们希望我们在下次会议中做出任何改进建议，请把你们的建议写到聊天区。"（1分钟）

以上会议结构的主要目的是完成和推进计划的内容。它的优势在于议程和行动步骤都很清晰。会议通常会从"我们如何发展到今天"和"其他地方发生了什么"的回顾开始，然后按议程一一进行，目的是通过领导者、专家或主持人以及参会者之间的讨论达成清晰的理解和后续行动计划。会议会用到聊天区评论、提问、投票、调研等功能。以上举例的会议场景需要 72 分钟的时间。很抱歉，下次我们会缩短会议时间。

高度参与式的虚拟会议

另一种虚拟会议的设计方式则是通过参会者之间更深入的互动建立起清晰度和责任感。专家 / 主持人、领导者和参会者之间的关系是次要的，如果我们的意图是支持参会者的学习，并让他们自己选择为行动负起责任，那么专家 / 主持人和领导者的主要任务就是召集。会议的设计方式应该让同事或参会者在一起，以更加个人化的方式讨论他们对会议内容或行动要求的回应。这才符合本书所关注的伙伴关系理念，完美咨询就是要创造一种 50/50 的相处和共事的方式。

以下是高度参与式会议的开展方式。

1. 每个人登录后即被允许进入主会议室。取消等候区，因为这只会让我们联想到彼此隔离的状态。在屏幕上展现参会者的形象，而不是某个徽标或会议的名称。建议使用画廊模式。在参会者等待期间播放背景音乐，虽然我们是要开会讨论工作事宜，但播放音乐会让这段时间显得更加人性化。（3分钟）

2. 主持人欢迎大家，介绍会议目的，不播放日程 PPT。实际上，PPT 越少越好。如果让参会者一边听讲解一边看讲解内容，这种方式会消耗能量。如果确实需要通过视图让大家更清楚要点，可以在屏幕上提供这些要点，但要让展现参会者形象的画面至少和这些要点的画面一样大。

3. 最多 10 分钟后，把参会者随机分到 3 人小组，小组成员之间越不熟悉越好，在相互不认识或不熟悉的人中间往往更容易产生社群归属感和学习收获。这个时候交流的最佳问题是："为何这次交流或会议或活动对你来说很重要？"不要"破冰"，也无需讨论各自的期望或是什么让自己来这里。交流的焦点是每一个人自己对会议目的和意义的理解。（9分钟）

4. 回到主会议室，请3位参会者分享他们对这个问题的回答："刚才对话中有什么触动了你？"无须汇报对话内容，只是分享评论。（6分钟）

5. 介绍本次会议相关的想法、专业内容或挑战，可以使用少量的PPT。20分钟是人们可以集中注意聆听的上限。如果人们已经听不进去了，何必还要照本宣科呢？（20分钟）

6. 你们可能已经猜到，接下来再次进行小组讨论，回到3人小组。具体问题设计要根据会议目的改变，如果是一次教育性的聚会，你可以问："如果我认同这些想法，那么它需要我付出什么样的行动或承诺呢？"或者"你对这些想法有什么疑问或顾虑？"如果这是一次旨在推进一些事项的工作会议，那就在了解疑惑之外尝试增加这个问题："我们愿意向彼此做出什么样的承诺，来实施我们一起讨论的这些事项？"这可以成为一个让参与者相互订约、分享他们对彼此有何需要的时刻。你可以根据情况重新分组和再次重新分组。另一个鼓励参会者主动选择担责的基本准则是提醒大家——如果参会者不参与或否定某个行动要求，这完全是可被接受的，这是一种诚信的行为，参会者无须为此付出任何代价。（10分钟）

7. 在把参会者分到他们各自的会议室去之前，提醒大家不要相互提建议，这只会造成对话的失衡。请大家保持好奇，向对方探询："为什么这对你来说很重要？"或者："如果你履行自己的承诺，这会需要你付出什么样的代价？"

8. 时间所剩无几，邀请参会者在聊天框分享他们的承诺。请3位参与者在大组分享他们从这段共度的时光所收获的价值。所有活动都要以某种有关获得了什么"礼物"① 的对话方式来结束。（4分钟）

---

① 有关"礼物"的对话（Gift Conversation），是作者在本书中引用的"六种对话"（Six Conversation）的最后一种，见前言中的译者注。——译者注

这里的关键点在于，在虚拟活动的设计中构建参会者之间的互动十分重要。在虚拟会议中，我们失去了线下会议提供给我们的所有偶然相遇的机会，包括在会前和会后、休息、用餐和茶歇时间，而这些偶遇恰恰是能让很多真实和个人化的连接得以建立和加强的机会。当参会者更多地在小组内互动时，线上会议导致的个人接触的缺失就会得到局部的弥补。

■　■　■

在这个以混合模式工作的世界，你会知道何时需要运用虚拟技术。而知道项目的哪些部分可以通过虚拟方式开展，哪些需要人们面对面进行，成了咨询和工作流程中的一个关键部分。这意味着我们要以务实的态度面对虚拟技术，既不过度美化，也不予以抵触。虚拟技术是一种十分有用和有趣的工具，咨询过程的每一个步骤基本都能在任何虚拟会议平台上实现。

4

第四部分
探索底层因素

人际关系维度的数据

顾问

组织

第 13 章

从诊断到探索

当你和客户订立了清晰的合约，并且你也为应对抵触做好准备后，注意力就开始转向探索的阶段了。这个阶段有两个主要目的：一是对正在发生的事情形成独立和新颖的观点；二是创造一个能够提升客户的承诺度、主有感和行动力的过程。这就意味着探索阶段的目标并非追求正确性，而是提升有效性和影响力。

对于这个部分的工作，存在两种截然不同的思维方式。传统的思维方式是把它看作一种"诊断"，即效仿医学领域诊断问题、预判病情和开具处方的做法。而这也正是大多数客户所期望的——他们遇到一个问题，想要得到一个解决方案，他们希望你能把这个解决方案提供给他们。尽管这是一种普遍存在的期望，但它却有着过度聚焦于问题的局限性，并且会导致顾问要承担起这个阶段的大部分工作。

近年来，一种迥然不同于诊断的思维方式已经出现——一种更多地将注意力聚焦于可能性（possibility）而非问题（problem）的方式。这种思维方式不是去关注错误做法和不足之处，而是关注正确的做法、优势和天赋，并深化和运用这些正向资产。这种方式被称为"基于资产的方式"（asset-based approach）或"基于优势的方式"（strength-based approach）。

这是一种从问题到可能性的思维转换，它根植于这样一种信念：剧烈变革或转型的实现并非来自问题得到解决，而是来自一种更加以未来为导向的前进方式。我们需要向自己提出的问题是："我们是要在这里解决一个问题，还是要为自己创造一个崭新的未来？"

"正向偏差法"就是一种基于未来和资产的方法。这个探索策略的开发者是杰瑞·斯坦宁（Jerry Sternin）和莫妮可·斯坦宁（Monique Sternin），这种策略聚焦于在系统中找到已经行之有效的做法。斯坦宁夫妇曾在一些企业、贫穷的村庄和医院中运用这个探索方法，这些地方都面临着看似不可能解决的问题，但斯坦宁夫妇并没有采用专家或研究员通常采用的方式，而只是去聆听那些有效的做法。因此，当他们发现村庄里有一些孩子比其他孩子更健康的时候，他们就去询问这些家庭有哪些独特的做法。而仅仅就是因为他们向这个村里的很多人提出了这个同样的问题，就带来了孩子们健康状况的改善。在医院里，他们也运用这个方法取得了同样的积极成效：疾病和事故的数量降低了。在商业环境中，他们则帮助企业提升了销售额和利润。

另一个叫作"欣赏式探询"的方法则在组织变革领域得到了广泛支持。这个方法的创始人是大卫·库珀里德（David Cooperrider），这个方法让整个探索过程聚焦于找到哪些做法对组织行之有效，哪些传统或习俗值得保留，以及在人们的头脑中有着什么样的梦想或愿景。

虽然我自己的实践已经转向基于资产和未来的方式，但基于问题的思维方式仍然在这个世界上普遍存在，因此我们会支持大家采用这两种路径开展工作。并且，当我们面对某个具体问题时，的确仍然需要对这个问题进行直接的分析和提供技术性的解决办法。

■ ■ ■

关系依然是重点

无论你采用的是基于问题还是基于未来和优势的探索方式，订约阶段所强调的关系在探索阶段仍然是重点。如果我们希望客户对我们探索的结果有充分的责任感，那么无论顾问的专业知识和世界观如何，探索过程中的关系维度都至关重要。

在探索的内容层面，你提供咨询的特定专业领域会决定你需要收集什么样的数据。例如，信息系统的专业人员会着眼于理解人们对信息的需求，工程师和科学家会关注技术方面的问题，财务专家会关注资金和经济的维度，组织发展人员则会关注基于资产或基于问题解决的变革过程。

无论什么专业领域或采用什么类型的探索方法，一个持续产生张力的源头是客户的需要和期望往往与最可能产生效果的做法大相径庭。我们都知道，可持续的改善要依靠客户内化新的方法，充分参与改善的行动并打造他们自身的能力。然而，大多数客户并不这么认为，他们更想得到一个直接的答案。虽然他们从理论上认同高度参与和打造自身能力的重要性，但他们在实际工作中并不一定真的想得到这些。他们想得到的其实是"交钥匙式"的解决方案，然而这种方式只能解决客户的"表象问题"。

这和我们感觉身体不适的情况非常类似，我们想的是去看一下医生，拿到一个药方，吞下一颗药片，然后就可以一切如常。也就是说，我们更想得到一位药剂师的帮助。而如果是一位理疗师来告诉我们——要改变饮食、减少压力、加强运动，以及还要做出其他更为根本性的改变时，我们就会觉得这些并不是我们想听到的事情。

同样，当管理者判定他们的组织运转不良时，他们希望有人能从新的角度来检查问题，然后提出既快捷又便宜，也不会引发任何痛苦的解决方案。正因如此，客户才会经常提出这样的问题，"需要多长时间""要花多少钱"或"给我们一个破坏性最小的解决方案"。

如果我们完全按照客户的要求去满足他们的需求，我们就会面临未能有效服务客户的风险。然而，如果我们告知客户，这种解决方案需要一段时间，成本会高于他们的预期，并且需要他们自己投入更多时间和参与更多，那么我们又会面临被客户疏远的风险。虽然这里的一部分问题应该已经在订约阶段得到过处理，但这种张力其实会在咨询过程中的每一个步骤中出现。对客户而言，他们很难认识到的一点是，问题的长期解决方案或优势的有效运用需要他们对自身进行一些重新思考，并对他们自己的工作方式做出重新安排。

这样的重新学习需要客户投入时间和精力。客户可以将调研或技术性的问题分析外包给第三方，但实施解决方案、维护效果或保持新的方向却需要他们自己负起责任。这就是为什么我们只有打破医患模式才能为客户提供最有效的服务。我们不应该做组织的"医生"，只是对客户进行检查、症状分析、开出药方，然后就把他们送走了事。无论我们采用的是基于问题还是基于优势和未来的探索方式，一种更为有效的做法是将我们的工作视为一次与客户一起探索和对话的过程，而不是一个做诊断和开药方的动作。

"诊断"一词的局限性在于，它在暗示客户可以依赖一个第三方或是一位顾问来分析情况、明确问题所在，然后提出有效的纠正性行动建议。这种做诊断和开药方的做法是一种令人安慰的"解决问题"模式，但它的底层信念是相信组织的改善可以通过工程化的方法实现。而在很多情况下，尤其当问题涉及在一个复杂的人的系统中发生某种转变时，这种方式就不再具有现实意义了。

如果是解决一些纯技术性的问题，如设备无法运行或软件系统瘫痪，这种诊断和开药方的方式可能仍然看似合理。然而，原本被定义为技术性的问题极少真的能够通过纯技术的方案得到解决。我们在解决问题时往往需要应对人的系统，而人的系统并不会对技术性的解决方案做出响应，这是因为人的系统有其复杂性，它的问题无法仅仅依靠机械的因果关系式方法就得到解决。如果设备和软件发生故障，原因往往是因为人们运行或维护它们的方式不当，或因为人们使用这些设备或软件的途径有悖于它们原本的设计。因此，这些问题的解决常常需要客户方的思维和行动发生改变，而这正是挑战所在。

因此，当我们采用"诊断"一词来描述这个阶段时，我们就是在强化这样一种信念——开药方式的工程技术策略能够改善一个生命系统。而这种理性的姿态低估了真正的改善对感性因素的需要。

我们希望采取的姿态是我们可以成为一位带领探索、参与和对话过程的向导。客户会通过这个过程找到他们问题的答案，然后启动一个既有成效又能持久的实施方案，而这就是以未来为导向和基于对话开展探索的方法背后的思考。这句话可能看起来像是在玩文字游戏，但是它的确会对我们在探索阶段的做法和我们能取得的成果带来改变。

■ ■ ■

召唤行动

探索阶段的挑战在于如何帮助客户对此过程保持开放，这方面的重要性远胜于如何确保我们分析的准确性。这就意味着我们要为应对抵触留出更大的空间，同时还要在探索中的每一步都努力去建立客户对这个过程的内在承诺。如果我们等到已经准备好报告并在反馈会议上呈现的时候，才开始担心客户对建议的接受度，那就为时晚矣。除此之外，我们还需要关注如何应对探索过程中出现的政治因素和不同个性带来的挑战。

妥善应对客户的管理风格和组织政治，并帮助他们客观地看待数据，这是探索过程中的核心工作。这里的一项重要技能是我们要像对待每个挑战的技术维度因素一样理性地对待该挑战的组织维度因素。

这就需要我们首先认识到一点——没有纯粹的技术问题。作为顾问，我们往往对一项技术应当如何被运用或一个业务应当如何被管理持有自己的观点。即使是人们要找一位承包商来帮忙安装一台用于断电时临时供电的家用发电机，也会涉及诸如尺寸大小、安装在哪里、哪种技术最适合自己的生活方式和预算、谁负责开关和维护等问题。如果是一位优秀的承包商，他就会提出这样一些问题：客户的期望是什么？家里由谁来操作发电机？需要多少保护措施？断电时立即供电对这个家庭有多重要？还有最难回答的一个问题——家庭成员对这些问题有一致的答案吗？

以上这些就是关于这个"问题"如何被管理、对这位"客户"意味着什么、围绕看似简单的技术采购存在何种态度的提问。一位优秀的承包商会把这些问题看成与如何采购和安装一台备用电源同等重要的问题。建筑师和承包商通常都会说，他们工作中最难的部分就是如何应对客户的质疑和客户家庭中的动力关系。他们对如何设计和建造房屋胸有成竹，但对如何应对家庭中的政治关系却往往感到很有挑战性。

面对一个家庭况且如此，当我们面对一个组织时，问题就会加倍放大。在组织中，政治是一个现实存在，它始终都在，并且影响力强大，因而会给探索和行动带来很多挑战。

因此，探索阶段的目的就是动员人们实施改善组织机能的行动。探索的目的不是研究，因为研究只是着眼于理解问题，并且认为理解问题就已经足够了。

对行动和应用的强调会对我们如何进行探索带来重要影响，表 13-1 中是两种探索方式的对比。

表 13-1　两种探索方式的对比

研究导向的方式	行动导向的方式
对问题的所有影响因素都感兴趣	对客户可控范围内的问题影响因素感兴趣
确保探索的综合性与完整性是核心关键	完整和综合性并非关键，并且可能反而给行动决策带来困难
你可以独立开展研究，客户组织无须加入研究团队	客户在调研中每一步的参与都非常重要
你会努力排除自己的偏见和直觉，非常强调客观性和硬数据	顾问正因为他们的偏见和直觉而获得报酬——这被称为判断力。你会在数据之外充分运用你的感受和知觉
对客户组织是否赞同调研结果基本持中立的态度	深切关注客户对调研结果的态度

以上对比可能有些过于两极分化，但它的关键要点在于——我们的目标是行动，不是理解。以召唤行动为目标，我们就需要超越技术维度的思考，将注意力集中在以下 4 个方面。

1. 简化探询过程和缩小探询范围，更多地聚焦于客户能够对其采取行动并在他们可控范围内的事情上。

2. 使用日常化的语言，你使用的语言应该对你传递信息起到帮助作用而非阻碍作用。

3. 密切关注你与客户之间的关系，抓住一切机会让客户参与如何推进的决策。一旦遭遇抵触就要及时应对，即便这种抵触并不会影响你们的结果。

4. 将客户组织如何运作的信息视为非常重要和相关的信息。同时，还要评估与你合作的团队是如何被客户组织管理的。

以上 4 点会直接影响你的专业技能将如何为客户所用。客户会认为你的专业技术和调研分析能力都是你理所当然应该具备的，这种行动导向的探索则是基于这样一种假设——客户采纳你的分析建议的准备度和你对问题（或者可能性和优势）的技术性分析能力同等重要。

图 13-1 显示了探索阶段的"技术性问题"和"问题如何被管理"之间的基本区别。当你是为创造新的可能性（而非解决某个既有的问题）而进行探索时，你同样可以通过想象可能性对二者做出区分。

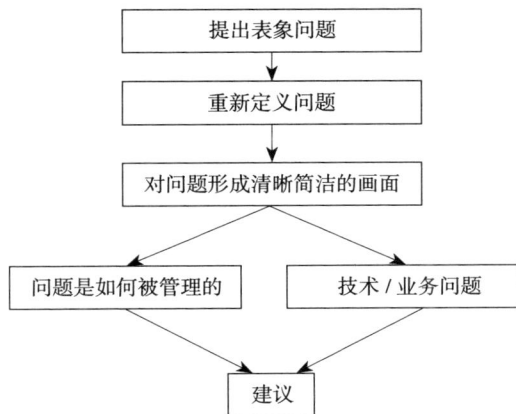

图 13-1　解决问题的探索模型

■　■　■

问题并非真正的问题

　　所有这些表明，顾问最重要的一项贡献就是帮助客户重新定义问题。管理人员一开始感受到的是某些痛苦：员工对现状不满，设备不运转，产出在下降，开票流程有问题，生产线扩建的进度严重滞后等。

　　大部分咨询项目得以启动的原因都是因为管理者感到痛苦。偶尔，他们也有可能因为对未来成功的渴望或为了制定预防性举措而启动某个咨询项目，但大多数时候还是因为痛苦。当管理者感到痛苦时，他们就会开始描述自己所认为的原因。如果他们对痛苦原因的解释是正确的，他们解决问题的努力也往往会是成功的。然而，当顾问被邀请进来，就意味着管理者过去解决问题的努力并不是那么成功，或者因为管理者根本没能找到解决问题的办法。如果管理者过去没能成功解决问题，很可能就是因为管理者对痛苦原因的描述是不准确的。

　　客户最初对问题的描述被称为"表象问题"（见表 13-2）。作为顾问，我从来不会在自己进行探索和分析之前就把表象问题当成真正的问题。表象的问题和真正的问题（或叫作潜藏的问题）是不同的。正因为管理者没有能够完整地定义问题，他们解决问题的努力才没能完全取得成功。因此，顾问的一项重要贡献就是要帮助客户重新定义问题。

表 13-2　客户最初对问题的描述

客户告诉你	表象问题
你开始……	重新定义这个问题的原因
你的目标是形成……	一幅有关问题原因的清晰而简洁的画面
在这幅画面中包含……	客户请你帮助解决的技术或业务问题
也包含了……	这个问题是如何被管理的——员工的态度、管理者的风格、政治因素、天赋、优势、围绕这个技术或业务问题的可能性
由此引出……	解决这个技术 / 业务问题和相关管理问题的行动方案建议

举例

以下是一个有关表象问题如何得到重新定义的举例。

一个大型的技术型组织在过去 2～3 年中都面临着新员工难以保留的困境。新员工会加入公司，接受培训，在岗位上工作一段时间，然后在他们刚刚成为有价值的员工时，他们就会离开公司。当管理者向一线主管提出为何这些年轻人会离职的问题时，一线主管提出了以下 3 点原因。

1. 高科技行业的薪资水平完全处于失控状态。

2. 员工很难在自己喜欢的地方找到合适的住房，因为公寓房非常稀少，购房又太贵，员工至少要有 10 年的存款才可能付得起首付款。

3. 现在的年轻人都太过于急功近利，他们的野心和权益意识远远超出了企业所能满足的范围。

高层管理团队认可了以上原因分析，因此他们开展了薪资调研，为入职时间较短的员工调整了薪酬方案，还在人力资源部设立了专门的岗位，以帮助新员工找到出租公寓，以及联系当地房产商在当地寻找价格适中的在售房屋。此外，他们还组织了有关职业发展现状的研讨会。所有这些解决方案都是在直接应对市场薪资压力、住房困难和权益思维等问题。

然而，一年半之后，该组织的新员工流失率并未降低，并且在一些领域反而变得更高了。

高层管理团队请了公司内部的培训部门作为内部顾问来帮助解决这个问题。培训部门的人员首先访谈了一线主管和入职时间较短的员工，他们根据这些访谈总结出了一份不一样的员工离职原因分析。这些员工的回复是这样的。

1. 当他们入职时，他们被派去参加了有关公司愿景、使命和文化的培训项目。

2. 他们入职后的几乎一整年内都没有接到自己能实际负责的任务派遣。

3. 他们从来没有得到过主管对他们工作表现的明确反馈，这让他们很难知道自己应该着重提升哪些方面，同时这也让他们感觉自己在公司的发展前景十分渺茫。

4. 一线主管为了完成工作并做到尽善尽美已经感觉自己压力重重，根本无暇顾及新员工的融入和培养。

针对公司面临的大量新员工流失的问题，这次访谈揭示了截然不同的原因。表象问题是大量员工离职，最初认为的原因是薪资低、住房问题，以及员工自身的期望不切实际，这些初始的问题分析让公司采取了提高薪酬、住房帮助和职业发展研讨等形式的解决方案。而该公司的内部顾问重新定义了问题的原因：新员工没有得到足够的支持、关注、有意义的工作任务和反馈。

有趣的是，以上重新定义问题的方式正体现了从"无人对问题负有责任"到"客户对问题负有责任"的转变，而这正是探索阶段的核心所在，即让客户从认为自己清白无辜（问题在于薪资低、住房难和员工不切实际的期望，总之不是我们的过错）到让客户负起责任（如何让新员工融入组织和如何构建他们入职后的体验是我们的责任）。

一旦管理者对问题做出了重新定义，他们就可以开始解决这个问题了。他们展开了一系列的行动，让主管和新员工相互交流，一起决定他们会花多少时间在一起，讨论新员工的工作任务，计划何时可以收到主管的反馈。管理层还在主管的时间分配方面提供了支持，让他们能为新员工腾出更多的时间。在接下来的一年中，新员工离职率开始逐渐平稳，并在第二年开始下降。内部顾问在这个过程中做出的贡献就是对问题做出了重新定义，并向客户呈现了问题真正原因的清晰画面。

问题形成的原因往往比解决方案更为关键，因为解决问题可能只需要数学或实验技能即可，而找到问题的原因则需要提出新的问题、看到新的可能性，或者从新的视角看待老的问题。这需要创造性的想象力，标志着真正的进步。

——阿尔伯特·爱因斯坦（Albert Einstein）和利奥波德·英菲尔德（Leopold Infeld），《物理学的演变》（*The Evolution of Physics*）

■ ■ ■

问题如何被管理

技术或业务的问题是如何被管理的，这是我们在行动导向的探索过程中需要探询的一个关键领域。

顾问通常对客户的管理风格和问题的政治性因素有所了解，但我们往往倾向于对这些方面避而不谈，没有把它们当成我们要在咨询中处理的事宜。我们认为自己是被邀请来解决业务问题而不是对组织评头论足的，因此我们往往会在探询问题原因时将组织因素排除在外。然而，我们也并没有完全忽略这些有关人员的问题，我们仍会和同事、朋友提到这些方面，问题被管理的方式常常成为我们和同事在洗手间、会议之间、线下、下班后一起外出吃饭或工作中途休息时谈论的话题。

有时，管理维度的问题甚至比技术维度的问题更有意思。然而，我们（在客户的支持之下）往往并不十分愿意涉足那些被我们称为个性、政治或关系等领域的问题。回避这些领域是错误的，因为客户对问题的管理方式会对我们的专业技能如何得到应用产生强烈的影响。即使客户认为我们是纯技术的顾问，我们也无法完全避免这个问题。技术/业务问题几乎总有管理问题的伴随，而正是这些管理的问题在影响着技术/业务问题的解决。

表 13-3 列举了一些专业或职能领域中伴随技术/业务问题而来的典型管理问题。

因此这就是关键要点：每个专业或职能都会同时面临技术维度和组织维度的问题，表象的问题几乎都是关乎技术或业务的，组织维度的问题（或者被我们称为"社会系统的问题"）则涵盖了该技术/业务问题如何被管理的方式，我们要选择的是采用直接还是间接的方式去处理这些管理的问题。

要处理社会系统方面的问题，内部顾问会比外部顾问面临更大的风险。你可能会听到客户对你说，他们并不是邀请你来评论他们的个人风格或组织政治的。然而，如果你不去处理社会系统或组织维度的问题，你提供的技术解决方案就会因为组织内部的沟通、信任或自我管理问题而走形，或只能得到局部的实施。

表 13-3　伴随技术 / 业务问题而来的典型管理问题

领域	技术 / 业务问题	问题如何被管理
财务系统	·缺乏充分的控制流程和举措 ·报表太多 ·报表太少	·相互防卫的环境 ·部门之间缺乏口头沟通 ·隐瞒信息和数据
人力资源（HR）	·薪酬、福利、招聘、培训领域的政策和做法需要改善 ·提升总体的组织和管理发展	·每一位管理者都是 HR 专家 ·HR 职能地位低下 ·HR 专员被当成帮手 ·管理者害怕 HR 参与他们的绩效评估，因此他们不愿意信任 HR 和邀请 HR 参与
市场研究和产品开发	·定价、促销和包装的政策 ·客户偏好和市场特征方面的信息	·市场和销售团队之间缺乏信任，关系疏离 ·争夺掌控权 ·市场研究犹如黑匣子，组织其他部门各行其是，不相信黑匣子提供的信息
管理和组织发展	·如何提升组织中的态度和生产力问题 ·新的组织结构问题 ·新的角色和职责问题	·当前组织中一些部门和人员拥有更大的权力，改变结果就意味着打破部门间的权力平衡 ·新的组织结构显示了哪些人正在上升，哪些人在失去明星光环 ·可能有一位非常独断专行、不考虑他人感受的管理者

■ ■ ■

完美的探索

要完美地开展咨询，你就要开始将组织维度的问题视为你咨询工作中的常规内容。至少，你应该在每一次开展问题的评估分析时专门为"问题如何被管理"留出一个栏目，这个栏目只要呈现一幅清晰简洁的画面即可，无须包含具体的建议。

担心直面客户如何管理的问题，这只是出于顾问自己内心的恐惧。直线管理者通常希望知道自己做得如何，却很难得到这方面的反馈，因为他们的下属不会愿意给他们反馈。而你作为顾问，却处在一个可以为管理者提供反馈的特殊位置上。你唯一需要注意的是要采用一种支持性的而非惩罚性的方式提供反馈。

作为本章的总结，请记得在探索阶段完成以下关键工作。

- 提出问题，了解客户自身在引发和维持表象问题或目标问题中扮演了什么样的角色。
- 提出问题，了解客户组织中的其他人做了哪些引发和维持表象问题或目标问题的事情。
- 邀请客户参与数据的分析解释。
- 认识到客户管理你的方式与他们管理自己组织的方式之间的相似性。
- 将数据压缩为少量议题。
- 使用你所在专业领域之外的人能够理解的语言。
- 区分表象问题和潜藏问题。
- 探询和描述两个维度的问题——技术性问题和该问题是如何被管理的。

第 14 章

全系统探索

我们目前对探索阶段的讨论都是从"第三方"的角度展开的,"第三方"即顾问、工程师、IT 专家,或组织内部支持部门的人员,他们会负责数据收集、分析和反馈的工作。虽然这是客户在使用支持部门人员时最为典型的期望,也是我们对顾问角色的传统看法,但其实还存在另外一个选项。

这个选项就是更加直接地邀请整个客户系统参与一系列行动,包括重新定义问题、描绘理想未来、制订行动计划和决定如何推进行动,这就是"第一方"或"全系统探索"的策略。这种方式在过去 40 年已经取得了长足的进步,许多顾问和支持部门人员都已经在采用这种全系统的方式,并将他们自己的角色重新定义为引导大家共同制定变革战略的召集人。

这种方式的重要意义在于——探索问题和提出方案建议的人就是实施变革的人。换言之,这种方式让整个系统的人都能在变革的早期阶段就参与进来,并在变革过程中的每一步发挥积极的作用。

不过,"全系统"这一名称可能有一定的误导性,因为它并不是指真的要让整个系统中的每一个人都参与进来,而是让一个系统中所有部分的代表都能到场。这意味着,至少会有很大一部分实施行动建议的人会在创建这些行动建议的阶段就发挥重要的作用。与"第三方"的方式相比,这种方式会让变革过程更多地以自我管理的方式推进。

全系统方式的另一个重要之处在于——它着眼于整个系统而非各个部分。与第三方的方式相比，它能让不同部分的人员代表整个系统更直接和更早地参与进来。第一方或全系统的策略可以让所有的组织单元都投入到对当前现状的自我评估和改进计划中来。

第三方或全系统策略各有其优势和局限性，我会在以下内容中简要阐述这些优弱势。当你阅读这些内容时，请记得一点：你在每一次咨询工作中的目标是催化行动，而不仅仅是追求正确和形成准确的评估意见。

■　■　■
第三方咨询

在最传统的第三方探索方式中，顾问或顾问团队会负责调研问题和提出改进建议。顾问可能来自组织内部或外部，有时可能是来自组织内部的人员组成的一个团队，他们要负责制定方案建议。这样的团队也被称为"设计团队"，可能会由 10 ~ 50 人组成，他们需要在 6 个月左右的时间里开展项目，然后将行动建议提交给管理层批准和实施。

和单个顾问提供咨询的传统做法相比，成立设计团队的做法会让更多人参与其中，并且所有成员都来自组织内部。但这种做法代表的仍然是第三方策略：无论何时，只要是一个个体或团体为另外一个个体或团体制定解决方案，这种方式采用的就是第三方的立场。

采用第三方策略的基本原理在于——顾问和设计团队拥有某个特定专业领域的知识，并且身处有待解决问题的系统之外（即使只是临时如此）。因此这位顾问或这个团队会拥有一定的客观性，同时也会更愿意去直面某个难题，而这个难题是这个系统内部的人员看不到的，或是没有专业知识或不具备能力或缺乏意愿去面对的。建立一个由内部人员和外部顾问组成的设计团队则增加了一项额外的优势，那就是可以获得有关问题的本地知识和深入理解。这种做法背后的信念是，只要提供充分的分析和反思时间，这个由外部顾问和了解内情的内部人员所组成的设计团队就能制定出比一位单独的顾问可能提供的更加切实可行的建议。

任何一种第三方策略的优势都在于其客观性。第三方会提供一种独立的观点，一种不会受到文化影响的看法。如果我们身陷某种文化之中，就无法以新的视角来看待问题了。既然我们很容易就能在别人身上看到那些我们在自己身上视而不见的东西，为何不请第三方来帮助我们看清自己呢？并且，第三方的方式还能得到管理层的赞助，可以给事情的改善带来独特的能量和动力。我们相信，如果管理层能支持变革，甚至能亲身示范榜样，我们就能顺利地实施变革。

第三方帮助的局限性则在于探索和实施的分离。当第三方制定好行动建议后，首先需要将其推销给管理层，然后管理层将其强压或推销给员工。这种推销的方式建立在一个错误假设的基础之上：它假设这个问题是有一个正确答案的，而顾问或设计团队知道这个正确答案是什么，并且通过良好的工程式计划管理，该组织就能（并且应该）被说服接受这个答案并将其付诸行动。同时，这种方式相信所谓的"客观性"是存在的。然而，每个人都有一个看待世界的透镜，在我们提出的问题中就已经包含了某种观点（正如本书中的所有内容），因此，"客观性"在某种程度上只是一个幻想。

在某些情况下，尤其当问题完全属于技术性质时，可能的确会存在一个正确的答案，并且这个答案也很可能因为其自身价值而得到采纳和实施。然而，在大多数情况下，这种想法是天真的。无论何时，只要组织管理或员工承诺存在问题，或者新技能培养或新的组织关系存在问题，第三方提供的工程式或医患模式的方案建议最多只能带来中等程度的改变。最糟糕的情况则是即使第三方提供的方案完全正确也仍不会被付诸实施，即使管理层给予强有力的支持也无济于事。

■ ■ ■
采用全系统的方式

这里的关键点是：为何不让那些即将受到变革影响的人参与进来？让这些人员和你一起参与探索、建议、决策和行动实施的过程，这就是"全系统"方式。由此，变革的对象就代表他们自己参与了这个变革的过程。

全系统探索方式的精髓就在于让所有人在同一时间共处一室，或者让所有人同时在线，甚至也可以不同时在线。这个做法能加强组织中的社区归属感，并能让人们在获得同等信息和共同数据库的基础上开展工作。同时，由于所有人都会听到同样的内容，因此你还能避免让一小群人为一大群人制定出最佳方案带来的局限性。

这个方式的主要优势在于不再需要将行动方案推销给任何人，尤其是系统中较低层级的员工。我们的目标其实是要赢得人们对变革的内在承诺，推销是最无效的方式。无论这种推销多么富有说服力，人们一定会对那些强加于己的变革进行抵制。

全系统方式的力量并非来自管理者的推动，而是来自整个组织的高度参与和投入。但全系统方式也并非没有管理者的支持，管理者会参与同一会场，但事情的成败不再主要依赖于他们的推动作用，而是更多地依赖于集体知识、共同目的，以及为自己做决策所带来的承诺度。

所谓"全系统"，意味着你希望来自系统各方的代表能共处一室，这并不是指客户组织的每一个人都需要进入会场。通过这个方式，负责落实方案建议的人群中至少有一部分代表会在方案创建中担任主要角色。这会让变革过程比第三方的方式具有更强的自主管理性。如果整个系统实际上可以进入同一个会场，并且客户组织的工作安排也能允许，那就邀请所有人都参与其中。

■ ■ ■

如何运用全系统的方式

这种将很多人召集在一起评估现状、定义未来和讨论行动计划的技术有多种称谓。由于这种方式可以让数百人汇聚在一起，因此常被称为"大团体方法"（large-group methodology）。其他一些拥护者则因为聚焦于这种技术所带来的参与性，因此会将这种方式称为"高度互动法"（high-interaction approach）。还有一些人因为这种方式是想同时拥抱所有的参与方，所以也将其称为"大规模法"（large-scale method）。哈里森·欧文（Harrison Owen）为我们提供的技术叫作"开放空间技术"（Open Space Technology）。名称其实并不重要，只要它能表达全系统方式的意图即可。

全系统方式的流程

这种方式可邀请参与的人数主要受限于会场大小，活动通常需要持续2 ~ 3 天，虚拟会议则总计需要 12 小时。通常会由一位顾问带领的设计团队负责策划这场大型团体活动，但这个团队只是聚焦于流程，而不是陷入问题或解决方案的内容。他们负责处理的问题包括应该邀请谁来参加、会议焦点是什么、如何管理后勤事务、如何为会议成功做好铺垫等。有一些很棒的图书提供了这方面的具体做法，凯瑟琳·丹尼米勒（Kathleen Dannemiller)、马文·韦斯伯德（Marvin Weisbord）和桑德拉·简诺夫（Sandra Janoff）、芭芭拉·邦克（Barbra Bunker）和比利·埃尔邦（Billie Alban）、迪克·艾克瑟罗德（Dick Axelrod）和艾米莉·艾克瑟罗德（Emily Axelrod）、哈里森·欧文（Harrison Owen）以及朱安妮塔·布朗（Juanita Brown）等人的著作被列入本书最后的"延伸阅读"清单。

以下是一些问题举例，可以用来邀请人们投入共创未来的过程。

- 我们想要一起参与创造的变化是什么？
- 我们可以一起创造出我们无法各自独立创造的东西是什么？
- 你愿意为这个整体的福祉投入多少？
- 我们做了什么，导致我们想要改变的这个问题得以产生和持续存在？
- 我们怀疑什么可以有所不同？
- 我们对什么说过"是"，但现在却不再同意？
- 在这个组织或社区中，我们想从这个团体中的其他人或其他团体那里得到什么？
- 我们彼此在这个过程中收到了什么样的"礼物"？

相信过程

要让全系统的探索方式产生成效，顾问和客户需要适当放弃掌控，踏上一条不可预知的道路，而这种方式和组织通常的运行方式颇为不同，因此常常会带来很多不适。以下是一些能让这种方式有效的前提条件。

- 管理层要更加透明。管理层要愿意向参会人员分享他们所知道的所有现状，包括财务信息、重要目标的进展、发生的任何失败，以及组织在兑现自己对各委托方的承诺方面表现如何。如果管理层在考虑任何的结构或职能改变，无论这可能造成什么样的担忧焦虑，管理层都要将这些计划公之于众。
- 管理层不仅是活动主持人，而且是全程参与者。这个活动由一个设计团队带领，或由计划人员和顾问联合带领。每一位管理者都是很多与会人员之一，管理层的想法并不会被认为比任何其他人的想法更好。当然，管理层可能会对某些事项的决策保留否决权，这一点很公平。当管理层愿意和其他人一样接受行动方案可能带来的不利影响时，管理层就是在示范很好的榜样。

- 地位、权力、头衔、职能等区别都在过程中被淡化。这个活动会提供一个更公平的环境，所有人都是平等的。会议中的每一个工作小组都代表多个级别和职能，参会人员必须愿意跨越社会和组织中的障碍。有时这样的小组也被称为"对角切片"。
- 员工要准备好在会议上发声。我们会邀请员工将自己小心谨慎和冷嘲热讽的想法暂悬几天，他们并不需要永久性地放下自己的小心和质疑，但会议的目的并非宣泄怨愤，而是共创一个平台，让每个人都能做出回应和提出问题。
- 如果员工选择不参与，就是他们放弃了自己发声的权利。员工不能在事后声称自己没有得到参与决策的权利，因为权利需要通过选择参与而赢得。
- 强调未来以及团体想要一起创造什么。会议中会讨论现状和如何克服障碍，但会议策略是更多地讨论明天想要创造什么，而不是如何修补今天已有的结果。
- 活动结束时对后续行动和责任人达成共识。管理层和员工都要愿意允许后续行动步骤通过活动逐步浮现，每个人都要放弃一些控制权。
- 顾问放弃专家的角色。我们不再是分析数据、建议方案和跟进行动的专家，我们的角色是引导人们高度参与一系列的步骤，我们更少在中心位置，更不引人注目，也更少去倡导某个特定答案。

以上每一个条件都能让组织向着更广泛的承诺、更不可预测的未来和更加自治的方向发展。这就是这种策略的力量，同时也是它的局限所在。管理者不能既启动权力分享的流程，又在产生怀疑或感到紧张时收回这些权力。

■ ■ ■

回报

我之所以介绍全系统和自我评估式的探索方式，目的是让大家认识到这种方式的重要性，以及这种方式会如何改变顾问的角色。但我也必须承认，我对这个策略有一定的倾向性，任何时候只要有可能，我都会倾向于使用全系统的策略。如果条件合适，这种方式会比第三方策略更有助于组织建立未来自我管理的能力。这种方式也会让顾问更多地承担设计师的角色，因此需要我们提升自己为他人设计学习体验的能力。这种方式还需要我们扩展其他技能，包括如何将人们召集到一起，鼓励他们针对现状提出问题，以及共同形成对未来的展望。同时，这种方式还给顾问提供了另一种促使所有相关方直面自己的自由与责任的途径，即通过创建一种不一样的参与结构，而非通过一种更传统的面对面对峙的方式。最终，这种方式是在对这一点做出肯定——问题比答案更有力量。

第 15 章

探索优势和能力

所见即所得。变革的一个核心要素是做出选择——我们是要专注于自己所缺失的，还是专注于自己所拥有的。我曾一度认为，自己作为顾问理应提供的服务就是要发现问题，因此我一直在努力寻找组织缺失的东西。然而，在我以此为焦点开展咨询工作多年后，我开始将关注点转向寻找组织中存在什么样的优势和能力。如果我们的价值主张是帮助客户和合作伙伴创造一个不同于以往的未来，那么，优势和可能性就是带领我们实现这一目标的强大而独特的途径。

这个选择有其务实的一面，那就是我们可以选择接受自己已经从贫瘠的土地收获了所有可能得到的收成。为什么要在一条边际收益已经下降的道路上继续追寻呢？作为个体，我们自己就是终其一生都在努力改正各种缺点的产物，然而，继续付出大量的努力只会给我们带来寥寥无几的成果。工作场所同样如此。

关于如何与客户开展战略性合作，约翰·麦克奈特（John McKnight），一位在理解社区本质方面的思想引领者，曾提出过一个精彩的观点：聚焦于不足或需求并不会给我们带来发展，它只会以牺牲客户或员工的力量为代价增强专家的力量。用他的话来说，这种做法会让公民（即拥有权利和力量的人）变成消费者（即有弱点和需求的人）。他认为，在这个从公民到消费者的转变中，从中获益的一方就是服务提供商——在我们的情况中，就是顾问。然而，这只是一种短期利益。

聚焦于不足之处，这也是一个有关我们如何对待人类精神的问题，我们是要在这里相互提醒我们缺失了什么，还是要相互提醒我们拥有什么样的可能性？如果所见即所得，那么我们就应该寻找优势，然后我们就能找到那些优势。而问题在于，我们并不习惯寻找优势，我们也不知道该说些什么，因此我们觉得尴尬。并且，多年来，我们都一直在处理弱点的问题，因此很容易就会决定不要去改变这个做法。然而，如果我们去寻找那些存在于每个人、组织和社区之中的神圣特质，这又需要我们去直面一些大部分人还没有为之做好准备的挑战。

最终，如果我们坚持关注需求和弱点，就会变成一种政治手段，一种权力的表达。谁定义了对话和需求，谁就掌控了话语权和行动。当我们把谈论他人的弱点变成一种惯例时，我们其实就是在操控谈话的内容。当我们关注他人或其他组织缺失什么时，我们就把他们放在了一个比我们低的位置上，即便我们的意图只是想要帮助他们。我们的态度所隐含的意思是，他们需要改进，而我们自己没有什么需要改进的。我们就像那些慈爱地看着孩子的父母。

越来越多的方法可以有效地帮助我们寻找系统中的优势、能力和可能性。这类方法可以和寻找问题与解决方案的方法一起使用，也可以作为对照。

这种基于优势的方法有很多名称：欣赏式探询、基于资产的社区发展、未来探索、正向偏差、积极心理学等。每一种都是基于这样一个前提假设：关注我们想要保留历史中的哪些部分，或系统中什么是有用的，或系统渴望在未来创造什么，这样的做法会帮助我们为咨询过程或变革流程建立起承诺度和可持续性。

采用这样的视角可以帮助我们弥补"解决问题"模式带来的局限性，那就是当我们将某事称为一个问题时，很难避免人们会认为可能他们就是问题所在，因此需要得到修理。

此外，问题分析的模式也会让我们倾向于聚焦在截至当前我们已经在做的事情上，这种方式会询问我们有关问题的历史情况，我们是如何找到这个解决办法的，原因是什么，以及我们可以采取什么行动来予以纠正。这种方式隐含的意思是，如果我们能理解过去，理解我们是如何来到目前所在之处的，就能预示着我们可以创造不同的未来。这是一种幻想。我们的工作是完成过去，并让它留在过去。

当我们专注于问题时，会很容易陷入试图向他人推销"需要一个新的未来"的模式，并且经常会戏剧化地将其称为"着火的平台"，以此促使人们对变革产生一种紧迫感。然而，推销本身就会产生一种抗拒力，推销所引发的防御和它能带来的承诺一样多。我们并不是抗拒改变，我们只是抗拒被强迫。

■ ■ ■

当所有其他办法都失败时，采用这个办法

一种最显而易见的适合采用基于可能性和优势方法的情境就是，当人们已经反复尝试过传统的"解决问题"模式但是始终未能见效时。这种情况经常会出现在一些非常棘手的事情上，例如，士气长期低落、市场表现不佳或一直无法解决质量问题。在更广泛的范围，这种采取更多解决办法、开展更多项目、启动更多改革和投入更多资金的方法同样也没能为贫穷、暴力、气候变化和上瘾等挑战带来多少真正的影响。

在一些更棘手的情况中，创造不同的未来往往需要社会系统发生改变。对于那些需要依赖文化变革和人们的习惯改变才能得到改善的问题，技术性的解决方案就会表现不佳。

以教育改革为例，多年来我们已经在公立教育领域尝试了很多办法，包

括实施最佳课程设置、提升教师认证标准、缩小课堂规模、引进更优秀的领导力实践，以及实施标准化的测试和课程表。所有这些做法都很合理，也都有意义，并且在一些地方产生了成效。然而，学生在学校里不愿学习的问题仍然持续存在，教育改革的呼声也越来越高。大多数针对学校的这些变革策略是以不足或需求为基础的，他们先找到问题所在，然后通过解决问题进行改善。

这个例子或许是在表明，如果想取得全新的成果，就不能仅仅依靠技术性的解决方案，或仅仅依靠更有效的问题界定和问题解决，或是依靠更多的研究调查。要想改善学校的表现和学生的学习状况，需要改变围绕孩子的社会系统，而这本身就需要思维方式的转变，以及寻求更为根本的做事方式的转变。

我们想提供一些成功运用了以上方法的举例。例如，在教育领域，我们将讨论如何把关注点从教师的绩效表现转移到学生的学习能力上；在医疗卫生领域，我们将关注如何改变医疗过程中的对话，从医生开出处方和提供治疗，转变为患者及其家属、社工、实验室人员、护士和其他接触患者的人员都充分地参与治疗过程。

■ ■ ■

正向偏差的力量

在基于优势的方法中，最有效的方法之一是"正向偏差法"，这是杰瑞·斯坦宁和莫妮可·斯坦宁开发的一种流程，用于处理一些几乎无法通过传统方法得到解决的问题。通过采用这种方法，他们改善了越南农村儿童营养不良的问题，帮助终结了埃及女性割礼的习俗，减少了医院里的耐甲氧西林金黄色葡萄球菌感染。[①]

---

① 这种方法在斯坦宁夫妇与理查德·帕斯卡莱合著的图书《正向偏差的力量》（*The Power of Deviance*）中有详细描述。

斯坦宁夫妇和他们的合作者理查德·帕斯卡莱（Richard Pascale）发现，如果将精力集中于已经长期顽固存在的问题本身，只能带来非常有限的边际效应。这个世界已经尝试过各种教育、研讨会、资金投入、对标管理和干预举措，但所有这些方法都没有触及那些根深蒂固的日常行为，而正是这些行为导致了越南村庄里的儿童营养不良问题和医院里的感染问题。

和"解决问题"模式的方法相比，"正向偏差法"有着截然不同的核心本质，具体如下。

- 他们感兴趣的是找到不同于传统思维和做法的特例。例如，在越南，所有其他研究小组都调研了营养不良的儿童，并试图从其他地区引进最佳实践。斯坦宁夫妇提出的问题则是："这个村子里有没有健康的儿童？"他们的信念是我们应该以这个前提为出发点，即任何一个社区中至少总会有一个这样的人存在，这个人虽然处在和他人同样的有限资源条件下，却已经解决了还在困扰他人的问题。
- 他们完全通过邀请的方式开展工作。他们邀请了尽可能多的关心这个问题的人来参加会议，并展示了他们在其他地方运用的方法，解答了大家提出的问题，然后他们邀请了对这一方法感兴趣的人参加第二天的会议。他们只和第二次来的人一起工作，不作任何强迫。
- 他们组织这些志愿者开始寻找社区中的"正向偏差值"，即那些已经找到了应对问题的办法，并且他们的做法不同于常规的人。通常，这些"正向偏差值"甚至都不知道自己知道什么，这就是需要去观察他们而不是去访谈他们的原因。

在找到"正向偏差值"的事例后，斯坦宁夫妇的做法非常激进。他们意识到大多数变革失败的原因在于"我们一直相信人们一旦'知道'了某事，就一定会'做'某事"。而这正是我们习以为常的"解决问题"模式和"聚焦问题"模式的局限性，"紧接着，几乎是条件反射式的步骤，就是开始广泛地开展宣传，包括教学、告知、教育等"。斯坦宁夫妇并没有这样做。

"正向偏差法"依赖于社区的成员自己教与学的能力。社区成员自行决定什么方法会奏效，他们共同创建了一种结构，让社区成员分享、演示和帮助他人实践他们自己知晓的事情。在儿童营养不良的案例中，"母亲或照看者每天会把营养不良的孩子带到邻居家几小时，她们会和一名健康志愿者一起为孩子准备一顿有营养的辅餐"。这个策略所依赖的是村民们的智慧和慷慨，同时它也表明，和听到或看到那些有用的办法相比，亲自实践那些办法才会产生更大的作用。

■ ■ ■

对咨询的启示

斯坦宁夫妇带来的很多学习都对我们在咨询中的探索过程具有启发意义。其一，我们看到有一些方法可以帮助我们降低客户对顾问或支持人员提供答案的依赖。我们可以从一开始就和客户订约——我们会邀请系统内的人员一起参与寻求解决方案的过程，并且我们认为这个参与过程和解决方案同等重要。我们也可以和客户约定，我们想找的是目前这个系统中的人员能够实施的方案。

其二，我们可以选择聚焦在这个组织或社区中已有的解决办法上，即使这些办法在组织中还不多见和尚未得到大家的普遍接受。通过这种方式，那些被斯坦宁夫妇称为"乍看之下毫不起眼"的组织成员的优势和能力就会得到重视。我们可以决定和客户订立这样的合约——我们会探索客户组织的系统中已经存在哪些有效的做法，以及谁已经想到了办法。以这种方式开展探索工作是我们的一种选择，即使我们的客户或社区是以问题为中心的（大多数情况下如此），我们仍可以做出这个选择。

同时，基于优势的策略几乎都要通过邀请的方式实现。即使有高层领导者的支持和强制推行，更有效的方式还是和一小群真正对这种方法感兴趣的人一起合作，而不是和一些被策略性地安排到这个项目中的人一起去推进，因为这些被安排来参与的人员更多是为了履行一种责任而非出于自己的兴趣。

最后，任何基于优势的方法之所以具有吸引力，是因为这种方法的实践者总是致力于和他们想要服务的对象建立起真正的合作伙伴关系。他们的做法是非常耐心和仔细地倾听他们的服务对象，除了提供一些原则，他们不提供任何解决方案，他们在每个项目中的每一个阶段都既是老师也是平等的学习者。

■ ■ ■

更多合作伙伴关系的举例

基于优势的方法之所以具有吸引力，是因为这种方法的实践者在他们的工作中采取了一种顾问式的姿态，他们致力于和他们想要服务的对象建立起真正的合作伙伴关系。

合作伙伴关系有三个核心要素：

- 能够有效地和他人订约，澄清我们自己的需要和他人的需要；
- 愿意通过倾听对方和确保对方觉得自己被看见和理解开展探询与探索；
- 相信答案和行动决策就在那些带着问题来寻求我们帮助的人的心里，无论我们拥有多少他们想要的专业知识。

为了让以上三个顾问式的要素更加具体明确，以下是来自我的两位朋友的举例：一位是保罗·乌利格（Paul Uhlig），是胸外科医生；另一位是沃德·梅利尔德（Ward Mailliard），是教育工作者。他们两位多年来都一直在各自的工作领域中运用合作伙伴的方式。我之所以喜欢举他们的例子，是因为他们来自牵动我们每一个人的行业——医疗保健和教育行业，这两个行业可能会被认为是不可能采用合作伙伴或顾问的姿态开展工作的地方。

■ ■ ■

真正的医疗改革

恐怕没有哪个职业能比医生这个职业产出更有权威和学识的角色形象了。我们可能在生活中的方方面面都是命运的主人，然而，一旦我们走进医生的办公室，就会立刻丢盔弃甲。诊断、开处方以及知道什么才是对别人最好的，这些概念正是起源于这个地方。医生的办公室俨然已经成为一个神圣的地方，因为它最终可能关系到我们的生死，而我们往往会将这件事交到另一个人的手中。

尽管医生享有很高的社会地位，但美国的医疗保健行业却充满了改革的呼声。我们认为这个行业收费过于昂贵，人们无法公平地获得医疗资源。还有一些人认为，这个行业太多受制于商业利益的驱动，另有一些人则担心医疗服务的质量和患者的安全，以及认为缺乏证据证明某些程序和处方是否真正必要。新冠病毒感染疫情更是加剧了我们在这些方面的焦虑。

令人惊讶的是，在所有这些有关医疗保健的改革辩论中，在所有这些关于成本、医疗资源获得、管理、安全和质量的讨论中，大部分都是在围绕疾病、需求和不足，而不是围绕怎样才能带来健康。我们认为，只要通过更好的成本控制、更先进的药物、更完善的技术以及找到更多的证据，我们就能"购买到"更好的健康。所有这些都是试图在常规思维的基础上做更多的努力。

而在这些有关改革的讨论中，有一个认知缺失了，那就是改革需要建立在人际关系转型的基础上，其中最根本的关系就是医生、患者以及围绕他们的所有其他人之间的关系。我们理所当然地认为，医生就应该处于权威的地位，病人则处于依赖的地位。实际上，大部分医疗保健的改革都是在医生作为专家角色的背景下进行的。

我们很容易会认为这种现状是不可避免的，并且医疗保健工作的性质就是这样。然而，在某些地方，情况正在发生改变，真正的改革正在发生。这些改革为我们提供了一个很好的实例，向我们展示了可以怎样通过运用本书中描述的订约、探索和反馈过程带来巨大的改变。

重新协商社会合约

有一个人重新构想并启动了这种医患之间基本合约的转变，这个人就是保罗·乌利格。他是一位心脏外科医生，现居住在堪萨斯州的威奇托。

保罗对医疗保健改革很感兴趣，但对他而言，改革和法规、成本控制及标准化并没有多大关系，他所着手做的是基于医疗保健的真正目的对其做出重新构想，正如他在给我的一封信中所写的。

我们现在开展的这项工作是基于多年前听到的一个问题而形成的。当时，我和我的心脏外科手术团队的成员在开展日常工作时，常常会从患者和他们的家属那里听到这样一个问题："你们之间没有相互沟通吗？"

我们当然有相互沟通，我们每天都会在手术室、重症监护室和其他的患者护理区域一起工作。我们会相互写纸条和发消息，还会在走廊、休息室和餐厅召开临时会议。然而，尽管我们有那么多的交流，患者、家属以及我们团队自己仍然还是会有一种沟通不畅的沮丧感。

"你们之间没有相互沟通吗？"这个问题让保罗对多年来一直感到困惑

的医疗保健行业的现状开始有了新的洞察。为什么如此众多训练有素的人在非常努力地提供优质的医疗服务，但最终的效果仍然是成本失控、质量参差不齐和医疗资源不足，因此让所有人都感到孤立无助和十分气馁，而不是觉得自己很有价值和成就感呢？保罗和他的同事们开始把这个简单的"你们之间没有相互沟通吗"的问题看作解决这些挑战的一个切入点。

保罗和他的团队决定，为了让这个问题消失，他们要对一起工作的方式做出改变。他们的一个基本决定就是要重新协商他们之间的社会合约。他们相信，如果他们能够创造一种新的合作方式，让护理人员、患者和家属都能获得更充分的信息和建立更好的关系，那么成本、质量、医疗资源的获得以及患者和护理人员的满意度也就会随之改善。这就是合约的力量。

该团队所做的改变举措之一是每周举行一次会议，所有对心脏外科患者的护理有兴趣的人都可以来参加。如果说在此之前从未开过这样的会议，这可能听起来会让人有些奇怪，但在医疗保健领域，大多数科室都是各自独立地开展工作，他们只是通过图表上的指示要求进行联系而已。因此，大家在平时坐下来讨论"团队合作情况如何"和"怎样能做得更好"并不是一种常见做法。保罗所做的是为患者为中心的整个系统引入一个自我管理的咨询式流程，而这对于一般的"周会"而言简直是太天马行空了。

改变对话，改变文化

在这个项目中发生的另一个变化是医护团队与患者及其家属之间的关系。业内已经有一些备受尊敬的人士提倡要积极地邀请患者和其家属全程参与治疗过程。团队中有人提出了一个建议——团队每天协同进行床边查房，同时积极邀请患者及其家属也参与其中。通过这个做法，他们希望能够重新订立医护人员与患者及其家属之间的合约，让相互之间的关系向着所有人都能听得到所有人声音的一种结构发生转变。

刚开始时，许多团队成员在嘲笑这个想法，因为他们觉得这听起来实在太不切实际了，根本不可能找到一个合适的时间能让大家一起参与查房，并且，患者和家属也听不懂他们所讲的内容。但是，这个想法还是逐渐被大家接受了，早上 8:45 作为"不可能程度最低的时间"被选了出来，就这样，他们开始实施每日与患者及家属协同床边查房的做法。

以下是保罗的话。

我们和患者及家属聚在一起的做法让一切都发生了改变。我们的工作变得容易了很多，尽管刚开始时没有人明白这一点。一开始，大家都觉得有些混乱，感觉压力很大，我们都不习惯公开说出各自的想法和做法，让大家相互获得信息和相互寻求建议，在我们面对患者及其家属时尤其如此，因为我们非常在意自己应该在他们眼中保持完美的形象。

事实上，情况恰恰相反，我们越能公开地向患者表达我们的不确定和担心，他们就越能信任我们和做出他们的贡献。这在一开始看似是矛盾的，但我现在可以看到，这一点对整个世界都很有意义。我想这就是真实的含义，我们过去的亲身经历教会我们只要做真实的自己就好，这会带来极大的力量和价值。

我可以说，即使我们当中最坚定地想要让患者和家属参与查房的同事也都没有预料到我们会从患者身上学到那么多，以及这些经历会给我们自己带来那么多的改变。我们都自以为之前已经理解了以患者为中心的含义，我自己则一度认为我已经是最以患者为中心的医生之一了，但我们错了，我也错了。

这个过程好像剥洋葱一样。我们会做出一个改变。例如，其中一个最大的改变是我们相互承诺会在查房时使用日常语言而不是医学术语，并且我们会直接与患者及其家属交流而不是仅仅在医护团队内相互交流。然后，我们就会从一个新的角度发现，我们之前认为的以患者和家属为中心的许多事情根本不是那样。这种令人大开眼界的情况一再发生。

经历这样的觉醒过程既令人吃惊也让人变得谦卑。可以肯定的是，一旦你明白了这一点，它就会永远改变你。

现在，我们的目标变成了帮助每个人按照其自己的方式去活出完整而有意义的生命。这和我接受的培训截然不同。想象一下，如果整个医疗保健系统的目标都变成要帮助患者按照自己的方式活出完整的生命，而不是按照医生的标准与疾病做斗争，那么整个医疗保健系统将会变成什么样？那将是完全不可想象的景象。而那样的愿景让我充满希望。

随着保罗和他的医护团队开始以不同的方式相互合作，并开始将患者及其家属纳入整个系统，他们的工作成效得到了提升。患者在手术后恢复得更快了，死亡和并发症减少了一半，人们从身为患者和护理者的经历中找到了新的意义。一位患者说："你本来会认为这是一件非常艰难的事情，在这里却变成了一种美妙的体验。"另一位患者说："你们像对待正常人一样对待我们，这让一切都发生了改变。"

他们所做的这些改变了医护人员和患者及其家属之间的社会合约，医护人员从专家转变成合作伙伴和顾问。而这一点首先起始于医护专业人员之间的重新订约：他们承诺会定期聚在一起，他们启动了自我管理式的探索过程，他们对彼此好奇，并开始理解每个团队成员所面临的问题。这些变化带来了一些最初的回报：随着人们在每周团队会议上的相互交流，那些在同一屋檐下共事的人（有的甚至已经共事了很多年）开始对彼此有了新的了解，原来的那些工作角色都有了面孔，面孔也很快都有了名字和故事。

第二个转变是医护人员和患者及其家属之间的合约。保罗和他的团队创建了一种关系结构，在其中，每一方的需要、疑虑和问题表达都同等重要。他们把治疗看作一种咨询式过程，一种专家和客户之间进行伙伴式合作的过程。

成功自带挑战

第一次实验后，保罗还采取了同样带来了很多启发性意义的后续跟进行动。一段时间后，该团队开始向其他人介绍他们的经验。保罗和他的团队因他们的工作而获得了"艾森伯格患者安全奖"（Eisenberg Patient Safety Award），这是由"联合委员会和国家质量论坛"（Joint Commission and National Quality Forum）授予的患者安全领域最高奖项。

故事应该就此结束了，但当然并没有结束——这是咨询和变革过程中的矛盾本质。就在保罗取得了初次成功，获得了真正可衡量的成果并得到了国家认可后，他失业了。这和他作为外科医生的工作无关，而是因为他的团队所发明的方法对过去长期存在的惯例提出了质疑，现有的体系拒绝接受这一想法——合作伙伴关系真的能带来那么大的改变。他们遇到了重视掌控和地位而非结果的抵触。这也并不奇怪，和订约、探索和反馈一样，应对抵触本来就是工作的一个部分。

这个故事的结尾是这样的：保罗说他失眠了一个星期，然后认识到一点，即他的自身经历正是在提供一种数据，说明文化变革会有多么艰难。和其他真正的创新者一样，保罗继续学习并找到了新的方法继续前进。现在，他因为在患者安全和医疗保健团队合作方面的工作而在国际上获得了认可。目前，他正在开发"近邻健康"（Proximal Health）的模式，即通过我们日常生活中已有的社会关系网络保障健康。

"近邻健康"把健康和保健看作人们持续"共创"的产物，而不是一种被"交付"的物品。这个术语指的是通过我们周围环境中产生和流出的资源提升居民的健康水平，保罗解释说：

"近邻健康"的模式将本地居民紧密联系在一起，促进大家的共同学习，从而逐渐建立起健康幸福的文化。

保罗所设想的医疗保健新世界是关于实现可能性的，他不再对诊断和治疗疾病感兴趣，"我们对健康的理解正在不断演变"，保罗说。他补充道：

我和我的同事们对健康和疗愈了解得越多，就越认识到社区对于改变医疗保健的背景环境和文化所具有的影响力和重要性。如果你想创造一个更好和更安全的医疗保健系统，就要把所有相关人员召集起来，询问他们最重要的事情是什么、什么有效、为什么。要创造让人们齐聚一堂和共同反思的专门时间，创造让反思性对话发生的机会，从而让人们能够一起重新思考自己的信念和期望，这才是真正的改革启动的方式。

■ ■ ■

顾问式的教师

沃德·梅利尔德是一位教育工作者。他认为，如果想对学生的学习产生更大的影响，就要找到更具革新性的方式，而不是更加努力地围绕教师表现、课程设置、结果奖惩或衡量方式等方面开展传统方式的对话。他决定重新审视自己和学生之间的合约性质，通过运用本书中介绍的方法和术语，他开展了一个实验：放弃教师的专家角色，转向更加顾问式的学习姿态。

这不仅是一次和学生重新订约的过程，沃德还尝试了采用探索和探询的方式来对待学生表现的问题。他开始把学生的不良行为视为一种抵触，而不是叛逆或功能失调，班级的学习日程也从关注不足转变为关注优势，每次班会的设计都会把学生参与看成和课程内容同等重要的元素。此外，他还对教室进行了重新布置。

虽然沃德从未将自己称作一名咨询顾问，但在他所工作的教育市场中，很多传统理念已经对太多孩子失去功效。而他通过运用"完美咨询"的理念在这个领域获得了全新的和更好的成果，并且没有需要为此投入更多的资金。

故事

沃德的故事讲述了"完美咨询"的订约与探索流程是如何让一个班级发生改变的。这个例子并不只是关乎如何在一个高中班级里创造出优异的学习成绩，而是关乎我们教育孩子方式的深刻转变——从教学转变为学习。

和医疗改革一样，有关教育改革的争论同样旷日持久，异常激烈。大家讨论的重点一直聚焦在班级规模、教师表现、各种标准化课程设置以及考试上。我们也尝试过各种不同的结构，如特许学校、公校私营、质量改进方法、学校本位管理、高度社区控制、聘请退役军人和高管担任管理者等。如果你不熟悉这些方法也没关系，因为它们对大部分年轻人而言并没有起到提升在校表现的作用。

相反，沃德让学习发生了根本性改变。他在写给我的一封信中描述了他的思考过程和他是如何开始致力于"顾问式教师"的实践的。以下是他的原话。

如果我们想进行教育改革，核心在于我们要转变对教学和学习的思考。当我们想象一位教师时，我们会想到某个知道并能传授知识的人。相反，当我们想象一个学生时，我们则会想到某个不知道并需要获得知识的人。

在我们的心中，教师是主动的给予者，学生则是被动的接收者，信息和决策的流动方向是从教师流向学生。

在这种背景下，教师得到了展现自己的舞台，同时也被分配了听众。教师经常根据预先准备的课程计划开展教学，其中包括清晰的教学要点、按顺序开展的活动、特定的教学内容和期望达成的结果。我们期望学生能掌握并牢记这些内容，在某个日期之前，我们会评估学生的表现。教师方面的改进则通常意味着要为教师提供更好的工具和技术，以便他们能更好地传授内容，并能在结果评估中获胜。

关于激励学生的假设

沃德所描述的常规做法中，激励学生的挑战被交到了教师的手中。成绩等级是激励学生的一个主要工具，被用来控制越来越难以管理、注意力越来越分散的学生。等级决定了学生在成绩表现阶梯上的上下移动，还控制着学生进入大学的机会，而按照通常的故事情节，进入大学就意味着将来能获得高收入的工作，从而会带来安全感和购买力。这里的方程式十分简单：等级就等同于表现，表现则保证进步，进步带来财富，财富则会带来安全感，并且财富是获得幸福的关键。

这个激励理论颇为合理，但遗憾的是，它只适用于少数学生。如果这个激励理论没有产生作用，就会被看作学生的过错，或者家庭或教育工作者的过错。为什么这个理论只能取得局部的成功呢？用沃德的话说：

> 对如今的青少年而言，很少存在能起到控制杠杆作用的东西，他们有钱，可以自由流动，有各种分散注意力的东西：娱乐、亚文化、社交媒体，还有极大的自由度可以去尝试各种各样的东西。无论在郊区、小镇还是城市中心地区都是如此。

以上现状带来的结果是教师得不到学生必要的关注或服从，因而标准化教学和激励模式就无法发挥作用。当前的教育系统应对这个问题的方式是采用竞争的策略：把成绩等级当作核心关键，把学生的等级表现当成最终要衡量的东西。这让教室里形成了一种基于正态分布奖励的权力关系，教师只能抓住最后一点点权威的尾巴：分数、威胁和成绩不好带来的羞耻感。再不行，那就去校长办公室。

可能性

沃德开始寻找并发现的是有关教室的思考背景的转变。例如，他想到：如果我们把自己的立场从"教师是知识拥有者"转变为"教师是学习者"会怎么样？我们就会从"专家"式的顾问或领导者转变为"合作伙伴"式的顾问或领导者。问题就有可能变成："我能从我的学生那里学到什么，从而能让我自己在这个学习环境中变得更加有效？如果我停止把自己当成一位教师，而是开始把自己当成一位学习顾问会怎么样？"

沃德说，他很受本书导读中对"顾问"定义的启发："从最广义的角度说，'咨询'描述的是你对一个你不属于其中的系统采取的任何行动。"也就是说，要在没有控制权的情况下发挥影响力。他说："作为教师，我希望我们中间没有人会这样幻想——我们属于这个在我们周围蓬勃发展着并且独立于我们的计划和课程表之外的系统。我们都知道，青年文化是一个独立的系统，他们有自己的社交、规则、意图、语言、娱乐和目的。"

采用顾问式的姿态

沃德决定成为学生们的顾问，他准备停止控制他们，让他们能从无止境的压力中得到一些个人空间和解脱。这些学生一直面临必须好好学习的压力，因为这是一件对他们有用并且影响他们未来的事情。

他采取的第一个步骤是改变思维背景，这个新的思维背景的本质是把一个班级视为一群每一位都拥有充分天赋优势的人，而不是一群有很多不足之处或需求的学生。即使面对真正的挑战，如阅读障碍、注意缺陷多动障碍、饮食失调、残疾、行为问题或缺乏动力，学生们仍然是在学习过程中的和有生命力的人，而不是（用沃德的话来说）"确诊的患者"。

即使他们看起来没有在学习、不专心，或者不认同成人想要教给他们的东西，如果我们能首先重视他们自身的体验，我们就会发现，他们会自己学习到重要的东西。我们会看到，只要有机会（他们自己找到的机会），他们就会探索出一条包括我们和他们自己在内的人都想象不到的通向他们自己的未来的道路。

在这样的思维背景下，当沃德采用顾问的角色定位时，他就不会不首先了解情况就走进教室去告诉学生该做什么。沃德说：

教师们需要开展《完美咨询》中所描述的"探索"工作，即探询、访谈、了解所发生的情况，理解背后的动力，理解学生是如何"管理学习问题"的，同时他们还要询问学生们的意图、目标和遇到的挑战。通过尽可能多地对教室里的文化做出了解，我们才能让自己已知的专业知识服务于这个文化。

重新协商社会合约

一个班级所共享的"项目目标"或"业务目标"就是要让每一个人都能达成最佳学习成果。教师所面临的咨询挑战就是如何能创造出一种让学习发生的实践方法，而这要从订约开始。如果能想到学习项目在最初订约的阶段就已经存在问题，那么许多学生在课堂中出现学习困难的问题也就很容易被理解了。

实际上，传统教学中的订约阶段是隐晦的、基于恐惧的和预先就已决定的，并且绝不是由双方共同参与的。这背后有很多原因，最突出的一点是很多学生来上学并非出于自愿，而如果没有选择，责任和热情也就很难出现了。

咨询顾问式的姿态则能够帮助教师们应对这样的现状：很多学生来上学时会说："告诉我要达到哪些最低要求，那样我就能得到我想要的东西。"然后学生们就会变得言听计从，装作很在乎学习的样子，实际上那只是因为他们相信通过这种服从至少可以换回一个成绩等级。而这种言听计从的方式之所以奏效，是因为教师和任何其他人一样，也受到了利益和正向激励的诱惑。

沃德首先着手的是努力在班级的早期阶段就和学生重新协商双方的合约。这并不容易，他说：

> 如果我们自己身处此地都没有选择的自由，那么我们又如何主张我们自己的自由或让学生产生一种真正的责任感呢？

沃德开始就这些议题和其他议题与学生进行了坦诚的对话，从而开始从"我如何能拥有在学生之上的权力"转向"我如何能拥有与学生共享的权力"。实际上，他们开启了一场有关信任的对话。当他花时间询问学生有哪些做法可以带来不同的效果时，他惊奇地发现，学生们漠不关心的外表下其实隐藏着他们的关心。

新的合约

以下是沃德和学生订立的新合约中的一些要素。

说真话

沃德不得不向自己提出如何在教室里说真话的问题：

> 如果你问有多少人完成了课后阅读，你会得到什么样的答案？如果60％的人没有读，你想听吗？当学生告诉你一些你不想听到的事情时，你会如何反应？是批评还是好奇？我们是不是在通过一些微妙的方式教会他们撒谎？当他们不注意听讲时，我们该怎么办？是告诉他们要注意听讲，还是试图理解他们的注意力跑去了哪里？撒谎是他们学到的做法，而这在传统的教室里非常正常。

失败也是一种选择

在沃德的班级里逐渐形成的一项准则是：失败没关系，抵触也没问题，犯错也不要紧，总之，无论他们现在处于什么阶段，都不要紧，因为这就是他们开始的地方。沃德明白，抵触标志着有一些重要的事情正在发生，它不是有待解决的问题或有待克服的困难，而只需要被不加评判地命名出来。

约定不对学生的行为进行报复，这一点对改变教室里的文化和环境很有帮助。教师不是根据别人在做什么而对学生进行评判，而是重视学生自己选择做什么。沃德告诉学生们："如果你觉得累了，你就打个盹，如果你已经完成了一个任务，你可以去做其他事情，如果我们作为一个小组在一起完成一个任务，而你觉得自己做的事情没什么用，那你可以去找些其他有用的事情来做。"

这个做法基于这样一个现实：有效的学习就是探索的过程。如果目标是学习，而不是教学，那么每个人都应该被允许失败。如果没有一种支持尝试新事物、无论结果如何都给予支持的立场，学习目标就无法实现，因为"失败"就是学习的一种重要途径。因此，失败的学生实际上是在通往实现学习目标的道路上。沃德说，这就是让那些已经变成"成绩表现者"（performer）的学生们回归为"学习者"（learner）的方式。

保护"不知道"

沃德和他的学生们向自己提出的另一个很大的问题是："不知道的代价是什么？""通常学生会感到羞耻"，沃德说，"老师则会感到失望。"

当我们因为他们不知道而感到失望甚至愤怒时，我们其实是在执着于想让他们成为某种类型的人。我们并没有看见他们真正是谁，也没有创造一种条件，让失败和学习成为相互的朋友。然而，只有我们重视错误和犯错的价值，才能让学生学习成为他们自己。否则，大家就只会关注自己表现如何，而牺牲了自我认知的机会。

我们如何衡量成功

在任何有关教育改革的讨论中，我们一定会提出如何衡量的问题，并且我们在这方面的讨论会比有关等级评估的讨论更为激烈。然而，学习的成功和教学的成功可能是两码事。"作为老师，"沃德说，"我们不只是在兜售一些理念，比如某些经验之谈。"

我们也在促进学生的自我觉察，以及由此产生的自我能动和自主选择。学生需要自己意识到作为社区一员和公民意味着什么，他们需要自己努力去定义自己在这堂课上要取得什么样的成功。如果我们不把何谓成功的问题放在桌面上，那么当学生表现良好时，我们就会将学生默认为是消费者，而当他们表现不佳时，我们又会认定他们就是确诊的患者。太多的时候，我们把学生当成了需要接受治疗、修理、疗愈或信息填充的对象。

如何同时处理裁判（成绩评定者）和顾问（学习促进者）的职能

这是教师和顾问角色之间的固有矛盾，在审计师、绩效管理者甚至上司的角色中也是如此。解决办法是将这个问题带入对话，教师和学生一起订约，努力找到满足更大社会系统的等级评定要求的方法，但又不让评级主导他们之间的合作。沃德说：

可以从询问学生希望从本门课程中获得什么开始，然后询问他们对自己的期望是什么，他们对自己的意图是什么。对话还可以包括他们如何学习、如何做事、如何做一位团队成员。这是另一个订约的过程。

沃德还会询问学生，他们希望从他这位老师这里得到什么？他作为老师可以如何支持他们的意图，从而能帮助他们实现他们想要从这个经历中获得的东西？老师能在支持他们实现他们所定义的成功并帮助他们衡量成功方面扮演什么样的角色？以及，作为致力于促进学习的召集者，老师想要从学生那里得到什么？这些都是顾问式的问题。沃德指出：

这种方式可以发挥非常具体的作用，我们可以引导学生为每个项目甚至每个作业描绘出成功的愿景。何谓成功？你如何知道成功了？这里的挑战在于，要引导他们超越别人灌输给他们的期望。例如，针对一项阅读或研究作业，问他们："什么给你留下了深刻的印象？你注意到了什么？什么对你来说具有挑战性？什么对你来说很有趣？这本书对你有什么价值？"这些问题不同于询问他们记住了什么、故事情节是什么、作者的想法是什么。

重视学习方法而非教学方法

如果我们反思学生学习的方法，这其实是一个包含了听、读、看、说和做的连续体，而大多数学习来自其中的说和做，事实上我们却让学生花费了大量的时间去听和读。引用一位沃德的学生说过的话："我喜欢小组讨论，因为当我和同学交流时我就是在学习，但是当你作为老师说话时，我就不愿意听了。"

如果我们真的相信他们能自己进行学习，那么我们可能就要被迫放弃我们相当大的一部分教学内容。因为，如果没有得到倾听，教学或说话的意义何在？这就是将双方的合约从"教师是课程的提供者"转变为"教师是学习顾问"的一个部分。这里的策略是，如果我们能够吸引他们和得到他们更大的投入，他们就会从中得到更大的学习收获。如果我们将主要关注点放在内容上，那么学生就会像客户一样，永远都不了解他们自己的能动性

（agency）所带来的力量，以及基于所知采取行动所能带来的力量。

从教师作为知识拥有者和评判者，到学生作为学习者、知识产出者和项目的中心，这种转变可能会让人感到很不舒服。但沃德的经历表明，这正是双方都获得学习的时候，并且这也正是我们所讨论的咨询过程的意图所在。当我们放弃控制和采取相对平等的姿态时，我们就让自己变得脆弱了，而这正是创造信任的要素。大多数教师凭着直觉和经验已经知道，关系是教学和学习的成功关键，而信任是关系的基础。如果在我们的教室里没有一定的相互对等性，我们充其量只能建立起中等程度的信任，由此产生的效果是学生（尤其是那些并不善于课堂学习的学生）将会继续他们勉强的学习表现，而整个更深层次的学习将会被牺牲。

■ ■ ■

选择

当我们从教师向着成为学习顾问的方向转变时，发生的一个最主要的改变就是我们对于"何处存在选择"的看法。在工作场所中，顾问知道客户拥有选择的权利，而当教师向顾问转变时，需要拥有的一项技能就是要认识到这一点——即使在学生必须出勤的学校里，也同样存在着选择。

因此，这个发生在教室里的教育改革的例子其实关乎的就是选择，而这正是顾问姿态的核心。对此，沃德反思道：

我们需要保持清醒，知道我们想通过自己在教室里的存在方式保护什么。作为教师，我们需要问自己："我在通过我的生活方式肯定什么？通过我与学生们的相处方式，我在活出什么？我是在鼓励信任、亲密与合作吗？还是在强化恐惧、孤立和竞争？"

以下这些方面是议题甚至是领导力的核心所在，当然更是合作伙伴关系的核心所在。有关这些议题的对话正是在不掌握控制权的情况下发挥影响力的关键。这些方面基于对房间里每一个人的优势、能力和选择权的终极关注，无论这个人是一位患者、一群学生、领导者、中层管理者还是任何管理人员。并且，这些咨询步骤中的每一步都再次在提示房间中每一个人所拥有的自我能动性。

- 你对和我在这个项目上的合作感觉如何？
- 你反对什么？
- 你需要我提供什么？
- 这是我需要你提供给我的东西……
- 我们在哪些点上达成了共识？
- 你觉得哪里容易受到伤害？
- 你觉得自己在哪些地方正在失去掌控？
- 在这个问题或挑战中，你的自身因素是什么？
- 这是你真的很擅长的方面……
- 这些是你拥有的选择……

在你希望看到不同未来的大部分情况下，以上任何一个议题都能帮助你建立信任的关系和加强人与人之间的对等性。和医生提供诊断、学生达到成绩要求以及管理者达成季度目标相比，这些方面会帮助你们建立更深的关系。

5

第五部分
分析和决策行动

第 16 章

聚焦画面

当你了解探索的不同选项和方法之后，你就能准备好为客户绘制出一幅有关当下在发生什么和 / 或未来有何可能性的画面了。请记住，你可以选择采用聚焦于问题的探索方式，也可以采用聚焦于可能性和资产的探索方式，这取决于你和客户的约定。同时，你还可以对如何构建这个探索过程做出选择——是通过你和第三方团队的眼睛去探索，还是通过整个系统的自我评估去探索。

同样，你自己的偏好和客户的意愿会决定这里的选择。在接下来的步骤清单中，我会在一些步骤的下方用"注释"来说明聚焦于可能性和全系统探索方式的做法。无论采用什么样的探索方式，这个阶段都有以下几项核心工作。

1. 在三个不同的分析层面上收集信息：理解表象问题是什么，其他人做了什么造成了这个问题，以及客户自己做了什么造成了这个问题。

注释：如果项目的目标是创造一种新的可能性，而不是要解决某个问题，那么这里的要求就是要采用能够激发可能性讨论的方式来组织这些提问。

2. 对未来要在其中实施行动的组织和管理氛围做出评估。

3. 应对客户不愿意与你分享信息或不愿充分参与的抵触反应。

4. 选择合适的探索流程，让这个阶段的结构能够帮助建立客户对问题或可能性的责任感，探索过程本身就可以改变组织。

5. 将探索发现控制到可管理的数量范围之内。

6. 准备将那些可行并能带来改变的选项反馈给客户，包括考虑语言、排序和意义。

■ ■ ■

获取画面的步骤

无论你在收集什么样的数据（信息流、设备设计、人的态度、棘手的长期问题，还是社会文化本身），也无论你需要从什么维度分析这些信息，一些对探索步骤的总体描述可能会对你有所帮助。不管是一个耗时 6 个月还是 6 分钟的项目，每当你要收集信息和形成画面时，你都可以选择采用这些步骤。

步骤 1：决定开始行动。你和客户一起决定启动探索的流程，通常这会涉及多位客户方管理者的下属参与，而这些管理者要能够对启动这项探索调研的益处做出明确说明。启动探索的动机应该是改善组织的运作，而不是仅仅为了开展研究。

步骤 2：选择探索策略。此时，你必须决定你是要关注问题还是关注可能性，即是要关注哪些方面无效，还是关注哪些方面有效。同时，你还需要决定是由你本人或一个第三方来开展探索，还是准备采用自我管理式的探索过程。第 13 章已经对自我管理式的全系统探索方式做了更详细的介绍。

步骤 3：确认表象问题。任何探索都始于顾问和管理者讨论他们对自己所在的组织存有什么样的顾虑。管理者对问题的首次描述就是表象的问题，它只是真正问题的一种表面症状。探索阶段的目的就是要在客户的这个初始问题陈述的基础上做进一步细化和深入的理解，确认客户的表象问题只是探索阶段的第一步。

注释：如果你的探索是以发现积极因素或实现新的可能性为导向的，那么你就需要关注三个问题——内部或外部环境中有什么在召唤一种新的可能性？什么问题如果得到回答就能引发转型或开始新的愿景？这个组织系统中有哪些尚未受到充分重视的优势？

步骤4：确定参与人员。确定哪些组织层级的人员参与探索过程：多样性越高，成果就越丰富。每个层级多少人参加？哪些部门的哪些人参加？是否邀请客户、供应商、支持人员或其他人参加？请记住，当我们向人们提出问题时，就会让他们产生"即将发生改变"的期望，并且他们会希望得到相关结果的反馈。

步骤5：选择探询维度。探索的成功与否取决于提出什么样的问题。顾问需要基于自己的专业领域和项目背景选出少量的问题。例如，财务人员会挑选有关财务信息和控制的问题，人力资源人员会提出有关薪酬、态度或文化方面的问题。

注释：如果采用的是聚焦于未来可能性的探索方式，问题就要围绕愿景是什么样的、有什么具体做法产生了好的效果，或哪些人克服困难取得了成功等。

无论采用聚焦于问题还是聚焦于未来可能性的探索策略，都要管理好探询维度和问题的数量——要控制在20个问题以内，探索数据过多会让人感觉应接不暇。

步骤6：选择探询方法。无论你采用哪种探索策略，信息收集的方法都要取决于你探询的范围和目的。同时要选择一种和可获得的时间、管理层的动力以及探询的意图都相契合的方法。

可用于探询的方法并不是很多，举例如下。

- 访谈：包括一对一访谈和团体访谈，可采用结构化或非结构化的访谈方式。
- 问卷调研：需要花费更多的时间做准备，适用于人数很多的情况，但往往难以对定量结果做出解释。
- 研究和资料分析：关注数字、结果、书面沟通。这种方法只需要使用顾问单方的时间，同时也能保证一定的客观性。
- 直接观察：参加关键活动和会议，观察发生的情况，查看设备等。这可能是你能获得的唯一的一手资料。如果你相信自己的感知能力，这将是一种最佳信息来源。
- 自身体验：要知道，你会和客户组织的人一样受到客户的管理，注意客户是如何对待你的，你在这个项目中有多少信息、多大的影响力、多少接触机会和多大的压力？这些都是关于客户管理风格的重要数据，并且都是有效的数据。
- 全系统/自我探索：让问题或可能性的相关方（包括那些必须实施方案建议的人）都参与进来，共同探讨该问题的各个维度。此时你的角色更多的是一位引导者而非访谈者。具体内容见第14章。

步骤7：实施数据收集。实施选定的方法，包括发放问卷、开展面谈、参加会议、研究报告、邀请人们汇聚到一起。不断收集信息，直到开始产生重复。当你开始感到厌烦时，你就会意识到信息开始重复了。但也请记住，探索的过程是为了让你交流的对象表达他们的想法，询问他们看到了什么。这本身就是一种促进他们参与的形式，因此你可能要学会乐于面对偶尔会出现信息重复的情况。

步骤 8：筛选所得信息。人们的所说、所指与你所观察、研究过的信息都需要被汇总和控制到可管理的范围内。分析的目的是能够集中精力，而不是要把整个世界都详尽地描绘出来。

步骤 9：总结探索发现。你需要找到一种格式来总结你的发现，要特别关注你所构建的故事能带来什么样的视觉影响，以及是否容易被客户理解。

步骤 10：构建数据的意义。这些数据信息意味着什么？什么非常重要？为什么？这个探索发现所指向的解决方案或不同的未来是什么？

步骤 11：管理反馈会议。向客户组织报告探索结果及其含义。谁应该参加反馈会议？参与调研过程的人员如何能得到结果反馈？确保在会议中为应对必然会出现的抵触预留足够的时间，并让会议日程的大部分时间用于讨论而非汇报。第 18 章将围绕如何管理反馈会议做更详细的介绍。

注释：即使在采用自我评估和全系统对话方式的情况下，也仍然需要对探索结果做出总结和意义提炼。和传统的第三方流程相比，差别只在于由谁来完成这项工作。

步骤 12：必要时提供方案选项或建议。有时建议在反馈会议之前就已经形成，将这些建议作为选项提供给客户，这会是一种更为有效的做法。同时，对要求调研的团体而言，行动选项要在他们的可控范围之内。在自我评估式的探索策略中，行动建议则来自参与探索的这个团体。

步骤 13：引导决策制定。探索流程应在行动决策被制定后才算完整，并且决策应由客户做出，而非由顾问做出。

步骤 14：实施行动计划。这是项目产生回报的阶段，因此，即使需要使用你自己的时间，也要对实施进展保持关注。通过探索过程，你已经对问题和可能性形成自己的感知，因此，你的信息将有助于解读实施过程中的各种变化。同时，你还可以提供促进人们参与实施的方法，这将能提升决策转变为有效变革的机会。

无论你在什么专业技术领域或采用什么探索策略，以上大多数步骤都适用于所有项目。截至现在，你已经知道你想收集哪些数据、如何获取这些数据，以及当你获得这些数据后该如何处理。本章其余内容将聚焦于一些你可能还不习惯的方面，即有关你在探索过程中与客户面对面接触的部分。

■ ■ ■

不必过于担心"偏见"

要发挥出顾问角色的影响力，你就不能只关注你的方法或专业领域。无论你的工作任务或指定范围是什么，你的工作几乎总会对组织的社会系统产生影响，也总会触及有关组织管理的核心问题。因此，很重要的一点是你要挑选出你认为合适的"问题如何被管理"的维度，并在探索中带入这个维度，而不要过多地担心你的选择正确与否。

当你选择探索维度时，你其实是对问题做出了预判，但也无须太焦虑会因此让数据产生偏差。如果你和客户约定了要了解他们是如何处理冲突的，或人们坦诚相待的程度，或他们是如何制订计划的，你往往已经可以预估到组织的问题所在，当你是一位内部顾问时尤其如此。

不要把你的想法看成一种偏见，而要将其视为一种洞察。你对问题的预判十分重要，它会为你提供线索，让你更有效地管理探索阶段的时间分配，相信这一点。当然，你确实应该在收集数据时保持聆听，以判断是否存在其他你尚未了解的重要因素，如果有，你就需要进一步去探询。这里的关键点在于，不要把你对于组织管理的看法当作一种偏见，而要把这种看法视为有用的信息。

评估文化和问题如何被管理

如果你希望在直接收集有关组织系统或问题如何被管理的信息方面培养技能，你会发现至少有十几个用于探索组织生活的维度。你的目标是要了解组织的文化和运作方式，由此你就能知道该组织将来会如何管理你的建议的实施了。通过关注这些方面，你可以建立起对组织的整体认知。此外，接受访谈的人员也会提到一些他们乐意主动谈及的方面，你可能会发现那些信息也很有意思。

你可以从以下方面选择你想要探索的维度。

1. 目标：相关团体或人员的目标是什么？你想要了解的是他们目标的清晰度和协同度如何。

2. 团体关系：需要在这个问题上相互合作的不同团体之间关系如何？哪些团体之间存在冲突？是否有团体或个人被排除在行动之外？为什么？

3. 支持：这个团体是如何表达支持的？在很多团体中，支持是以一种沉默的方式表达的："如果我喜欢你在做的事，我就会让你独自去做。"谁会得到支持？从谁那里？

4. 评估：人们是否知道他们现状如何？他们是如何知道的？如果你询问他们现状如何，通常你会得到什么样的回答？

5. 积极的历史：有哪些有关这个地方优秀之处的故事？有哪些优势和资产？人们引以为傲和想要保留的是什么？

6. 地位差异：哪些团体地位高，哪些团队地位低？地位差异是如何表达出来的？这对这个问题产生了什么样的影响？会如何影响人们对某个解决方案或可能性的态度？

7. 职权和影响力：在这个问题中，谁的权力大，谁的权力小？相关人员是如何应对权力差距的，是开放还是小心谨慎？人们对权威的态度如何，是公开抵抗，过度让步，勉强忍受，还是漠不关心？

8. 决策：这个团体是如何制定决策的？上司在其中扮演什么角色？人们如何让他们的意见在决策中得到考虑？

9. 个人行为常态：人们通常会如何采取主动、提出要求、表达不同意见、表现出激进、寻求帮助、通过提问表达想法、应对厌倦情绪、冒险提出疑问和不确定感、公开直面意见分歧？

10. 管理信息：组织是如何找到资源、监控进度、评估改善进展和发现问题的？

11. 领导力风格：正式和非正式领导者的风格是怎样的，对当前情境有何影响？

12. 冲突：冲突是如何被管理、直面、平息、妥协、强迫、忽视或压制的？

13. 主导：目前的情况是否受到了某个人或某些人的主导？他们带来的影响是什么？他们是努力解决问题的团体中的一分子，还是他们在组织中高高在上，以至于人们无法接触到他们？

14. 对这个项目和对你参与此事的态度：为了解人们对当前情况的态度，以及人们对你参与解决这个问题的态度，尝试提出以下问题。

"你对我参与进来帮助此事感受如何？"

"你觉得为什么组织需要像我这样的人提供帮助？你觉得需要我的帮助吗？"

"你认为我应该向大家提出什么样的问题，从而能了解这里的情况？"

"有哪些想法得到了人们的支持，但没有得到足够多的支持？"

15. 多样性：人们是怎样对待差异性的？跨地域、跨文化和跨种族的组合情况是怎样的？他们得到重视的程度如何？他们担任什么样的职务？人们是否有说"不"的余地？意外会被容忍吗？陌生人受到欢迎的程度如何？

16. 未来：如果人们在你的位置上会有何建议？大家有多希望在这个问题或可能性上取得真正的进展？大家认为有什么障碍会影响你的建议得到采纳？

当然，你并不会用到所有这些问题，但你可以在面对某个情境时对这些问题维度做一遍扫描，那些相关的问题就会凸显出来。并且，当你提出其中的两三个问题时，你也会同时收集到很多有关其他问题的数据。同时，你可以这样假设：客户组织目前如何管理现状，会和他们将来如何管理你所提出的建议一样。当你运用这些问题进行探索时，你就可以预知未来在实施建议的过程中会发生什么。因此，一些问题的答案应该成为你在反馈会议中呈现的清晰画面的一个部分。

再次强调，将这一类信息作为你分析的一部分非常关键，即使客户没有这样要求也是如此，这是你能够为客户做出的独特贡献之一。如果你想要为你的客户贡献独特的价值，你就要承担提供独特信息所带来的风险。大多数管理者很难得到有关组织运作方式的准确信息，因为与他们共事的人都在组织中有太多既得利益，因此管理者不相信这些人会做到客观公正。作为顾问，你在组织中的既得利益更少，因而你处在最适合处理敏感议题的位置上。

■ ■ ■

探索访谈

访谈是一种被所有专业领域普遍采用且价值不可低估的探索方法。虽然有关访谈方法的文献已经汗牛充栋，因为它的人际互动性和能给客户组织带来的影响度，我们仍会在这里专门对比展开讨论。访谈是顾问在客户组织中建立关系的地方。

访谈是共同学习的活动

如果你可以花时间和组织中不同领域的人员交流，这意味着你在开始总结你的探索数据之前就已经能对组织产生很大的影响力了。当你只是向人们提出问题时，你的这个举动就会激发人们重新思考他们当前在做的事情。同时，你提出的问题也会清晰表明你认为要解决当前问题就应当聚焦何处。因此，客户会通过你在访谈中的选择获得很多相关知识。此外，他们一般也很少会得到真正的聆听。

艰难的访谈

当你在访谈中遇到抵触时，你可以采用你在其他阶段面对抵触时采用的方法做出应对：识别信号，命名抵触，然后安静等待对方的回应。如果你在访谈过程中没有获得任何信息，你要尽可能真实坦诚地应对，直接告诉对方你没有得到你需要的信息。如果这个做法无济于事，你可以在一定的时间结束这次访谈。实际上你和对方都知道这个访谈毫无效果，与其你继续机械化地提出你的所有问题，不如适时地结束这次访谈，这反而能让你和对方建立起更加信任的关系。

■ ■ ■

分析的层次

每个人或组织面对的问题都有不同的层次，就像洋葱一样。每一个对问题或情境的表述都只是一个近似值，当你进入更深的层面时，你就可以更加接近问题的原因和可以采取行动的地方。

问题的初始表达（即表象问题）几乎总会让人有一种无能为力的感觉，这对客户和顾问双方都是如此。如果表象问题没有让人感到无能为力，那么这个问题可能早被解决了，因此你们也不会再需要讨论这个问题了。然而，认可表象问题只会让人陷入困境，当客户首次描述他们的优势或可能性时也是如此，表象之下有更多内容有待探索。在以下有关分析层次的讨论中，为保持简单，我们会继续使用"解决问题"的语言。

作为顾问，你的核心工作是和直线管理者（或团体或组织）合作，让表象之下的问题层次变得清晰。仅凭你所处的位置，你就已经拥有了一种能看清问题底层复杂性的独特优势。

当你和人们合作时，问题的各个层面通常会以下面这样的模式叠加在一起。

顶层：表象问题常常表现为人们用组织或业务术语表达的某种顾虑，比如"我们没有得到我们想要的产品""我的团队没有兑现承诺""这个系统不起作用""这个食品部门没有在某些市场产生销售"。

第二层：下一层是对方认为造成这个问题的他人因素是什么，比如"人们关心自己的职业发展多过关心整体利益""团队里一直是这两个人在掌控发言权""那些人不懂这个系统""外面的世界需要新的东西"。

第三层：这一层是对方认为导致当前局面的自身因素是什么，可能是因为这个人有意识采取的一些行动，或可能只是因为这个人没有太多关注到这个问题。人们在这个层面的表达非常重要，因为它会促使管理者或你的交流对象负起责任，让焦点更多向内聚拢，而不是向外部因素扩散。

为了获得各个层次的信息，你可以直截了当地提出这样的问题。
顶层
你遇到了什么样的技术/业务问题？
第二层
组织中的其他人或团体做了什么，因此导致或维持了当前这样的问题？

他们做的什么事情限制了这个可能性的实现？

第三层

你在维持这样的现状中扮演了什么角色？

你的哪些方式或管理这个问题的方法可能导致了这个问题的发生，或者阻碍了这个问题的解决？

你所做的什么可能会阻碍另一种未来的出现？

关于第三层的备注：你的交流对象可能会回答道，我完全不知道我哪里做得有问题，那是你要负责去找出来的。如果你得到这样的回应，不要完全相信，人们通常对问题中的自身因素有所了解，只是不大愿意说出来而已。

当有人对你说"我不知道我在维持这个问题上扮演了什么角色"时，你还可以向对方提出另一个问题："假设你知道你扮演了什么角色，那会是什么？"有时候这足以推动他们回答你的第三层问题。

如果人们真的认为自己不是问题的一部分，这本身就是很重要的信息。为什么他们没有把自己当成这件事情的参与者？他们的旁观者立场，或者更确切地说，受害者的立场，可能就是这个团队被管理的模式之一。将这一点纳入你对问题管理方式的理解。这种无能为力或局外人的感觉将会影响这个团队未来实施你的建议的能量。

任何问题的根本原因几乎总是和个人或团队对问题的责任感或主有感有关——人们在多大程度上是站在受害者的立场，还是站在拥有一定的行动权的立场。揭示问题的更深层因素，其实就是寻找可用于解决问题或创造新事物的尚未被使用的资源。

■ ■ ■

视自身体验为重要数据

最后要提出的一个探索阶段的重点是关于你自身的体验。客户管理你这位顾问的方式和他们管理其他人员与资源的方式一样。因此，如果你想了解客户的管理风格，你只需要观察你自己在和客户互动的过程中有什么样的体验就可以了。你是否感受到自己被控制，被倾听，被支持，被尊重，或鄙视？你与客户的决策是由你们双方共同做出的还是单方做出的？客户是对不同的选项保持开放还是始终坚持一个意见？

你对客户的观察和体验都是有效的数据，如果你能在项目早期密切关注自己是如何被客户管理的，你就会得到更多的指引，知道自己应该着手探索哪些方面，从而能确定这个技术 / 业务问题是如何被管理的。你可以参考表16-1 来计划探索访谈，参考表 16-2 来回顾探索访谈。

表 16-1　检查清单 5：计划探索访谈

以下计划指引涵盖数据收集阶段的工作，同时会帮助你应对数据收集过程中可能出现的客户抵触。

1. 你得到的回应会为你专业建议的最终实施提供很有价值的数据，留意客户是如何管理他与你的讨论的：

- 客户对这个项目有多大的兴趣和能量？
- 客户在哪些点上表现出不安或防卫？
- 客户在哪些点上表现出对学习和改变的开放度？
- 客户在哪些行动的难易程度估计上显得不切实际？

2. 你认为客户的表象问题或可能性是什么？此刻，基于你的专业知识，你认为这个问题的不同层面的分析会产生什么样的结果？

- 顶层：客户组织有可能在经历什么样的技术或业务问题？或者，客户组织有什么样的资产或可能性？
- 第二层：可能有哪些来自客户组织其他人的因素造成了这个问题？谁是带来影响的其他人？可能有哪些来自客户组织其他人的因素会对这些资产或可能性做出贡献？还可能有哪些其他贡献者？
- 第三层：客户自己做了什么导致了这个问题发生，或（无意识地）阻碍了这个问题的解决？客户自己做的什么会阻碍可能性的实现？

3. 组织中有哪些与这个项目相关的传闻、历史和文化？客户中有哪些所谓的恶魔和天使？把传闻当成事实将会阻碍问题的解决，因此要识别可能存在盲点的地方。

4. 你可以在会议中同时支持和直面客户。

- 此时你可以给客户提供什么样的支持？例如，提供可能的行动路线，给予个人的鼓励和保证，承认对方的难处，描述你所知道的类似情况，感谢客户对你坦诚相待。

- 你可能在会议中如何直面客户？你准备如何命名抵触？例如：你是否没有得到有效的数据？客户是否在过度回答问题和过度掌控讨论？客户是否跳过了关键讨论领域，或只用一个字来回答问题？会议是否不断受到干扰？客户谈话内容是否过于跳跃？客户是否相信这个项目，或者是否在弱化问题的严重性和可能带来的影响？客户是否表现出对顾问角色的负面态度？

5. 你需要注意什么样的非语言信息？关于客户对项目的承诺度或你在项目中的参与度，会议安排传递出了什么样的信息？

6. 你想要收集哪些有关组织运作的数据？

表 16-2　检查清单 6：回顾探索访谈

你的探索访谈记录会包含你探索的内容，以下问题用于回顾探索的过程，同时这些问题也可以用于回顾有关探索的概念。

1. 客户是如何管理这次讨论的？

客户掌控   顾问掌控

100%   100%

|——————————————————————————————————————|

客户对项目   客户对项目

没有能量   能量很高

|——————————————————————————————————————|

2. 技术性的问题或可能性是什么？

3. 他人因素是什么？

4. 客户自己做了什么导致了这个问题发生或阻碍了这个问题的解决？或者，客户自己做的什么会阻碍可能性的实现？

5. 你发现组织中有哪些有关这个项目的传闻、历史、恶魔和天使？有客户尚未看见的任何盲点吗？

6. 你是如何向客户表达你的支持的？

7. 你是如何做出直面客户的陈述的？

8. 你注意到了什么样的非语言信息？

第 17 章

为反馈做准备

每一位直线管理者都想知道如何解决问题或实现可能性，因此都会希望得到建议。但顾问应该尽量避免过于努力地想要制定出完美的建议，因为提出建议只是一场对话的开始，而不是结束。如果你已经向客户清晰地呈现了一幅画面，说明了问题或可能性存在的原因是什么，那么客户自己就会想到和你一样多的建议。客户之所以需要我们的建议，往往是因为他们对自己所面临的情况还缺乏充分的了解。

■ ■ ■

清晰的画面可能就已足够

顾问的首要任务是要呈现给客户一幅新鲜视角的探索结果画面，这在你应该做出的贡献中会占到高达 70% 的比例，请相信这一点。

面对你的探索结果，你要做的就是将你的注意力集中在你的专业知识告诉你最有可能是问题原因（或可能性来源）的地方。无论你面对什么样的任务，将注意力聚焦于何处是在你自己掌控之内的事情。相信你自己，聚焦于你认为最重要的地方，这可能是你能提供给客户的最大价值。要把聚焦于哪些探索维度的选择看作一件十分重要的事情，并且是你可以影响的事情。

■ ■ ■

压缩数据

通常，你在探索中收集的数据都会多于你真正会用到的数据，因此，任何咨询项目或持续关系中的一个很大的焦虑点就在于要分享哪些数据。当你已经完成探索，也就是当你已经提出所有的问题并收集到所有你要的信息后，你就要开始解读这些信息了。

你可能已经设计了一个很合乎理性和逻辑的流程来对信息进行整理分类，但要在其中选出重要信息则主要依靠你的判断，这也正是客户向你支付报酬的原因。要相信你的直觉，不要把它当成一种偏见。如果你是一位内部顾问，你往往对组织、人员和他们的运营方式都已经比较熟悉，要利用好这些信息。

保持简单

当我要从一大堆数据中艰难地选出最重要的信息时，有时我会通读一遍所有的记录、报告和会议总结，然后把它们放到一边。接着，我会在一张白纸上列出我认为在我所知信息中最为重要的信息，通常是 4 ~ 5 项。我会用这个清单来指引自己决定在反馈报告中包含哪些内容，以及如何组织这些内容。

我相信我能记住的就是真正重要的。既然每个人能记住的信息非常有限，那些对我而言脱颖而出的信息也就会是我想要特别呈现给客户的信息。将背景信息包含在附录中，不要将你的所有发现都堆砌到反馈报告中，那会让画面显得杂乱无章。关键在于要催化行动，而非提供面面俱到的信息。

当你选择向客户重点突出哪些信息时，指导原则是优先考虑符合以下条件的内容：

1. 客户对相关改变拥有掌控权；

2. 对组织显然非常重要；

3. 在客户组织内部有一定的行动承诺；

4. 是组织明显具备的一个优势，或是在目前已经有效或已在讨论中的某个因素基础之上的扩展；

5. 是一种看待现状的独特方式。

■ ■ ■
一些"要"和"不要"

当你即将呈现你探索结果的画面和建议时，你就要开始对说什么和怎么说做出决定，以下是一些建议。

不要成为同谋

顾问通常容易在两件事情上与客户成为同谋，因而削弱了自己的力量。第一，顾问将问题原因归咎于客户自身之外的因素，因此导致解决方案也在客户的可控范围之外。我们会指责高层管理者，抱怨整体经济环境，抱怨市场情况，以及指责组织内部的其他团体。所有这些解释都会带来一个好处，那就是可以减轻客户因为要承担自身责任而直接面对的痛苦，由此要付出的代价则是对改善现状的无力感。不要成为帮助客户逃避自身责任的同谋，你可以承认其他人在问题中扮演的角色，同时你要让对话聚焦在客户自身的角色上。

我们与客户成为同谋的第二件事情是淡化艰难关系对问题的影响。客户可能与下属或上司关系不好，但客户却几乎没有将这一点作为问题提出来。如果你了解到了这方面的挑战，就应该在报告中包含这一点。假如书面报告会被广泛传阅，你也可以只在口头上提出这一点。总之，不是要对这个问题避而不谈，而是要客观地指出它，既不作判断，也不偏袒任何一方。帮助管理者直面艰难关系所带来的影响，这可能是你能做出的最重要的贡献之一。

不要投射

投射就是将你自己的感受放置于另一个人身上。如果你对探索中的某些发现感到焦虑，你可能会认为客户也会对此感到焦虑。如果你不希望别人对你说你的团队觉得你过于专制，你可能就会认为客户也同样不想听到这样的反馈。然而，客户有权利收到你所收集的所有信息，因此你应该让客户得到这些信息。

当你提供反馈时，时刻觉察你自己的感受，但同时也要不断试探管理者的接受限度。如果你的反馈引发了轻微的骚动，不要退缩，你和客户都会挺过来。你要做的就是直接说出你的反馈，然后询问客户对此有何感受。当然，你使用的语言非常重要，我们会稍晚谈到这一点。

要给予支持

客户（以及顾问）需要支持。如果你的一些发现可以证实客户某些做法的合理性，就把这些反馈包含在你的报告中。如果客户对于这个问题或可能性的看法也是你所认同的，那就告诉客户。客户有权知道他们的哪些做法是有效的。

我曾有一位客户，他觉得组织中的每个人都在逃避某个检测程序失效的责任，这导致一些劣质原材料被运送给了他们的客户。客户在不知情的情况下将这些原材料制成了成品，因而收到了严重的终端客户投诉，最后客户不得不召回这些产品。

这变成了折返到我的客户门前的一场巨大的危机。在此之前，他其实已经一直在呼吁大家关注检测问题，但没有产生任何效果。而当我们访谈组织中的其他人员时，我们也发现显然没有人觉得自己对这个问题的解决负有责任，大家都认为应该由某个特定的研究小组来解决这个问题。当我们向客户报告这一点时，他松了一口气，因为我们和他对问题的看法一致而感到了安心。之前他已经开始在想会不会是他自己疯了，而其他所有人都知道自己在做什么。

这是一次证实客户正确的有价值的经历。如果你有证实的数据，就包含在你的报告中。尽管很多客户都会说他们只想听到问题，但不要相信这句话。当客户说他们不想听到那些他们告诉你已经在产生效果的做法时，也不要相信。即使客户没有主动提出要求，也要给予客户支持。

要直面问题

你的数据也会显示出有待改进之处，你可以识别客户的哪些做法适得其反，以及客户在哪些地方容易出现问题。将这些方面包含在你的报告中，即使这是一件令人痛苦的事，你也不能回避。其中最难汇报的数据可能是关于客户个人风格的问题，你只要采用尽可能友善和支持的方式与客户分享这些信息。如果你对那些容易引发冲突的信息退避三舍，那么客户为何还需要你这位顾问呢？客户自己早已知道如何回避冲突，而你的角色就是要帮助客户迎头而上，直面那些一直被客户回避的艰难现实。这就是为何要在项目早期的订约阶段和客户建立紧密关系的重要性所在：它会让后面过程中的艰难对话富有成效。

■　■　■

反馈的语言

当你向客户反馈你从探索中获取的画面时（无论采用书面形式还是口头形式），一项最有用的指导原则就是采用坚定的行为。关于个人行为和个人有效性的框架有很多，我认为以下这个框架既简单又实用。

坚定

人人拥有权利，客户和顾问同样如此。坚定（Assertive) 的行为，就是直接表达你的需要和你看待事情的观点，同时不去贬低或侵犯他人的权利。坚定的反馈就是向客户陈述你是如何看待某个问题或可能性的，同时不去暗示客户的管理很糟糕，或客户没能看出那些显而易见的问题。

激进

激进（Aggressive）的行为同样是指直接说出自己的需要和观点，却是以一种贬低或否定他人的方式。激进的反馈所描述的情景是在反馈时暗含了客户管理者能力不足、冷酷无情、漠不关心或是需要得到"修理"的批评。如果要测试某段话是否激进，你可以看看能否在最后添加"你这个笨蛋"这句话。如果你发现这句话放在整段话的最后显得适得其所，那么这段话就是一种激进的表达。

不坚定

不坚定（Non-assertive）的行为是指你压抑自己的感受和观点，完全不把它们表达出来。不坚定的反馈所描述的是你以保护管理者或保护你自己为名，不向客户呈现这样一些信息——相关情况是如何被管理的，或管理者的管理风格是如何影响到某个问题或可能性的。当你忽视相关的政治因素或回避某些敏感议题时，也会出现不坚定的行为。

目标：坚定和真实坦诚

真实坦诚的行为和坚定的行为紧密相连，要用真实坦诚和坚定的行为方式与客户相处。激进的行为会引发不必要的抵触，不坚定的行为则会对你自己和客户双方造成损害。

当你准备反馈措辞时，你的目标是要描述你所发现的情况，而不是对其进行评价。你的任务是向客户呈现一幅清晰简洁的画面，反馈的评价性越强，引发的抵触就会越大。在这里，你可以做出的选择是尽可能采用描述性的方式表达你的反馈。例如，当你说每次团队坐下来讨论事情时，这位上司的发言大约会占据总体发言的 80%，这种说法就是描述性的。但如果你换一种方式，说这位上司主宰了整个团队的意见，会议都毫无成效，这种说法就是评价性的。弱、强、不胜任、优柔寡断、专制、控制性强等都属于评价性的词语，要避免使用这样的词语。

反馈中还要避免使用模糊的模式化措辞。你越能具体明确地说出组织中发生的事情，你的信息就会越有用。而类似"我们在决策方面存在问题"这样的表达就会显得过于模糊，以至于人们无法真正确定你要呈现的到底是什么样的问题。

此外，还要避免过于冗长的解释和辩护。对于大多数有关方法和方案建议的问题，你都可以用一段或更短的话来做出回答。如果客户继续提出同样的问题，你可以做出两次善意的回应，然后就要承认自己遇到了抵触。在这种情况下，你可以通过命名和等待回应的方式应对抵触。要抵制再次做出解释的诱惑。

你呈现的画面是要表达事情"是什么样的"，而不是表达事情"应该是什么样的"。讨论事情"应该是什么样"是在进行说教，这会让你听起来好像是一位法官或先知。唯一要讨论"应该是什么样"的时候是当你和客户约定要对未来进行预测或进行方案规划的时候，否则，你就要对造成当前问题或揭示未来可能性的因素做出中性和描述性的陈述。表 17-1 中是对反馈语言的总结。

表 17-1　反馈语言的总结	
使用这样的语言	避免这样的语言
描述性的	评判性的
聚焦的	笼统的
具体明确的	模式化的
简短的	冗长的
简单的	复杂的

■　■　■

反馈……如法庭剧

如果你能把一个咨询项目看作一个寻求最佳决策的过程，那么你就可以把顾问和客户看作在扮演法庭上常见的不同角色。其中大部分角色其实是顾问不应该扮演的反面角色，我很抱歉这么说，但你的确会发现这些角色常常在办公室、会议室和生产区域等各个地方上演，因此我觉得有必要把它们提出来。尽管我承认其中有些角色的确有一定的吸引力，但是只有最后一种角色才会真正有利于顾问的工作。

法官式的顾问

作为法官，你的职责是对法律做出解释，或对公司政策做出解释，或告诉客户他们越界了。当客户犯错时，法官顾问要决定如何通过下一次绩效评估惩罚这位管理者。同时，因为法官坐在比我们其他人都要高的位置上，因此人们通常会对他们心生畏惧，敬而远之。唯独真的会在法官面前感到自在的人只能是其他的法官（有时也被称为高层管理者），或者是那些参与管理者绩效评估的内部人员。

陪审团式的顾问

陪审团决定有罪或无罪。陪审团式的顾问会认为自己的职责就是要对客户的对错做出最终裁定，而这是一种冷漠和非常家长式的姿态。

原告式的顾问

原告的作用是向陪审团提供证据。一些顾问向客户提供反馈的方式就好像是在为定罪提供证据。他们准备了无可辩驳的信息和数据，并以一种万无一失、严丝合缝的方式呈现这些证据。这种方式实际上会造成客户对顾问的疏远，并且还会传递这样一种信息——成功其实掌握在顾问单方手中，无须依赖顾问和客户的相互合作。

被告式的顾问

有时，我们在参加反馈会议时会觉得自己好像是即将受到审判的一方。我们准备好了所有以备不时之需的资料，预演了三次，还准备了一份备用PPT以防万一。一旦客户提出疑问，我们就会再三解释，并承诺我们还会去收集更多的数据，虽然我们知道这只会浪费时间。

顾问并非被告。如果客户把你当成被告对待，那只是客户的一种抵触，只能说明客户自己对这个项目心存焦虑。

目击者式的顾问

这才是顾问更应该扮演的角色。目击者和审判结果没有直接的利益关系，他们只是负责提供准确的信息。目击者要做的就是清晰和具体明确地描述他们所看到的画面。呈现探索的结果也只需要你这样做，因此，你只要把自己看作一位公正的目击者即可。

在组织中，如果内部顾问只需要扮演一位公正的目击者，而无须负责守护公司的利益，这其实是一种极大的奢望。很多内部顾问都不得不担任组织内部的业余警察或法官的角色，这样的角色会对我们和客户建立我们想要的信任关系带来极大的影响，但我们却很难摆脱这样的角色捆绑。你能采取的一种最好的处理方式就是让客户清楚地知道——什么时候你需要"穿上制服"，什么时候你只是一位友好而朴实的顾问。然而，如果你作为一名内部顾问能够对是否担任"警察"角色做出选择，你一定要三思而后行。

第 18 章

促进行动的反馈会议

任何时候，当你向客户呈现有关现状的清晰画面并向客户提出你的建议时，你会希望由此能触发客户的行动。这里的行动可以包括做出某个决定、进一步探索，或开展某些学习。这是咨询中的关键时刻，会让客户和顾问双方都感到高度紧张，同时这也是令人兴奋和充满乐趣的时刻。除了客户在项目之初说"是"的那个时刻，这是咨询过程中最让我享受的一个部分。

反馈和行动决策会议之所以令人兴奋，是因为它预示着一些动作即将发生，它带来一种希望——客户和我在这个过程中所投入的精力将得到回报，而这就是反馈会议的主要目的——获得行动的承诺。由此，项目将迈入一个新的阶段。即使反馈会议中的大部分时间会花在对问题或机会的理解上，会议的核心仍然是有关要采取什么行动的讨论。因此，要把会议当作获得承诺的机会，而不仅仅是呈现数据的机会。从这个意义上讲，反馈会议不是一个结束，而是实施阶段的开始，在这个阶段，问题将会得到解决，现状将会得到改变。本章的内容重点就是如何构建和管理反馈会议，从而能让一些行动开始发生。

要完美地管理这个会议，你需要处理好这个阶段的以下关键工作。

1. 保持画面聚焦。保持简单和直截了当，使用准确、具体和不带有惩罚性的日常用语。

2. 呈现有关个人和组织的数据。在你的总结中包含有关人员和当前情况如何被管理的数据信息。

3. 这是你的会议。主导和建构会议的过程，促使会议朝着解决问题或实现可能性的行动方向前进。

4. 专注于会议中的此时此地。为了发挥最大杠杆影响力和让你的专业技能得到应用，你需要时刻关注会议进程，并在出现抵触或发生变动时直接进行处理。如果你不在会议中及时应对抵触，你就可能不会再有第二次机会。同时，如果你没有及时肯定一些改变的发生，它就可能在顷刻间消失。

5. 不要认为客户在针对你个人。在这里要专门提醒这一点，因为这个咨询阶段是你最容易遭遇客户抵制的地方。请记住这条准则：晚上 6 点后，也许你可以把发生的一切都当成是在针对你个人，但如果是在工作时间，无论有多少支枪对着你，你都应该将注意力聚焦于客户内心的挣扎，因为他们无法直面你们正在讨论的某个现实问题。

在这个阶段做到完美咨询的另一半重点就是真实坦诚，即向客户说出你在会议进行过程中所产生的体验。

■ ■ ■

如何呈现画面

我们向客户呈现数据信息时最常犯的错误是我们的反馈过于冗长和复杂。当我们已经为数据分析投入了大量的时间，我们就会爱上所有那些事实与数据。我们会发现一些有趣的不一致的现象，让我们觉得难以解释；我们会注意到历史趋势和比较；我们还会发现各种形状、高度、纹理的曲线和图表，每一样都值得拿出来讨论一小时。你当然可以爱上你的数据，但不要事无巨细地将这些数据告诉每一个人，要让你的演示保持简短和简单。你的演示越是冗长和复杂，你就越容易面临无穷无尽的方法论问题和如何解读数据的问题。

当我们计划演示内容的结构时，可以将数据信息归为以下 4 类：

- 对技术 / 业务问题的分析；
- 总结有哪些做法有效，有哪些可能性；
- 对相关情况如何被管理的分析；
- 选项和建议。

在决定如何呈现你的数据信息时，请记住：

- 探索的目的是将注意力集中在数量可控的几个方面，大多数反馈只会加重组织的负担，因此要把反馈的数量限制在 10 条以内，甚至更少；
- 你想得到的是行动，你并不是在做研究，即便有时候这件事被称作研究；
- 如果你使用 PPT 呈现你的数据，不要只是读出这些内容，而要谈一谈这些数据可以将我们带向何处、有哪些意义，同时你也要让参会的其他人自己去看一看这些内容。

你呈现的报告不必包含所有问题的答案，也不必面面俱到。有效的做法是设计一种让管理者或团体参与数据分析的方式，因为无论对一个团体还是个体来说，最终结果都取决于他们能否为自己的发展路径负起责任。

■ ■ ■

构建会议流程

每一次反馈会议的目的是听到客户（可能还有他们的团队）对数据和建议的反应，要让你的研究能引发某些重要事项的发生。以下是对反馈会议的一种思考方式。

首先，控制会议的流程。你处在做这件事情的最佳位置上，客户则会忙于对数据做出回应，因此他们在会议过程中处于比较有依赖性的位置。同时，你对会议流程的控制将能起到示范作用，让客户获得如何管理类似会议的学习。

会议的议程应遵循如图18-1所示的顺序，请记住这些步骤，虽然实际发生时这些步骤可能会有所改变。

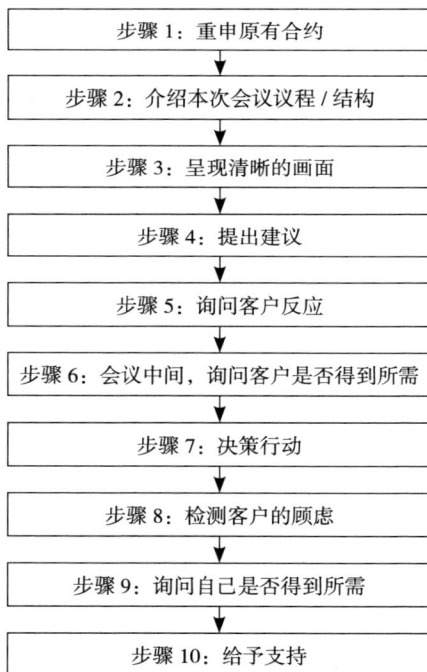

步骤1：重申原有合约
步骤2：介绍本次会议议程/结构
步骤3：呈现清晰的画面
步骤4：提出建议
步骤5：询问客户反应
步骤6：会议中间，询问客户是否得到所需
步骤7：决策行动
步骤8：检测客户的顾虑
步骤9：询问自己是否得到所需
步骤10：给予支持

图18-1　促进行动的反馈会议步骤

促进行动的反馈会议步骤指引

以下是对各个步骤的具体介绍。每一个步骤下方表格（见表 18-1 ~ 表 18-6）的右栏建议了该步骤的时间分配，即该步骤在一次 60 分钟会议中的开始和结束时间。同时，表格中还列出了每一个或一组步骤在整个会议中应占用时间的百分比。这样，在你计划了一次时长 4 小时会议的情况下，你就会知道要在会议 2 小时后向客户提出会议进展如何的问题了（步骤 6）。

步骤 1 和步骤 2：重申原有合约，介绍本次会议议程／结构

表 18-1　步骤 1 和步骤 2 的时间分配表

步骤	占整体会议时间的百分比	在一场 60 分钟会议中的时间安排
1. 重申原有合约 2. 介绍本次会议议程／结构	5%	开始：会议开始 结束：第 3 分钟

重申原有合约时，陈述客户最初想要从你这里得到的是什么，以及你承诺提供的是什么。例如，"你要求我们对布罗根工厂的反应炉故障原因做出调研，我们同意了进行调研并提供建议方案，我们的调研范围不包括支持反应炉的辅助设备。"这句话重申了表象问题，并提醒客户双方合约的核心内容是什么。有些顾问还会在这里回顾一下项目历史，我不会这么做，我只会给步骤 1 和步骤 2 留出 5% 的会议时间。

重申原有合约后，介绍本次会议的目的，以及你希望如何安排这次会议的结构。请记得你是这次会议流程的主导者，你并不需要正式宣布你是会议的掌控者，你只要以这种方式行事即可。你可以采用的一种方式是在会议之初就向客户明确提出："我希望本次会议采用的结构是这样的，我会先介绍探索过程中发现的数据信息，然后我们把大部分时间用在基于这些数据分析

的行动讨论上。"

步骤 3 和步骤 4：呈现清晰画面，提出建议

表 18-2　步骤 3 和步骤 4 的时间分配表

步骤	占整体会议时间的百分比	在一场 60 分钟会议中的时间安排
3. 呈现清晰的画面 4. 提出建议	15%	开始：第 4 分钟 结束：第 12 分钟

　　这两个步骤是相互交织的，有些人喜欢先列出标题，然后每介绍一个反馈点就提出相应的建议，另一些人则喜欢先提供所有的反馈，然后进入建议的环节。如果将会议结构设计成让客户对数据分析和建议分别做出回应，这会很有帮助，因为你会希望你的建议方案免于被客户第一时间的反应否定。如果客户方的管理者难以接受你的反馈，不断地向你提出问题，你宁可让你的数据分析成为客户抵触的炮火，也不要牺牲你准备提供给客户的行动选项和建议。

　　如果客户急于听到你的建议，从而想跳过数据分析的步骤，那么你要放慢流程。你可以告诉客户，稍后你就会进入建议的环节，但你首先需要听到客户针对你的现状评估所做出的回应。每个组织对于会议这个部分的结构安排会有不同的标准，有些非常正式，有些则不那么正式。

　　我通常会避免采用过于正式化的会议结构。正式的汇报（尤其在使用 PPT 的情况下）会加大客户与信息之间的距离。当你看 PPT 投影时，屏幕会离你很远，并且内容看起来好像已经固定下来，因此这种方式其实会和反馈会议的初衷背道而驰。我知道这个说法对于喜欢使用 PPT 的人而言可能是一种打击，但我只是想强调不要通过 PPT（PowerPoint）将权力（Power）或观点（Point）紧抓在自己的手中。试图在反馈会议中呈现一套完美的数据信息是一种错误的做法。

请记得，你要在会议时间过去 20% 时完成数据分析和建议的部分，在一场 1 小时的会议中就是指第 12 分钟。除去你介绍会议议程已经花去的 3 分钟，这里就只剩下 9 分钟的时间了。这样的时间限制会促使你快速阐明要点和提出行动建议。

步骤 5：询问客户反应

表 18-3　步骤 5 的时间分配表

步骤	占整体会议时间的百分比	在一场 60 分钟会议中的时间安排
5. 询问客户反应	30%	开始：第 13 分钟 结束：第 30 分钟

这是反馈会议的核心部分，客户的反应将决定你离开客户组织后还存在多少承诺，以及你的专业知识能否为客户所用。如果客户没有在反馈会议中说出他们对数据或方法的疑虑，那些疑虑就会在后面出现，并且会在你非常不希望出现疑虑的时候——决策时刻或在你离开客户组织后出现。

有时你需要通过提出直接和具体的问题获得客户的回应。通常情况下，客户会在没有任何提示的情况下就做出回应。然而，如果你得到的是沉默或非常安静的反应，你就要问客户："你对我汇报的信息有什么样的回应？"或"你对这些数据或分析有什么顾虑吗？"可能你已经知道某些部分的数据会触及非常敏感的议题，那么你可以直接问客户："我们的报告中有一个部分谈到了你是如何管理这个问题的，以及你的上司在这个问题中扮演的角色，你对我们这样的总结怎么看？"这里的目标是朝向这个情境中的张力移动，并引导客户将任何尚未表达的顾虑表达出来。

一定程度的张力在任何会议中都是有益的。如果没有张力，那么相关的问题和建议就可能并不是大家真正关心的，也就意味着不会存在任何实施的能量。然而，如果张力过大，客户和顾问又会过于分心，以至于无法承担责任和制定任何切实有效的行动步骤。因此，你需要的是适度的张力。

你有 30% 的会议时间用于寻求客户的回应，你希望客户在这段时间里充分表达他或她的感受，因此，当你听到他们的反应时不要有任何防卫。客户的反应并不是在针对你个人，他们只是无法直面你所呈现的数据和他们必须采取相应行动的痛苦。

如果你发现自己正在防卫，那么你就处于危险之中了，因为你也被某些影响客户的焦虑情绪抓住了，要及时觉察你自己的防御反应。

同样重要的一点是，你要相信自己对情况的评估和你所提出的建议，它们都是基于一些很好的理由而被你提出来的。因此，当你遇到抵触时不要轻易退缩，要相信你提出的建议，虽然你不应该进行防卫，但也不要过于轻易地放弃自己的立场。

步骤 6：会议中间，询问客户是否得到所需

表 18-4　步骤 6 的时间分配表

步骤	占整体会议时间的百分比	在一场 60 分钟会议中的时间安排
6. 会议中间，询问客户是否得到所需	10%	开始：第 31 分钟 结束：第 36 分钟

你可以做的一件很有力量的事情是在会议中途就询问客户是否从会议中得到了他们想要的东西。这是一个保险性的问题。我过去常常会在会议只剩下 5～10 分钟的时候询问管理者对会议的看法，这已经为时晚矣。曾有好几次，管理者其实对会议有些失望，但我已经没有时间补救了。也许管理者希望得到更为具体的建议，或者心存顾虑却没有表达出来，而你却已经没有时间对这些方面做出回应了。如果会议还剩下一半时间，你就很可能想出如何满足管理者所需的办法，或是帮助管理者充分表达内心的疑虑，从而你们能跨越这些障碍或调整对话的方向。

尽管我们在培训其他顾问时再三强调这个步骤，但他们仍然很少会在会议中途寻求客户的反馈。顾问和客户都过于沉浸在事情之中，时间不知不觉就过去了。同时，顾问也往往不太愿意向客户提出会议进展如何的问题，因为害怕自己无法应对客户的失望情绪。然而，在会议中至少做过补救的尝试，要好过在会议结束之后才发现存在什么问题。（本章后面的内容会介绍如何应对会议进展不顺利的情况。）

步骤 7：决策行动

表 18-5　步骤 7 的时间分配表

步骤	占整体会议时间的百分比	在一场 60 分钟会议中的时间安排
7. 决策行动	30%	开始：第 37 分钟 结束：第 54 分钟

反馈会议的目的是促进客户产生采取某种行动的承诺。要尽早在会议中提出下一步做什么的问题，这样你就可以参与行动的决策了。

如果你等到会议快结束时才提出这个问题，有关如何推进的实质性讨论就有可能在你被排除在外的时间和地点进行。如果客户是在你不在场的情况下做出行动决策，那么他们针对你所发现的艰难现实做出决策的概率就会有所降低，当你的探索聚焦在问题如何被管理和客户的管理风格上时尤其如此。客户很难看到他们自身在引发和维系问题中扮演的角色，而如果你出席决策会议，就能让他们更有可能认识到问题中的自身因素。

当你参加行动决策的会议时，需要聚焦于以下几项关键工作。

1. 让讨论聚焦在客户可控范围内的事情上。

2. 坚持提出你认为对解决当前和长期问题（或实现可能性）至关重要的要素分析或建议。这些至关重要的部分往往是整个情况中更为敏感的部分，例如，某些艰难的关系，绩效低下的员工，或一些政治因素的考虑。作为一位顾问，你可以不受既得利益的捆绑而去关注这些敏感议题，并通过这样做有效地服务于客户。

3．通过引发每个人说出自己的观点而保持讨论的平衡性。通常你已经清楚地知道组织中的不同人员是如何看待某个问题的，你要做的是帮助那些更少说话的人将他们的想法表达出来。你可以直接请他们发言。

4．支持参会者主动表达观点和做出最终选择的权利。每个人都需要有机会说"不"，尽管表达异议只是对话的开始。

有时，客户可能会想将顾问排除在决策讨论之外，我总会主动要求参加讨论，这也是你在最初与客户订约时就应该提出的一点。客户想将你排除在决策讨论之外的原因往往是客户想保持自己的掌控感，而这其实是抵触的一种形式。

步骤 8 ~ 10：检测客户的顾虑，询问自己是否得到所需，给予支持

表 18-6　步骤 8 ~ 10 的时间分配表

步骤	占整体会议时间的百分比	在一场 60 分钟会议中的时间安排
8. 检测客户的顾虑 9. 询问自己是否得到所需 10. 给予支持	10%	开始：第 55 分钟 结束：第 60 分钟

结束反馈会议和结束订约会议类似，你同样希望确保会议上做出的决策会被客户付诸实施。同时，你也可以将反馈会议看作你未来可能与客户订立的下一个合约的入口。结束反馈会议的方式要尽量直接和完整。步骤如下。

● 问客户："你对我们实施这些行动计划的掌控感如何？"如果客户感到

不安，那么你可能会要和客户讨论有哪些办法可以管理这些引发不安的事项。

- 问客户："我们讨论的解决方案确实对你有意义吗？"如果客户的承诺看起来很模糊，你就要在会议上进一步探询，或在之后的某个时间专门进行讨论。

- 问你自己是否得到了你需要的东西。你可能会希望自己能在项目中继续有某种程度的参与，或者希望未来能得到有关你的咨询效果的反馈。你可能希望现在就能得到客户关于你在项目中是否有帮助作用以及如何能更加有效的反馈，你也可能希望客户能以非正式的方式让你的上司知道你的出色表现。你还可能想和客户订立一个新的合约，无论是让你参与实施这个项目，还是开始一个不同的项目。总之，如果你对客户有所需要，就要考虑现在就向客户提出来。

- 最后，给予支持。实施阶段将是重任落在客户肩上的时候，为客户负起这个责任而给予他们支持，同时告诉客户，他们在本次反馈会议中在哪些方面做得很好。这就是完成会议流程的最后一步。

■　■　■

步骤回顾

表 18-7 为如何主持反馈和行动决策会议提供了步骤总结。

遵循这样的会议结构将确保你能完成反馈阶段的关键工作，这代表你做到了完美咨询的一半。另一半是在会议的每一步都保持真实坦诚，而做到这一点的最大挑战来自应对会议中必然出现的抵触。以下是有关如何克服这些障碍的提醒。

表 18-7　总结：促进行动的反馈会议

步骤	占整体会议时间的百分比	开始	结束
1. 重申原有合约 2. 介绍本次会议议程 / 结构	5%	会议开始	第 3 分钟
3. 呈现清晰的画面 4. 提出建议	15%	第 4 分钟	第 12 分钟
5. 询问客户反应	30%	第 13 分钟	第 30 分钟
6. 会议中间，询问客户是否得到所需	10%	第 31 分钟	第 36 分钟
7. 决策行动	30%	第 37 分钟	第 54 分钟
8. 检测客户的顾虑 9. 询问自己是否得到所需 10. 给予支持	10%	第 55 分钟	第 60 分钟

■　■　■

会议中的抵触

每一次会议都是客户探索和学习过程中的一个部分。主持任何会议的一项关键技巧是专注于会议中的"此时此地"，这一点甚至比会议中讨论的内容更加重要。探索阶段发现的有关客户组织运作的很多功能失调问题会在这次会议中体现出来，意识到这一点将会有助于你避免陷入卡壳的困境，这种困境有很多种表现形式：

- 你不得不在那些本该从数据中获得学习的人面前竭力为你的数据辩护；
- 发现你在为你并不真正属于其中的组织或团体应该采取哪些后续行动而殚精竭虑；
- 你被指望提供所有的答案；

- 你要在不到三分钟的时间里为高度复杂的问题提出解决方案，而你其实本可以只提供选项，而不对某个特定的行动持有强烈的立场。

摆脱大多数卡壳困境的办法是用语言表达出正在发生的事情："我发现自己在不断地为这些数据进行辩护""我听到自己一直在提出你们组织应该采取哪些下一步行动的意见，但我甚至都不会继续在这里出现"，或者"我提到过我们这里有一个习惯是人们经常会用沉默来表示支持，这就是现在正在发生的事情吗？"然后保持安静，等待客户回应。

你在提出下一步行动建议时遇到的抵触是很有价值的，因为这意味着你正在切中要害。你不应该把它视为客户在拒绝你，或客户对你的建议缺乏兴趣。相反，这恰恰意味着你正在处理一件对客户而言十分重要的事情。因此，遇到这样的抵触时你要迎面而上，而不是退避三舍。

请记住，你在任何会议上得到的反应都会体现出组织在解决其他议题和管理其他事务时出现的问题。组织对于棘手问题的反应方式可能是退缩到一些细节讨论中，推迟行动决策，或否认问题的存在。无论是什么样的反应，你都可以将其解释为组织处理决策问题的典型方式。这里很重要的做法就是要明确指出这种反应模式，并在客户看到自己的反应模式时给予他们支持。

同时，和所有其他咨询阶段一样，你在讨论实施或行动计划时要相信你自己的感觉。如果你对某事感到不安，例如困惑、沮丧或觉得自己没有得到聆听，或者感到兴奋、有信心和很想支持对方，那么你就要用语言表达你的感受，这些感受也应该在你给客户提供模型和方法论的同时表达给客户。

我想在这里再次阐明——每一次会议都包含一个感性的维度，即参会者对互动本身的感受。在你这位顾问（提出建议或选项的人）和客户（听取有关他们自身情况分析的人）之间有一个"过程"正在进行，例如，你感到双方在重复一些讨论，你不确定下一步该往哪走，此时可以采用两种方法做出应对。第一种是尝试用更加确定和更加清晰的方式发言，第二种则只是对客户说："你知道，当我们在这里讨论时，我感到有些困惑，不确定下一步该往哪儿走。"如果你在讨论过程中仅仅只是表达自己的感受或不带有判断的观察，那么你就会更有可能触及有关责任、承诺和对问题的承认等核心议题。

表 18-8　检查清单 7：计划反馈与行动决策会议

以下是可以帮助你为反馈与行动决策会议做好准备的更多指引。

1. 你想从这次会议得到什么？获得理解？达成共识？明确行动？进一步的工作？

2. 安排会议的结构，以确保你和客户讨论的时间至少和呈现探索结果的时间一样多。

3. 回顾你呈现"画面"所用的措辞，确保它们不带有评判性，而是尽可能采用描述的方式。

4. 思考你可能会在会议的哪个环节遭到客户的抵触。你可以提出什么样的问题，从而能促使客户直接表达内心的顾虑？

5. 想一想哪位对项目结果有重要影响力的客户可能会缺席本次会议？

6. 你如何向客户寻求有关本次咨询项目进展情况的反馈？

■　■　■

当客户内部意见不一时

当你在向客户组织的一群成员汇报你的探索发现和行动选项建议时，你的工作就增加了一个新的维度。假如这个团体在过去没有经常在一起工作，或者相互的合作关系很差，那么他们就很可能会把他们之间难以合作的问题扔给你这位顾问，从而就会因为他们之间无法相互直面而让你成为会议中的众矢之的。在这种情况下，顾问需要掌握的一项关键技能是不要让会议变成客户和顾问之间的对阵。

以下是一些避免形成对阵的方法。

- 将客户团体视为个体的集合。不要默认客户团体中的每一个人都是意见一致、相互支持，并以同样的方式感受和思考的。你要逐一询问每一个人对这次会议的期望，这会让团体内部的差异性浮现出来，同时能迫使团队对由此可能带来的问题担负起责任。在他们相互之间缺乏聆听的情况下，你可以点名邀请一个人对另一个人所说的话做出直接回应。通过这个方式，聚焦在你身上的注意力就会局部转移到这个团体自己身上，他们才是问题的责任方。与此同时，你还要始终给予他们支持。当人们处于压力之下，并且事情进展不顺利的时候，他们需要得到的是支持而非更多对抗。

- 总有一部分人会争论和抵触。他们会针对这次变革、你的数据或方案提出激烈的问题。在这种情况下，你要遵循的一项基本原则是不要在这些抵触者身上投入太多精力。当然，他们的问题仍然值得你做出两次善意的回应。与此同时，你还要有一定的敏感性，即知道谁在这个团体中掌握权力，谁能影响这个团队的意见。你应该将更多的精力投入在这些人身上，而不是那些发言最多或是声音最响的人身上。在会议中的某些时点，你可以对大家说："好的，我们已经从鲍勃和约翰这里听到了好几个问题，但我还不知道其他人是怎么想的。珍（假如珍是这里的上司），你对此有何感想？"

- 如果客户很快就顺从了你的建议，那么你要当心。很多人或团体在面对冲突时会采取消极或顺从的应对方式，对此要格外当心。

表 18-9　检查清单 8：回顾反馈与行动决策会议

以下是你可以在反馈会议后向自己提出的一些问题，回答这些问题将帮助你评估你从每次会议中收获的学习，并为下次会议做好准备。

1. 会议取得了什么样的成果？

2. 最后达成共识的行动选项或可能性是什么？这和你的计划相比有何改变？

3. 客户采用了什么形式的抵触？

4. 你是如何应对抵触的？

   - 把抵触看作针对你个人的？

   - 提供更多的解释和数据？

   - 探询客户有关掌控感和脆弱感的深层顾虑？

5. 你在哪个节点上卡壳了吗？

6. 你注意到了什么样的非语言信息？

7. 你在客户如何管理这次会议和客户如何管理技术 / 业务问题之间看到了什么样的关联？

8. 这次会议会对你和客户之间的关系产生什么样的影响？

6

第六部分
促进参与和实施行动

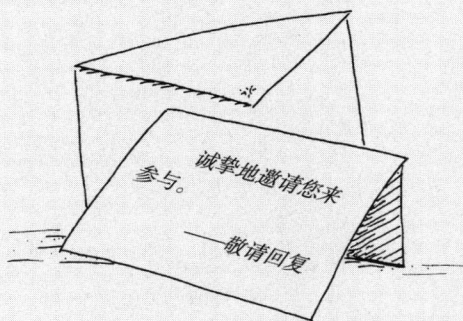

第 19 章
实施行动

在我写本书第 1 版时，我只用了两页纸的篇幅来讲实施的议题。然而过去若干年来，我却越来越强烈地认识到，太多的咨询工作（包括变革管理在内）都是在竭力地做着正确的事情，但到最后却并没有带来多少改变。顾问做好了订约，准确分析了现状，提供了反馈，也促成了恰当的决策，然而这一切的努力却并没有换来多少实质性的成果，这样的情形可以说是令人沮丧的。

从理论上讲，实施是咨询工作的重点，也是我们的劳动成果所在。然而遗憾的是，知道应该做什么（探索阶段的产出）和找到正确的方法去做（实施阶段的焦点）其实是两码事。咨询顾问通常会把太多的时间精力投入在问题分析和行动建议上，而在如何将这些答案转化为行动的复杂问题上却关注得太少。

我们的错误在于把实施看成了一个全然理性的过程。我们相信合乎逻辑和循序渐进的问题解决步骤一定会让我们的计划得以实现。我们对制定清单、设定里程碑和根据电子日历上的日程来生活的热衷程度就说明了这一点——我们相信只要我们能清楚地把待办事项清单整理出来，这些事项就一定会一一得以完成。对事情进行有条不紊的管理，这当然无可非议，然而，真正要让我们所相信的事情被付诸行动，这究竟需要我们付出什么？我们在这个问题上的思考往往过于简单。在个人层面，拥有一个愿景与活出这个愿景之间有着一道鸿沟，我们越是认真地想要实现这个愿景，就越会意识到这其实是我们需要付出毕生努力的事业。

■ ■ ■

选择"促进参与"而非"安装"

对一个组织而言，要改变思维和改变运作方式更是难上加难。让实施这件事变得困难的一部分原因在于，我们经常将变革当成可以通过安装、驱动、管理和工程化的控制实现的过程。安装计划的成功严重依赖于这几个方面：清晰的目标、明确的步骤，以及仔细分解好的具体目标和行动措施，这就好像我们能为其他人制定一份可以完全依照执行的蓝图一样。然而，这种做法正体现了工程学的思维方式，这种思维方式能够有效解决机械工程类问题，但是不足以对生命系统产生影响。变革无法通过安装和工程化的方式实现，它永远比我们所想象的要更费时和更困难。前面提到的"正向偏差法"的开发者正是因为明白了这一点才取得了显著的成效。而"全系统"的方式也是如此，这种方式通过邀请团体聚集在一起和生成集体洞察，从而能促成改变的发生。

对顾问而言，实施包含两方面的工作。一方面是技术性工作，这需要用到你通过多年发展而建立起来的专业知识技能。如果你是一位财务分析师，你会向客户推出一套财务控制系统；如果你是一位 IT 专业人员，你就会重新设计一个软件平台和支持其运作的应用程序；如果你是一位培训管理者，你就会开始实施你的培训方案。

实施工作的第二个方面是如何为你所计划的业务或技术变革建立起支持性的力量，而这并非易事。真正的变革需要承诺，你的部分角色就是要帮助点燃承诺的火焰，而要真正建立起内在的承诺，就需要破除那些造成阻碍的习惯性信念。

我们的工程师思维需要和社会架构师的思维以及社区组织者的技能相互结合，因为任何变革的实施都不仅需要一些有形要素发生改变，如方法或结构，还需要很多无形要素发生改变，如关系、个人信念和承诺。本章和下一章内容将着重讨论无形要素的部分，这些内容将聚焦于实施阶段的核心工作：如何让人们汇聚在一起，共创和共同计划一些事情的改变。

让人们汇聚在一起，我们将这种艺术称作"促进参与"。这里的意思其实是采用一种让大家参与其中的方式来代替或改善"安装"的策略，下一章所提供的相关步骤就是促进参与所需要的一些核心要素。

■ ■ ■

决策不等于完成

太多咨询项目只是带来了一些表面化的改变：有关变革的思考和描绘是非常完美的，但人们实际得到的体验和变革的承诺相比却相去甚远。阻碍变革（我用"变革"和"实施"表达的基本是同一件事）的因素之一根植于我们对高管决断力的深信不疑。出于我们对领导者的崇敬之情和对权威的固执信念，我们相信只要上司下定决心，行动就会自然相随。然而事实鲜少如此，没有一个人能够单独让业务运转，没有一个人能够独自生产或交付产品，没有哪一位将军曾单枪匹马打赢一场战争。

有趣的是，管理者往往比顾问更清楚自己的局限性。管理者明白，他们下定决心并不意味着这些决策就一定会得到实施，因为他们每天都在面对这样的现实问题——他们的很多美好意图并没有让人们的工作方式发生多少改变。倒是顾问很难接受这一点，每当顾问聚会时，总会在一定的时候开始抱怨管理者，说他们缺乏勇气、意志和毅力去贯彻自己的决策以及确保我们的建议被付诸实施。

■ ■ ■

"安装"策略的局限性

传统的"安装"式实施通常采用的是以下这样的蓝图：

- 清晰表达一个愿景；
- 为期望达成的结果设定标准；
- 为变革制定行动举措。

客观地看，以上这些都是每个工作场所中日常开展工作所需的合理要素，但对实施造成妨碍的并不是这些工具本身，而是我们对这些工具的错误使用。当我们误用这些工具时，它们就会变成微妙的强制性手段，而不再是用来管理和定义未来的中立与合作性的方式。我们认为必须通过推销和引导才能获得人们对某种新的运作方式的支持，而当顾问和管理者将那些集中化制定的愿景、标准和行动措施用作保持掌控和可预测性的主要工具时，他们就妨碍了实施进展。

人们本可以通过自己设计问题的答案而选择承担起对变革的责任，但这样的机会因为上述做法而错失了。我们没有让人们去直面自己选择的自由，反而寻求了他们的服从。正是因为对本来有用的做法进行了强制性推行，才让大多数实施工作失去了生机。以下是一些对实施造成自我妨碍的方式。

试图通过塑封的愿景实现转型

当我们认为实施的原动力来自领导者的愿景时，我们就会妨碍真正的变革进程，无论这里的领导者指的是"我们"（顾问或培训师），还是"他们"（管理者）。这里的一个错误认知是，我们认为只要能用足够清晰和有说服力的方式传递信息，只要带着充分的紧迫感描述那个"着火的平台"，以及怀着充沛的热情描绘出一个美好的明天，那么变革就一定会发生。这就导致人们会不断地强调沟通愿景和阐述变革原因的重要性。

我也是以上问题的参与者之一，因为我在另一本书《赋能授权型经理》（*The Empowered Manager*）中还专门写了一个有关愿景的章节，内容是关于愿景的强大力量，以及转型如何从想象一个不同的未来开始启动。这成了这本书中最受欢迎的一个章节，我在邮箱里和差旅途中收到了几百份愿景宣言，它们大部分都写得十分鼓舞人心，并且大多数会被塑封成可以装进钱包的小卡片，以方便人们随身携带，不过现在都变成电子版本了。如果人们仍然有办公室可去，那么愿景往往会被挂在接待室的墙上，很多愿景上还会有管理团队的签名。所有这些都体现了一个共同的主题思想：要建立一个基业长青的组织，高层一定要拥有一个愿景。

这里有两重问题。首先，当我们将愿景塑封起来时，我们就是在肯定——高层的愿景才是最重要的。我们都想知道高层管理者想要追寻什么，而只要我们知道了他们的想法，所有人就会自发地协同起来一起去实现这个愿景。这就是为什么会开始出现帮助组织表达愿景的小型产业。作为顾问，我们也往往会在项目的第一步就先帮助高层确定和表达他们的愿景，这可能会花费几天或几个月的时间。很多时候，其实是支持部门人员或顾问先撰写好愿景再去找管理层批准的，但这样的愿景也反映了管理层的思考，并且得到了管理层的确认。这种由管理者创建愿景的方式对管理者本身而言是挺好的，也就是说，如果管理者主要是为自己创建愿景并通过愿景为自己的行动寻求指引，这是挺好的。

遗憾的是，愿景往往是为了他人而设计的。我们所相信的是，高层应该决定中层和基层赖以生存的文化。而正是这种思维方式让愿景失去了力量，即便在中层和基层想要听到高层想法的情况下也是如此。事实上，如果每个人都只想听到高层的愿景，这会让愿景失去原本的意义。

最常见的情况是，当组织中的员工听到高层的愿景时，他们会模模糊糊地感到失望，那些本来为了调动积极性而召开的大会实际上反而会打消大家的积极性。我自己在读过 400 份左右的愿景宣言之后就开始明白了一点：所有的愿景其实是大同小异的。每个组织都会说他们关心客户，重视团队合作，为股东或社区而存在，努力将一切做到卓越，以及他们非常关注环境。如果我们把所有的愿景宣言都扔到一个帽子里，然后随机抽取一张出来，无论它原本来自哪里，我们可能都会以为这一张就是自己的。最后我终于意识到，真正重要的其实是创造愿景的行为过程，并非愿景内容本身。

将愿景塑封起来的另一个问题是，我们可能会认为这样做，愿景就能够经历风雨和抵挡黑夜了。这就是我们把它塑封起来的原因：这样它就能永久存在了。然而，管理层的愿景应该永久存在的观点其实是一个谬论。管理层的愿景本身不仅并非真正的重点，同时也不应该是不朽的存在。每一个人都应该努力思考"我们想要创造什么样的未来"，同时，愿景应该是有生命的和可以改变的东西。愿景更应该是一种对话，而不是一种宣言。它是一种重要的交流，是对我们想象力的极大拉伸，并且应该以一种集体产出的半成品形式出现。而愿景一旦被塑封起来，就失去了它的生命力。

在实际工作中，如果一个团体需要为自己描绘出一幅更清晰的愿景，你可以用一切办法去帮助他们创建出这个愿景，但不要去制作领导者宣传转型的任何视频，也不要去举办以澄清高层愿景为目的的大会。如果为了实施变革而需要让大家了解组织的现状以及未来的方向，不要让相关的负责人去宣布这些信息，而要邀请人们一起来对历史中的这个时刻做出清晰定义，并通过集体的智慧共同描绘出未来可能会带来什么。

相信需要"更高"的标准

一种普遍存在的信念是认为我们没有制定出足够高的标准。这一点在教育领域尤为明显，每个州的立法机构都认为应该通过对课程设置、绩效表现、学生和教师都提高要求让公共教育得到改善。

当然，认为标准过低的信念并不仅限于教育领域，而是已经渗透到了所有的机构中。这源自这样一种信念：人们不会为自己设定高标准，他们需要通过外部因素激励和鼓舞他们。在本质上，这是一种基于恐惧的策略，这种策略把制定标准的人设定成了主体，而把必须达到标准的人设定成了客体。

标准和表现之间确实存在一定的关联。我们知道人们确实会对他人的期望做出回应。如果上司期望团队表现出色，团队就更可能会表现出色，而如果上司预期团队会失败，这也可能会成为事实。然而，上司对下属寄予期望，老师对学生寄予期望，这二者和设定标准还是有区别的。

对他人寄予高度期望，代表的是对他人抱有信心，表达的是对另一个人的能力心怀乐观态度和希望。它也是人与人之间的一种连接，会让人感受到一种支持。而经常被用来触发变革的标准设定则并非出于一种支持，而是出于怀疑和要求。

如果判定他人是因为标准太低而导致了表现不佳，这其实是一种对他人的轻视。其中有一个信念，就是认为人们只有通过我们标准设定的干预手段才能被唤醒和激励。这是一种以强制为本的制度化行为。我们担心的是如果我们不升高栏杆，他们就不会努力跳得更高。在这种策略中，很少有对人的关心和人与人的连接，因此它引发的抵触会和它旨在克服的抵触一样多。

认为设定高标准就会提升责任感，这是一种错误的想法，它最多能带来的是人们的顺从行为。人们可能会被迫找到一种方法来满足这些标准，但这个机构却会遭受到其他的更难以衡量的损失。我们不但没有建立起更有责任感的文化，相反会发现更多的官僚主义、更多的按章办事、更多的小心翼翼和更少的灵活应变。

当然，上司们有权制定组织的游戏规则，并明确提出组织对每个单位应达成什么结果的要求。然而，对结果设定要求，这并不等同于将设定标准用作启动变革或实施某些建议的一种策略。对变革过程造成破坏的是这里隐含的一种信念：某个团体知道什么是对另一个团体最好的。而这就是工程和安装策略无法达到预期效果的原因。关注标准设定，这对顾问而言也是很有诱惑性的。当我们已经和客户组织的管理者一起走过订约和探索阶段后，我们会很想站在他们的一边，因此会很容易就同意他们采用传统的实施管理方式。

认定人们需要被"修理"

我们要避免和我们的客户暗中商谈如何改变我们这个圈子以外的其他人的行为。我们的工作不是要去"修理"别人，而是要专注于在场的人所拥有的优势和能力，以及他们自己可以采取什么样的行动。如果管理者相信变革的目标对于个人的意义，那就让他们先为自己设定这些目标，并依照这些目标实施一段时间。

这样，我们就可以保持咨询工作和我们与客户关系的有效性。而当我们与管理者一起谋划如何改变他们的下属时，我们就被一种信念同化了——员工需要改变，而管理者做得恰如其分。由此，我们就会错失从根本上改变有关变革如何发生和责任感如何能建立起来的信念的机会。变革和责任感只会在我们身体力行地实践它们时发生，而不会在我们宣扬鼓吹它们时发生。这种普遍存在的想要通过设定更清晰和更高的标准启动实施的本能做法，现在应该转变为这样一种观念——标准或期望达成的结果并非重点，它们只是人们积极参与的一种产物。

相信"不能衡量，就不重要"

我们妨碍实施的另一种方式是通过我们对于衡量的态度。我们几乎已经把衡量神圣化了。这里的问题其实与前面相似，我并不是要争论是否需要衡量，问题在于衡量应该占据多么重要的地位，以及谁应该提供这些衡量方式。当我们把某些衡量方式强加给整个系统时，我们必须非常小心，我们要确保自己是真的需要并且会有效利用收集到的数据。

对工作中的定量元素进行衡量，这当然十分重要。一个最简单的需要采用常规衡量方式的举例就是会计实务。组织中不同业务单元的经济情况需要按照监管要求被汇总在一起，这样才能让我们了解自己业务的经济可行性如何。此外，我们还需要采用针对产品质量和客户服务的一些常规衡量方法以及其他很多衡量方法，以帮助我们评估机构的成功程度如何。然而，当我们请经济学家帮助我们衡量这些领域，例如关于我们协作得如何、什么样的过程会有助于提升质量，以及任何属于管理和人员系统运作领域的事宜，我们就寸步难行了。对于每一种针对工作中的人和定性维度的衡量方式，它所留下的无法检测的方面总比它能检测的方面多。

相信如果我们无法衡量某事，那么这件事就不会发生，这样的信念其实是把人的系统当成了机械系统来对待。认为人们只会做他们被衡量的事情，这是对人类的一种既狭隘又悲观的观点。当我们把创造我们想要的行为的能力归因于衡量时，我们就已经掉入了一种简单的因果关系认知，并执意认为实施和变革是可以通过工程学的方式实现的。对人的系统而言，这更多只是一种幻想而不是事实。每个人都想得到针对我们所做之事的反馈，但反馈并不能创造行动。强加于工作定性维度的衡量方式反而可能对行动实施造成阻碍。

当我们把工作的评估者和实施者分离开来时，我们尤其会削弱衡量的价值。在过去，质量控制人员是和操作人员分开的，这让质量控制成了一种评判性的职能，因此在操作人员和质量评估人员之间造成了隔阂。现在，为了提高产品质量和工作场所的关系质量，这种情况已经发生了改变。

我们可以从质量运动中借鉴的是，当我们有很多有用的衡量工具时，这些工具应该在工作实施者的掌控之下，同时，我们也要客观地将这些衡量工具，它们只是变革中的一个组成部分而已。很多重要的事情其实是无法衡量的，我们的咨询工作要能够反映这一点。

依赖"促进参与"的策略

这里并不是要反对愿景、标准或衡量，它们都是帮助我们把人们的努力付出组织到一起的重要元素，我们只是因为把它们变成强行控制的工具而滥用了它们。然后我们又加剧了这种错误，因为当它们没有带来真正的改变时，我们会加倍努力地推行这些工具，而不是转而采用其他策略。更努力地尝试、施加压力和竭力劝说，这些方法对于改变一个社会系统的影响力极为有限，而当它们能发挥作用时，系统就会很快产生自己的免疫力。

一个社会系统就是一个生命系统，因此不适合运用线性或机械的思维方式来理解。每当管理层或顾问指望依靠清晰的定义、刺激因素、衡量方法和标准时，他们就在无意间强化了我们正在试图减少的官僚思维。这些都是基于工程师、经济学家的思维方式和基本假设的工具。工程学和经济学的策略尽管在表面上看起来极富吸引力，但它们却无法帮助我们真正建立起实施变革所需的承诺度和责任感。

我们低估了促进参与的力量，促进参与并不只是一种概念或意图，学习型组织、全面质量管理、六西格玛和团队合作，这些管理运动都是以促进参与为方向的。然而，除了少数案例之外，这些管理运动仍未得到应有的重视。下一章将进一步探讨如何在实施过程中促进参与，并将提供如何让人们参与进来，从而带来真正和持久改变的具体举例。

第 20 章
促进参与的结构

顾问的一项强大的服务可能就是让客户更清晰地认识到邀请人们参与探索和实施过程的重要价值。促进人们的参与，这会产生一种独立于所建议的内容之外的影响力。如果客户系统中的互动方式不发生改变，大多数技术性方案的内容或重要的业务决策都不会被付诸行动。同时，如果人们互动的质量没有改变，任何标准、衡量方法或奖励方案也都不会带来任何转变。通过运用如何在订约和探索阶段建立承诺的原则，你可以帮助客户组织的领导者邀请其他人参与决策实施的过程。以下是对三个阶段的简要回顾。

订约阶段建立在以下基础上：

- 深切理解客户在表象问题之下的担心；
- 双向清晰表达各自的需要；
- 探询客户对于掌控感和脆弱性的顾虑；
- 为客户提供支持；
- 表明会议中有哪些有效做法。

探索阶段强调的是以下方面：

- 将每一次接触视作一次学习的活动；

- 坚持探询问题中的客户自身因素；

- 运用中立而非评判性的语言对现实做出清晰的描述。

秉持以上精神，你在实施和行动阶段与客户共事时要：

- 以加强人的连接为目标设计每一次活动；

- 在呈现内容和邀请参与之间取得平衡；

- 支持人们持有异议并鼓励公开表达疑虑；

- 将真正的选择摆在桌面上；

- 把启动新的对话作为实现变革的主要方式；

- 选择有助于促进社区归属感和同事连接的方式来布局会议室空间。

■ ■ ■

会议本身即是信息

任何一项新的战略能否得到成功实施，归根结底都取决于一件事——不同层级的人员是否真正为这次变革或这个机构的成功担负起责任，仅此而已。

我们可以宣称我们的目的是要给基层员工提供更多选择和更多参与的机会。然而，如果这个宣传会议本身并没有为其所宣传的内容做出示范，那么它所做出的承诺就很难被人相信。这个会议的性质、基调，以及我们如何聚在一起的结构，都可以成为检测的样本，人们可以据此来确定这个会议所宣扬的战略究竟有多大的可信度。

这意味着每一场咨询活动都应该为我们希望推进的整体变革做出示范，这个过程中的每一个时刻应该成为最终目的地的一个样本。例如，如果你在主持一场会议，议题是为电话呼叫中心设定一套新的绩效衡量方式，那么这次会议本身就要体现促进参与的原则。比如，将真正的选择摆在桌面上，对艰难议题进行公开讨论。此外，还要询问大家我们进展得怎么样，而这正是一种我们甚至在一个专门讨论衡量方式的会议中就可以采用的衡量工具。

■ ■ ■

促进参与的 8 个方法

促进参与的结构看似简单，然而，列出一些要点和谈论一些理念容易，要将它们付诸行动却并非易事。以下是 8 个具体方法，无论人们在进入会议室时状态如何或有何期望，都可以运用这些方法来促进他们的参与。由于这些方法能帮助我们直面这个阶段需要我们去处理的情绪和关系建立的问题，因此，这些方法合在一起就代表了促进参与的核心要素，从而能帮助我们提升完美实施的可能性。

开场阐明目的和营造平等场域

在开始一场对话或聚会时，先回顾这次活动的起因，说明变革计划的当前进展，描述组织目前需要我们做什么，并介绍现在这个步骤大致会采用什么样的结构。这些做法可以为接下来的这场活动创造一个平等的场域和环境。

大部分人都很熟悉以上这类信息的必要性，这里的关键点在于要在内容上取得平衡，也就是要把弱点和失败的部分也包含在我们的开场内容中。不要以避免引发人们的焦虑为名而隐瞒坏消息。焦虑只是一种自然状态，最好的应对方式是对其进行公开处理。唯一需要注意的是要让开场简短和非正式一些，更多发自内心的真情实感而非来自头脑中的灵光一现。不要使用PPT，因为我们希望人们能聆听我们，而不是阅读那些内容。

这里最没有必要的是管理者或重要发起人来讲一些激昂慷慨的祝福之词，而这些高层并不会完整地参加整场活动。如果让一位高层管理者来开场，表达对这次活动的承诺，然后又提前离开，这是一种自相矛盾的行为。"我重视，我承诺，我走了"，这种做法不会奏效。

重新协商有关参与的期望

令我惊讶的是，有多少新战略或新项目的实施是通过管理层或顾问对目标、战略、方法和衡量方式进行演讲／演示的方式启动的。我曾看到一位管理者或一位顾问长时间（有时甚至连续好几个小时）地站在会议室前方宣讲愿景，明确要求并详细描绘未来要达成的成果。会议的结构应体现我们对未来的意图，然而，我们总是习惯于通过传统方式而不是运用新的技术更好地达成我们的目的。我们通常组织会议的基本思想是：假如有人对我们所说的内容感到困惑或焦虑，我们的对策就应该是用更大的声音进行重复，就好像只要调大音量就可以将困惑消除一样。

作为参会者，我们去参加会议时往往会期待有些什么事情即将"对"我们发生，因此我们其实是作为消费者出现在会议上的。我们已经程序化，成了专门观看别人表演的人，心里想着"他们"会把这场会议办成什么样。我们用来评估会议的表格一般都会提出一些有关会议领导者的问题：他们是否做好了准备？他们的目标是否清晰并且被有效达成？视觉辅助工具的质量怎么样？然而，有多少你填过的会议评估表提出了有关你对会议贡献的问题？会议的领导者总会说："我们能从这次会议中获得什么取决于大家。"大多数时候我们并不相信这一点，也鲜少有人会真的按这个去做。

有一次我在一家酒吧里，表演者是这么开场的："我们是来自南方县城的巡回演出者……而你们是观众。"我觉得他们对于站在台上的自己和坐在观众席上的我们之间的关系有着某种深刻的理解，通过点出我们，他们宣布我们这些观众也是有任务的：我们必须参与这场表演。

尝试这个练习

请尝试回答以下问题，尤其注意最后一个问题。

1. 你打算在这次活动中拥有多大价值的体验——不是你想得到哪种类型的体验，而是你打算拥有什么样的价值？

2. 你打算以多高的投入度和积极性参与这次活动？

3. 你愿意冒多大的风险？

4. 你愿意为你周围的人所获得的体验质量投入多少？你在多大程度上关心这个更大团体的福祉？

请参会者用 1 ~ 5 分回答这些问题：1 分最低，5 分最高。然后分成三人小组，相互分享答案，提醒大家不要为了想要成为一位优秀的团队成员而故意打高分。给他们 15 分钟的时间。

你可能会认为，在呈现内容和促进参与之间取得平衡的重要性被高估了，但实际上，这方面的重要性比我们已经意识到的要更高。尽管这个概念十分直接明了，但当我们聚在一起时，我们大多都会投入很多精力去准备内容的呈现，而把参与当成其次考虑的事情。此外，问答并不是一种真正的促进参与的方式，它充其量只是为了做一些澄清，还有很多时候只是为了进行说服。

会议领导者和参会者之间这种消极被动的合约需要尽早和大幅度地得到重新协商。当这个环节被设计到议程中去时，就会有一些改变开始发生——房间里的气氛会活跃起来，人们会提出更多的问题，有些人会觉得恼火，还有些人宁愿不停地和旁边的人说话也不听发言人说话。所有这些都是会议充满活力的迹象。

接下来的内容将介绍如何做到这一点。

重新布局会议室

会议室的布局形状和椅子的排放方式会明确传递出我们的意图。如果我们让参会者坐成一个圆圈，真的需要桌子就用圆桌，并且不设定哪里是"前面"，也不设置讲台，那么我们从一开始就在传递这样一个信息——参会人员之间的互动非常重要。你可能会问：为什么把重新布局会议室这么小的事情小题大做？原因是这方面的活动恰恰能表达我们心中的愿景和文化。虽然我们在这里讨论的只是把重新布局会议室的活动用作促进人们参与会议的方法，但这些活动也完全可以被称为转型或文化变革的方法。因为，如果我们能改变会议室和我们在其中互动的方式，我们就可以改变组织机构和我们在其中相处的方式。

这里的重点是，并没有所谓正确的结构，也没有所谓正确的布置会议室的方式。用不用桌子，圆形、方形或像教堂里的桌子那样摆成一排一排，集中还是分散，按照职能结构、矩阵结构还是按地域划分的结构，领导站在前面、讲台后面、舞台上，还是坐在圆圈里？这些都是可行的。

真正重要的是每一个人都为了当前任务而参与到结构改变中来。当我们知道每个人都可以基于自己的目的而做出调整，同时仍能服务于更大的组织时，世界已经发生了改变。我们不再需要遵循经济学家和工程师的规则而生活，我们成了自己所在机构的建筑师、设计师和作者。也就是说，我们选择了要为我们所在的机构负责，而不是被迫与之捆绑在一起。我们所参与的这个会议是表明"一些改变正在这里发生"的一个样本。

创建开放和允许表达疑虑的平台

言论和集会自由是宪法保障的权利。然而，街道上的自由未必在我们各个机构的办公室、会议室以及技术中得到了体现。作为顾问，我们的任务之一是将更开放的对话带入组织生活。具体而言，就是在组织内创建集会，让所有的声音和观点都有机会被听到。在这样的活动中，听众口中的现实变得和领导者宣扬的现实同等重要，甚至可能更为重要。要想对失败和不确定性做出坦诚的讨论，就需要听到双方的观点。

人们确实会表达自己的怀疑和见解，只不过他们是在私下里谈论：洗手间、饮水机旁、吃饭或喝东西时。然而，如果坦诚的对话一直只是在私下进行，那么公开的对话就会变得虚情假意和令人气馁。大型团体会议同样如此，如果所有真正的讨论都只是作为会议的附属活动得以开展，那么大家就不会对更大的系统或社区抱有太大的信心。

这里的重点是：当人们能在公开场合坦诚对话时，权力和责任才会达到恰当的分布。无论在虚拟会议还是线下会议中，无论在 6 人或 20 人的小型团体会议中，还是大型团体集会中，让各种不同的观点都能被会议室中的所有人听到，这会带来一种巨大的政治性力量。如果我们相信权力的重新分配对责任担当的转移至关重要，那么，当公开对话发生转变之时，这种转移就会开始发生。

尤其需要公开进行的是有关人们的怀疑和保留意见的关键对话。如果怀疑乃至冷嘲热讽不能得到公开表达，人们就不会自由地给出他们的内在承诺。一些怀疑可以起到指引改善的作用，另一些则不会。我们的工程师思维总想解答每一个疑问，如果你是在建造一座大桥或一架飞机，你确实需要保证所有的怀疑和问题都能得到解答。但人类系统并不是这样井然有序的，会有很多疑问无法得到解答。因此，在创建一个高度参与的活动过程中，真正重要的是疑问得到表达，而不是得到解答。我们无法制定出一个能消除所有疑问的计划，但我们可以始终承认疑问的存在。我们可以承认那些冷嘲冷讽的存在并为之腾出空间，而不是被它们吓倒。当组织中最格格不入的人也能得到发言的机会时，这会对看到这个事实的人产生激发内在承诺的作用，而这种作用会超过任何引人入胜的演讲或财务激励计划所能起到的作用。

尝试这个练习

请试着通过提出以下问题启动对话。

- 关于摆在桌面上的这些内容，大家有什么疑问和保留意见？
- 这个变化对我／我们会产生什么样的影响？
- 对于哪些事情，我们虽然说过"是"但现在却不再同意？
- 对于哪些事情，我们想说"不"却一直没有说出来？

在人们参与讨论之前，他们并不知道自己会不会得到直截了当的信息。大多数情况下，组织在努力推出一个战略时会淡化问题，同时会基于提升信心和赢得支持的需要来表述问题。然而，人们对管理层的信任并不是完全基于管理层的正确性，更多的是基于管理层是否愿意讲述完整的故事和暴露脆弱之处。

在大多数机构中，在小型或大型团体的场合公开分享完整的故事是十分罕见的现象。然而，战略实施的成功与否就取决于启动实施的对话质量，这个对话越是公开，产生的影响就会越大。

提问："我们想要一起创造什么？"

没有比这个更深刻也更难以用任何有意义的方式回答的问题了。这是一个决定真正的责任担当的问题，它包含以下两个部分。

1. 创造？

"我们是否想要创造？"是这个问题中一个危险的部分。如果我回答"是"，我就不再是在对传递给我的东西做被动反应了，而是开始去定义那个我最终会为之负责的未来。当我们决定想要创造时，我们就在情感上加入了重新定义我们工作场所的行列。在其中，我们将会创造出一种有别于我们的文化和过往习惯中的父权特质的东西。这可能就是为什么当我们让人们描绘他们的愿景时，我们完全可以预测到他们的第一反应一定会是"更多、更好、更快、获胜"。而当问题变成"我们想要创造什么"时，就是在要求他们给出这个团体独有的答案，即请每个团体构建出一个最适合他们的独特未来。这也是我们促使人们直面自由的另一种方式：通过问人们想要创造什么，从而促使他们对自己的未来做出思考，即使他们刚开始的回应可能是苍白的。

2. 一起？

问题的第二部分，"我们是否想要一起创造一些东西？"这同样也很难回答。我们可能已经习惯于独自或在我们自己的单元中创造东西，但当你问"我们可以一起创造出各自无法独立创造的东西是什么？"时，你实际上是在寻求另一个层次的合作。大多数时候，当我问团队他们能一起创造什么时，他们列出来的合作事项是每个团队都能独立完成的，他们只是希望得到其他人的支持。这不是坏事，但这种"一起创造"并不是这里的重点。

要一起创造，我们就要跨越边界，甚至可能要牺牲自己的领地。大部分变革努力或实施步骤需要我们这样做，但是很难深入贯彻。而这个问题向我们打开了新的可能性，并促使我们直面自己不愿意将更大机构的利益置于自己所在单元之前的问题。

创建一种新的对话

改变行动之前要先改变对话[①]，因为老套的对话只会导致老套的行动。这里的挑战在于，要开展一场与当前任务相关并且在此之前从未有过的对话。执着于旧的对话、旧的命名问题或描述可能性的方式，其实是为了寻求安全感和维系掌控感。

传统的对话，就是固守一种我们知道自己可以进行自我辩护的立场。然

---

① 乔尔·亨宁（Joel Henning）是帮助我理解"通过改变对话改变文化"的一位朋友和老师。

而，我们希望的是人们能采取一种他们不再能进行自我辩护的立场，这样我们就知道自己已经进入了一个新的领域。此外，对于未来的乐观态度正诞生于我们对自己所说或所闻感到惊讶的时刻。

习惯性对话的真实代价就是它们会滋生愤世嫉俗的情绪。这并不是因为其中的疑问没有得到解答，这些对话都是围绕着问题、目标和蓝图而展开的。真正消耗人们能量的原因是这些讨论毫无新意。旧的对话成了一个避难所，成了我们寻求安全感的一种方式。在本书中提出每一个问题都特别注意这一点，因此在每个问题中都包含了对回答者的邀请，邀请他们成为自己未来的推动者——成为参与者、活跃分子、提出疑问者、表达需要者、脆弱和优势的分享者。

如果改变对话没有产生其他效果，它至少会给我们希望，即当我们每一次聚在一起时，我们都有能力改变自己的体验，这就是文化如何在当下发生改变。并且，如果我们能足够频繁地开展新的对话，我们就能学到更多，冒险更多，行动更快。变化和它的两位表亲——惊讶和不安，其实一直都随伺在我们两侧，它们只是在等着我们将它们设计到现实的对话中来而已。

选择承诺与责任

当承诺和责任来自人们的自主选择，而不是来自外力驱动时，我们才能真正建立起组织的能力。在当今社会，我们已经对人们主动担责的意愿失去了信心，在大多数工作场所和更大的文化环境中，"促使他人担责"是一种普遍存在的信念。

另一种做法则是相信在某些情况下人们是想承担责任的：他们想设定更高的目标，愿意关心组织整体的利益，并且想知道自己表现如何。其中一种情况就是在面临危机时，所有的规则都被暂抛脑后，地位和个人利益也被暂放一边，眼前的任务和目标压倒了过去的习惯。我们的挑战在于，如何能在没有出现危机的情况下也能看到人们愿意担负起责任。

有两个担责的条件将能支持高度承诺的实施策略：一是我们要先对我们的同事负责，再对我们的上司负责；二是我们要在不谈判、不设定交易条件或期待个人利益的前提下做出承诺，也就是说，我们是为了集体的利益而做出承诺。

对同事负责

在同事之间有一种力量是上司永远无法拥有的。其中一个原因是我们终其一生都在练习管理我们的上司，这始于我们和父母的关系。小的时候，我们可能会觉得自己的父母在掌管着一切，一旦我们自己为人父母，就知道事实并非如此。父母可以发号施令和管理结果，然而最终还是孩子们自己会决定何时打扫房间或收拾盘子。我们努力地管理着（有时甚至是操纵着）那些对我们有掌控权的人，随着时间的推移，我们对此越来越驾轻就熟，我们学会了如何对付我们的父母、老师，最后还有上司，这样我们就可以为所欲为而不必付出任何代价了。当上司对我们不满时，我们已经学会了如何说"谢谢你的反馈"，以此作为一种既能保护自己不受他们失望情绪的影响，同时又不必真正做出改变的方式。

然而，我们的同事却不太会容忍这种操纵，他们把我们看得更清楚，也离我们更近，所以他们更难被我们操控，这就是为什么"对同事负责"是一项要求极高的主张。并且，我们在工作中的互赖关系主要存在于我们和同事之间，不是我们和上司之间。当我们做得好的时候，同事的工作就可以得到加速；当我们做得不好时，他们的工作就变得困难。他们不得不弥补那些被我们懈怠的工作，还得在操作上容忍我们的错误。因此，无论谁来评估我们的绩效，同事才是我们要在实际工作中担责的对象。

通过关注团队合作、团队建设活动和基于团队的薪酬方案，我们已经认可了这种互赖关系的重要性，下一步是要在同事之间发起更多有关承诺和结果的对话。我们要坚持这样一个原则：担责应该是一种出于自愿的行为，而这一点体现在同事之间会产生更大的力量。

对同事负责，这也意味着要依靠同事为组织利益代言，而不是仅仅依靠上级领导。要由同事来告诉我们，我们是否为实现本单元和更大系统的诺言而充分兑现了我们自己的承诺。这种基于整体系统利益思考的要求对于聆听承诺的人和做出承诺的人会产生同等的影响力。

不设交易条件的承诺

要让实施成为大家共同承诺的事情，第二个要素是探索承诺的真正含义。我们身处一个非常注重谈判的文化，我们喜欢为商品讨价还价，等价交换的概念已经深植于我们的关系之中，本书前面的订约概念就是其中一个例子。然而，在履行我们订立的合约和做出情感或个人层面的承诺之间还是存在着重要区别。

个人的承诺意味着我们同意做某事，但不以他人做出什么样的回应为条件，这就是承诺一词如此贴切的原因。如果我们的承诺要以另一个人的回应为条件，那么它们就不是真正的承诺，它们只是一种合约或其他形式的交易，它们就成了如果另一方不履行就可以撤回的有条件的协议。在整个完美咨询的过程中，我们一直都在寻求内在的承诺，这是克服我们周围那些空洞和表面化变革的核心要素。

承诺就是许诺或保证做某事。即使在其字典定义中，也没有提到做出承诺的人应该得到任何回报，承诺只是个人所做出的一种选择。

尝试这个练习

请人们回答以下问题。

- 我愿意对企业做出什么样的不期待回报的承诺？
- 我愿意为所有这些努力取得成功付出什么样的代价？

- 我现在不愿意做出什么样的承诺或许诺？

如果我们能基于这样的精神做出承诺，那么其他的一切（关于高层应该如何改变，其他部门和人员如何阻碍了改变，以及制度和实际做法的层面如何不支持改变）都将烟消云散。在我们做出承诺的那一刻，这个机构就成为我们要去创造的对象，而在这个做出承诺的行动中，我们可以找到我们想要的自由，尽管其中存在各种风险，但现在我们可以依靠我们自己和我们所选择的伙伴一起前行了。此时，对我们和这个机构而言，某种东西已经发生了改变。

虽然仍然会有障碍和失望，但它们不会再滋生愤世嫉俗的情绪，因为我们并不是基于别人的行动做出了我们的选择。如果我们得到了肯定或失去了信任，那并非来自别人，而是来自我们自己，虽然我们可能会因为失去信任而生气和抱怨一段时间，但我们仍可以为之采取自己的行动。

聚焦于"礼物"

对于每一次会议，我们都要采用一种对大家带入会议的努力和关心做出认可的方式结束会议。一个有效的方式就是将关注点聚焦在每一位参与者带给整个会议的"礼物"和价值上，即告诉他们，我们在这次会议中从他们那里收到了什么样的"礼物"。我们生活在一个更关注弱点与不足而不是优势与价值的世界中，这种现象如此普遍，以至于我们已经相信这就是一种行之有效的做法了，事实并非如此。

如果负面反馈真的那么有用，我们应该早就克服了所有弱点，然而我们并没有。聚焦于弱点的首要影响就是它会滋生自我怀疑，并且会让我们更容易受制于他人，这就是它会如此令人信服和广为流行的原因。我们担心，如果每个人都真正地了解了自己的优势和价值，这个系统可能就会分崩离析。人们可能会利用自己的自主权，过高地评估自己的价值，然后离开我们，或者虽然留下来但是变得令人难以忍受——如果他们留下来，会对我们提出什么样的要求呢？作为员工，我们已经如此习惯于关注自己的弱点，以至于这已经成了我们的一种安慰。

因此，我们对自己的优势、自我宽恕的能力和自我价值的肯定都变得视而不见，并且还为此感到尴尬。然而，尽管我们对谈论自己的优势感到害羞和不适，实现转型（也就是可持续的变革）却来自我们对优势的充分运用，而有关"礼物"的对话就能促进优势的运用，这一点对于组织和个人同样有效。

尝试这个练习

在会议中创造空间，邀请人们讨论彼此在这次会议中交换了什么样的"礼物"。你可以提出以下问题。

- 在这次会议中，你从另一个人那里收到了什么"礼物"？请具体告诉这个人。
- 今天会议上有人做了什么触动你、让你感动或对你有价值的事？
- 某个人用了什么样的有意义的方式促进了你的参与？
- 如果有人对你说赞美的话，你只需要简单地回答"谢谢你，我喜欢听到你说这个"即可。

■ ■ ■

关键要点

以上这些结构和技术既是一套促进人们参与的方法，也是一种对更广泛可能性的象征。其中的每一个点都代表着一个更大的意图，因而它的意义远大于其当下的功效。实施阶段的路径既不会是普适性的，也无法清晰地展现在我们面前。实施的复杂性远高于订约和探索阶段，因为它更需要我们因地制宜和随机应变。它更是不断生发的，而不是遵从于某幅蓝图的。不过，以上方法只是为我们提供了一份菜单，而不是具体的菜肴，这只是我们出发的起点，而不是我们应该按部就班地遵照执行的步骤。并且，其中的每一个要素其实都在示范同一个要点——如何将促进参与当作实施阶段最核心的工作来对待。我们总希望能有一条捷径，一旦做出决策，行动就会立刻发生，然后就可以立即看到纠正的措施和相应的衡量评估。然而，如果想依靠理性的解决问题式的方法让一些新的理念真正融入一个活的生命系统，其实是一种不切实际的幻想。

当人们选择为某项决策付出自己的承诺时，他们基于的是情绪、感受、直觉、信任和信念，因此，这些方面是决定变革成败的重要因素。即使是那些最为具体的变革，如结构重组、启用新的信息系统、削减成本，也只会在相关的个体决定支持这些建议和决策，并愿意在变革过程中的每一步都根据要求做出调整时，这些变革才可能得以实现。支持变革的决定并不仅建立在逻辑和理智的基础上，我们还要帮助客户处理态度和感受方面的议题，而这就是本书所描述的咨询工作的核心。[1]

尽管冒着重复的风险，我仍要在这里提出，领导者的行为并不像成员的行为那么重要。然而，我们当下的社会很难接受这个现实，我们固执地相信，领导者能够起到诱导他人采取行动的作用。事实上，领导者诱导他们的追随者采取行动的能力并不比顾问诱导他们的客户采取行动的能力更强。

在整本书中，我一直都在讲述如何将职责和担当融入我们和客户之间的互动。表达我们的需要、应对抵触和主持订约会议，这些都是建立责任感的

---

[1] 我从变革管理和领导学院（School for Managing and Leading Change）的同行那里获得了很多有关如何促进参与的学习，尤其是迪克·艾克瑟罗德（Dick Axelrod）和已故的凯西·丹尼米勒（Kathie Dannemiller），他们早就在我还没有认真对待促进参与这个主题之前就已充分理解了它的意义，他们是整个"大团体方法"世界中的一部分。其中，迪克·艾克瑟罗德和艾米莉·艾克瑟罗德（Dick Axelrod and Emily Axelrod）一起创建了他们的会议模型，凯西则是实时和高互动战略变革领域的导师。同时也请参阅本书最后的"延伸阅读"中朱安妮塔·布朗（Juanita Brown）和哈里森·欧文（Harrison Owen）的著作。他们因创建这些方法论而得到的认可还远远不够。

方式。而在你的客户团体内部建立起高度的互动，则是让人们将责任感带入实施阶段的方式。

如果我们的目标是要建立起客户内在的承诺，那么我们要采取的手段就是创造连接、公开信息，以及在更加适宜我们的空间里开展新的对话，并且最后让人们自己对如何开展业务做出选择。让人们自行做出选择，这一点至关重要，它反对我们想要将未来打包提供给人们的愿望。有效的实施往往会带来权力的重新分配，这比重新制定一份描述工作流程中的每个节点应由哪些人决定、谁提出建议和谁提供输入的矩阵表格更为微妙。一份有关决策规则的图表并不会带来权力的改变，相反还会限制人们的权力。

权力的重新分配应该存在于我们的日常工作中，而不是仅仅体现在我们如何做出决策上。这就是以上这些结构的要点所在。表 20-1 与表 20-2 是准备实施活动与回顾实施活动的检查清单。

表 20-1　检查清单 9：准备实施活动

以下是关于如何在实施阶段或在咨询过程中的任何时候将促进参与的要素运用到团体活动中的提醒。

1. 在每一次团体聚集的活动中，你将如何让呈现内容和促进参与之间的平衡向后者倾斜？

2. 你计划如何创造一个人们可以说出自己的担忧和意见的空间？你将如何促进开放性和鼓励人们说出真实的想法？

3. 你可以如何帮助客户明确各种选项？你可以如何帮助组织中多个层级的人员都有机会做出真正的选择？你将怎样计划时间，让人们能针对如何让改变发生进行认真的对话？

4. 你准备如何帮助人们突破过去老旧的对话方式，开始针对变革带来的希望和疑虑展开对话？

5. 你将如何将场地的力量带入每次活动的设计中？

表 20-2　检查清单 10：回顾实施活动

以下是你可以在任何一次会议后向自己提出的问题，你可以用这些问题来评估你从会议中收获的学习，并为下一次活动做好准备。

1. 会议给参会者带来了能量提升还是能量消耗？

2. 会议与你的期望有何相符之处或不符合之处？

3. 人们选择了以什么样的方式参与这个过程？积极程度如何？你观察到他们冒了哪些风险？

4. 如果你对会议室做出过重新安排，这带来了什么不同？

5. 哪些疑虑和保留意见被表达出来了？这方面的讨论是如何进行的？是否匆忙达成了共识？还是急于找到解决方案？这个团体当时有可能推迟做出决策吗？有人花了很多时间为自己解释或辩护吗？你是如何做出应对的？

6. 这个团体是如何确定他们想共同创造什么的？

7. 人们是如何让新的对话开始发生的？你是如何提供帮助的？他们学到了什么？

8. 人们愿意做出什么样的承诺？这些承诺足够吗？

9. 你是如何结束会议，从而让每位参会者的努力和贡献得到认可的？

10. 这次会议对于你和客户的关系产生了什么样的影响？

7

第七部分
扩展、循环或终止

客户

第 21 章
实现真正的变革与转型

从某种意义上讲，顾问的工作就是要成为"学习架构师"，我们要竭尽所能地为客户设计有效的社交环境，让客户获得洞察，消除分歧，实现变革和转型，这将成为向一个全新未来打开大门的历史转折点。本章内容将围绕如何创造出支持性的条件，让学习和转型更有可能得以发生。其中并没有万全之计，每一个理念都带有一定的风险，并且这些理念都与传统思维或主流文化逆流而行。如果我们认为我们可以管理变革，那么我们会让变革更可预测，并且会让这个世界变好一点，但是并不会带来真正的不同。如果我们能想象一个全然不同的故事或叙事方式，那么我们的工作将会变得更有力量，也会更加有用。

■ ■ ■

选择学习而非教导

尽管我们时常声称自己的工作就是帮助客户学习，但是大部分传统的教育或咨询工作的方式往往是在教导对方，而不是在帮助对方学习。在任何会议或沟通活动中，如果你提出"谁真正在学习"的问题，答案往往是"负责这件事的人"。

当前主流的学习模式来自我们的教育体系。如果你看一下大部分课堂，基本上你会看到老师站在最前面，学生们面向讲台一排排坐在课桌后面或周围，学生的日程表、学习目标和学习方法等均由老师或州立法机构具体计划。因此，老师实际上是学习的监管者，有时还会通过政治机构的立法和标准化检验进行强制实施。而这些正是第 15 章中介绍的沃德努力想要改变的。咨询工作与此相似，顾问被看成变革的管理者，甚至是变革的推动者，而客户的任务是全盘吸收顾问所提供的一切。

课堂或咨询项目的这种运作模式基于的是我们自己对可预测性和掌控感的需求。我们需要让老师或顾问或领导者成为学习的中心，这一部分是因为我们通常采用的教学方式问题，同时也是因为我们渴望为别人设定好我们希望他们做的事。不过，在这种"所有眼睛向前看"的模式中，我们也并非唯一的责任方，学习者自己其实也想要这种课堂或会议的模式。如果你决定邀请客户一起制定日程、设计学习过程、请他们评估自己的表现，你很可能会遭遇他们的反抗，因为客户对"你教我学"的被动接收方式已经习以为常，以至于一旦得到对学习进行自我管理的选项，他们就会立刻把主导权传回给顾问，而员工也已经习惯于做领导者想要的员工，因此他们也会立刻把主导权传回给顾问。

结果，教师／顾问／领导者就成了学习者／客户／员工的同谋，双方共同维持了以教师／顾问／领导者为中心，学生／客户／员工被动反应的局面。这种做法产生的一个效果是，顾问，即站在前面的人或在在线视频会议演讲者视图上的人，即分享内容的人，往往就成了学习收获最大的那个人。这其中有一部分原因不可避免，因为当我们要解释自己的观点或向他人传授知识时，我们必须对某个专题进行深入研究，而客户则无须如此。然而，还有一部分原因是出于我们自己，我们想要掌控自己所呈现的内容，明确对方应该学习和接受什么。一个标志性的做法就是我们在很多培训中采用的方式——我们热衷于播放示范性的录像，让学员看到可预测的结果，我们许诺提供达成结果的正确路径，并用标题清晰地列出路径中的里程碑和学习要点，然后我们宣称从一开始就能预测最终的结果。我们将这种做法称为"有效的计划"，认为这就是好的教学设计，好的异步学习方法。

以上做法的代价是我们鲜少看到人们能充分发挥自己的学习能力。蒂莫西·高威（Timothy Gallwey）是"内心博弈"（Inner Game）学习方法的创立者。他提出，在大部分培训或指导中都存在教学有余、学习不足的问题。在以老师为中心的模式中，真正的学习者是老师/培训师本人，而学习者只是在忙于以复杂的方式进行模仿和吸收。

真正的学习其实就发生在创建线上课程、制作示范录像、概括学习要点以及制定课程计划的行动中，因为正是在努力创造这些内容的过程中，我们才会收获价值，正是在努力理解和产生想法并付诸实践的过程中，才存在学习的机会。然而，承载这些教学内容的人——学习者本人，却往往在离开课程时并无多大改变。我们对此心知肚明，因此才会大谈衡量方式的问题，这其实是在表达我们对这种教学过程有效性的焦虑。

■ ■ ■

所有学习都是社会性的

要想真正为学习者或客户带来价值，我们需要重新设计我们的工作方式，牺牲一些教学，更多地支持学习。这意味着我们要让惊讶、探索和不知道等元素融入我们与客户的互动过程。也许，"不知道"才是领导者的一种核心姿态。

最主要的是，我们要设计参与者相互之间的互动，我们要允许房间里存在风险，要提出模糊和个人化的问题，要敢冒更大的风险，促进人们带着关爱直面彼此，给予人们有力的支持，并确保对每个人的认知做出肯定。这些才是创造学习的方法。

如果我们只是采用打包答案和直接发布到网上的方式，就会妨碍人们的学习。直接提供打包的咨询或培训，的确会更加快捷，更容易消化，更容易被看见和更可预测，因此就会更有销路，然而，这只是一种有利于获得短期效益的商业策略。如果高度掌控和预设答案的思维方式就是客户的问题所在，我们不可能通过同样高度掌控和预设答案的方式让这个问题得到解决。

总结：由于学习和改变才是我们真正的意图，因此我们需要采用更慢的方式和更多的合作。我们需要更多地关注提问而非答案，更多地直面张力而非寻求舒适，更加重视能力和优势而非需求与不足。我们需要提出以下这样的问题，从而能邀请人们建立连接，提升创造不同未来的可能性，而非解决过去的问题。

- 参加今天这个活动为何对你来说很重要？
- 在项目的这个阶段，你正处于什么样的十字路口？
- 我们可以一起创造各自无法独立创造的东西是什么？

■ ■ ■

我们对彼此的学习负责

每一个人对彼此的学习都负有责任。这是一种激进的想法，为什么？因为竞争思维已经如此根深蒂固地存在于我们的历史，以至于我们呼吸的空气中都弥漫着竞争的气息。在我们最早进入机构化的生活，即进入学校之时，我们的成功就需要以其他人的失败为代价——只有我得了 D，其他人才能得 A，如果我得了 A，那么就必须用另外一个人的失败来平衡。如果我得了 B，我可能会感谢那些成绩很差的人让我得的 B 更加情有可原。如果你不相信这一点，心想如果老师给所有人打 A 又会怎么样，那么这位老师一定会遇到麻烦。如果有一位上司觉得每个人都是优秀员工会怎么样？再想一下，老板。

当我一边听到管理者强调组织整体利益的重要性，一边又看到他们在参与促进组织各个部分之间的竞争时，我总是很惊讶。组织生活的挑战就在于要让所有人为了共同的目标而紧密相连。当我理解了我与其他人之间的互赖关系时，我就和这个整体建立了连接。当每一个人都能对整体的学习负起责任时，每个人就拥有了和所有成员共享的更深层的使命感。接受这一挑战需要我们相互合作，并愿意承认我们彼此相连。这并非易事，但值得一试，因为这才是一个确保持久学习的重要方法。这始于提出可能会转变人们对这个房间的主有感的问题，以下是三个问题举例。

- 你愿意为这个整体的福祉投入多少？
- 你打算在多大程度上参与进来？
- 你打算冒多大的风险？

如果我们作为顾问的目标就是促进组织的学习和改变，那么我们就要以所有人都对此负责的方式行动。这个简单的思维转变会让我们变得更富有包容性，并会看到学习应该来自四面八方。如果我们的工作环境中已经充满竞争，那么我们可能并不能完全改变这个现实，但至少我们可以拒绝强化这种竞争。

■ ■ ■

不再等待

每一个时刻都应该成为我们想要创造的未来的一个样本。这是一个既微妙又蕴藏强大力量的想法。每次与客户见面时，我们都会听到人们对明天会如何表示担忧。每次结束会议时，也总会有人怀疑会谈达成的一致意见能否持续，大家的乐观态度能否持久。因此，如果我们没有制定出一个行动清单就无法离开会议室。而在我们培训课程的前 60 分钟，也总有人会问，当我们离开课程时世界是否真的会有所不同。

如果我们想要看见改变发生，最好不要等到这个会议结束之后。如果今天没有发生任何改变，我们又怎能寄希望于明天？每一个当下都应该携带其目的地的元素，这就是我们在一起的方式如此重要的原因，因为它会给予我们希望——就在此时此刻，给予我们有关未来会是什么样的希望。因此，我们需要非常关注这一个时刻、这一个会议和这一个虚拟聚会的设计。

当下时刻也会给我们提供方法指导。如果我们学会观察现在正在发生什么，这种反思将会告诉我们什么有效，什么无效。作为一种探索的方法，我们可以透过一粒沙子了解整个宇宙，通过一次会议或对话的性质，我们就可以了解这个组织的文化。如果你看到的是没有什么新的事情在发生，要么是你没有真正在看，要么确实"没有什么"（no-thing）正在发生。如果我们在一个系统中观察到它缺乏生机、行动或对话，这也是对这个系统的一种描述，就和我们在一个系统中观察到有一些我们想创造的事情出现了一样。如果我们愿意相信此时此刻，就能认识到一种将我们期望的未来相处模式设计到当下时刻的力量。

尽管这个观点可能还有些模糊，但我们仍可以看到，我们现在就可以实现未来，无须等待。实现变革到底需要多长时间？这取决于我们是否准备好了现在就开始这个变革，以及我们是否想要把信任、诚实、更多或更少的结构化、跨业务单元合作、更清晰的关注点以及协同带入组织。每一次会议、每一个接触点、每一次视频会议或电话会议就是开始的时候。我们的行动计划要包含我们在下一小时内就要做的事，每一次会议的设计都要以建立更强的连接为目的，让这次会议就成为我们书写未来的地方。文化变革的每一个意图都要在当下就得到表达，否则就会失去可信度。

这里的挑战在于，我们要用恰当的问题来构建每一次对话，从而能够鼓励每一个人（无论现场还是线上参与的人员）在这些事情上成为共创者、伙伴和推动者：我们如何创造未来，如何实施一个流程或一个方案，以及如何能让文化变得更有集体的责任感。抱歉再次重复这一点：这就是改变习惯的关键要素。

这样一种对话重构的核心在于要找到重要的对话思路，其中一个关键思路就是要接受怀疑和异议的存在。例如，邀请人们回答以下问题，如果超过5人参与对话，就请他们在三人小组中回答这些问题。

- 大家有什么疑问和保留意见？
- 对于哪些事情，我们虽然说过"是"但现在却不再同意？
- 对于哪些事情，我们想说"不"但是一直没有说出来？

在这样的小组活动中，我们鼓励聆听回答的人不要给对方提供建议，也不要发表自己的观点，只是保持好奇，相互提问："为何这对你来说很重要？"一旦我们认为自己知道什么对别人最好，这个时刻就失去了它的作用。

我想再次提出，如果我们的对话围绕的是那些没有参与这场对话的人，我们也同样无法推动行动的进展。那些"别人"如果不在场，没有和我们在一起，就无法在当下做出改变。同时，如果我们总觉得来的不是对的人，这样的对话也是徒劳无益的。

把当下时刻视为我们想要追寻的未来的一个样本，这需要我们抛弃过去，放下愧疚或怨恨，以及放下我们头脑中关于别人的故事。受害者不善于活在当下，而每个人都曾受到过伤害。在组织生活中，我们为宽恕留出的空间很小，包括对自己和他人，我也很少在组织中看到有关宽恕的练习。也许这就是我们如此关注弱点的原因之一：它们会提醒我们，我们和自己的过去还有未完成的事件。如果没有原谅过去，我们就会不断努力地想要修正过去。然而，改变当下这个时刻，将它尊崇为对未来的一种预测，这可能才是治愈我们过去的伤口和敦促我们创造一种不同未来的方式。

既然变革十分必要，谁应先行一步

变革、转型和希望都是依靠自我驱动实现的。变革需要我们面对人的问题，而处理这方面的问题有赖于我们自己的诚信，以及亲自参与到我们为更大的系统所做的决策中去的意愿。当我们视他人为有待解决的问题时，我们就是在相互"殖民"。而当我们在所在的机构中地位越高时，就越会切断我们自己应该做出改变的需要。

当我们经营一个组织或是取得了某些成功时，我们就会开始以为自己已经是完善的成品了。组织机构对管理者寄予了如此高的期望，员工也对管理者投射了如此强烈的需要，以至于位居高层的人开始相信他们自我宣传的形象。他们开始认为不应该有什么事情是他们不知道的，并且每个人都用一种胸有成竹的姿态面对一切。而当这些发生时，人们对高层的信念就开始削弱了。高层变成了教父，他们要做的事情是让别人变得更加正义，而不是努力提升自己内在的正义感。

如果你回看历史上那些伟大的领导者，你会看到他们都对自己的局限性有着清醒的认知，而这正是他们的伟大之处。从孔子到林肯、甘地和马丁·路德·金，所有这些伟人之所以能行走于荒野和影响他人的生命，都是因为他们如何存在，而不是因为他们的地位如何。他们因为对影响力的正确运用而成为人类的典范，而他们影响力的来源之一就是他们自身的谦逊。

如果我们给他人开出了解决问题的处方，而我们自己却不实施，这是对权力的滥用。美国全国教育协会前主席罗伯特·蔡斯（Robert Chase）常说，在和学校管理者及社区寻求建立合作伙伴关系的过程中，工会应该是首先做出让步的一方。我们应该将此谨记于心。这会提升我们的可信度，并会为我们变革策略中的权威制提供一种解药。

然而，不要以为只有领导者才认为其他人需要做出改变，员工对权威制的热爱和管理层一样强烈。作为顾问，我们曾以为一旦管理层有所改变，员工就会跟随，事实并不一定如此，员工会塑造出他们自己和上司的关系。当我们通过自己的投射而塑造出高度控制的上司时，我们就让自己变成了拥有权益的一方。权益意味着我们自己不是问题，是管理层应该给我们一些什么，而我们自己什么也不欠缺。和我们的上司一样，我们都紧紧抓住了依赖他人所带来的安全感，并且双方都认定对方才是需要被修理的人。

■ ■ ■

最后的问题是信念的问题

所有以上理念都相信这一点，那就是存在一种朝向学习的移动，这种移动自带其能量和意图。这个世界会提供一些产生推动力的事件，现实生活中也总会出现一些干扰。因此，我们无须对变革进行诱导、驱动或指引，我们要做的就是加入它。顾问和任何一位客户一样都是学习者，事实上，我们往往因为我们的咨询工作而获得比客户更多的改变，而事情本应如此。

而要臣服于已在发生之中的变革，完美地开展咨询，几乎在任何情况下都需要勇气。我们需要不断直面这样的问题："如果这就是我的目的，此刻需要我拿出什么样的勇气？"

我们总是希望找到一条安全的路径，遗憾的是，所有安全的路径都已经被尝试过了。当我们想找到一条安全的路径，从而获得我们想要的东西时，通常会采用以下形式。

- 我们会对理性和数据持有宗教信仰般的信念。所有人都有些工程师的思维，即信奉事实、一致性、规则和可预测性。如果你无法衡量某事，那它就不会存在。你所衡量的就是你能管理和得到的，我们把"只要做到正确"当成我们的庇护所，我们将事实、数据和逻辑推理作为我们影响他人的优先策略。

- 我们选择将模仿当作一条安全的路径。模仿就是相信只要让我们的行动策略反映出在其他地方和上级部门看似行之有效的方法，我们就能得到自己想要的未来。我们认为只要使用通用的语言，遵守公司规范，融入企业文化，从方方面面都让我们看起来是属于这里的，我们就会得到完成工作所需的资源。我们会聘请顾问告诉我们其他人在做什么，我们的调查结果与行业常规相比如何。我们还会寻找证据，证明一些概念、榜样和方法已经在其他组织奏效。然而，这些想要适应环境的努力并不足以带来改变，并且它们还是对必须创造出属于自己的未来的一种抵触。一个提醒：通用电气多年前的一项研究发现，最有效的管理者其实是那些曾经放弃晋升机会的人。

一个有趣的现象是，如果有选择的机会，很多员工会选择不来线下工作场所上班。新冠病毒感染疫情让很多人体验到了自己安排工作事项的自由感，他们从必须遵守要求的束缚中解放出来，还实现了可以自己安排每一天的可能性。这不是小事。

如果我们最主要的承诺就是要做出贡献、服务客户和善待他人，同时保持自己的诚信，那么我们就注定要走上一条充满不确定性和风险的探险征程。事实上，我们所害怕的障碍恰恰有助于我们对自己的诚信有所发现。只有当我们善意地推动他人而他们做出抵触时，我们才可能真正知道自己的立场究竟在哪里。这里的诚信并不只是向权威说出真话，不是为了找到一个宣泄愤怒或失望的出口，也不是为了自我表达而表达，而只是要找到那些能让我们对自己所处的情境建立起共同责任感的话语。

沉淀本书中探索过的所有对话，可以让我们得出下面这个关于"完美咨询"的最后清单（我们要另外找时间谈谈我对清单的热爱）。

- 它能让我们停止浪费精力。我们不再需要刻意适应、勉强妥协和精心策划各种应对方式。
- 它会使我们不再那么抓狂。我们不再需要强迫自己做得更好，而是认识到这里发生的事情有其更深层的原因，并且这是大家共同的责任。
- 它会让我们变得强大。面对现实和勇敢行动是一种重视自我价值的方式。我们知道，在那些关键时刻，我们的生存最终将取决于我们自己，我们决定不让我们所在的文化分散我们的力量。
- 它能让我们赢得更多人对我们建议的支持，让我们知道自己并不孤单。当我们带着个人的强大力量行动时，我们就是在向他人传递一种让他们更加确信的人性和优势。

要提升我们的客户对我们的建议采取行动的机会，关键在于我们要对那些应该听到我们意见的人确切地说出我们要说的话。的确，没有人真的喜欢听到坏消息。当我们听到坏消息时，我们往往首先会问这是谁的过错。然而，无论是让张力上升还是让我们自己处境尴尬，这些都不应该成为我们不真实坦诚的借口。

完美咨询需要我们以真实坦诚的方式说出我们所看到的，确认我们在其中的角色，并说明我们为了让事情顺利开展而需要从别人那里得到什么。我们和他人共事的关键步骤是协商双方的需要。在私人关系中，最关键的部分是交流感受，而在完美咨询中，我们最有效的时候就是当我们简单地说出"这是我想要从你那里得到的，你想要从我这里得到什么"的时候，也就是以 6 岁孩子为榜样的简单对话。

最终，我们的真实坦诚、我们自我管理的方式，以及我们与客户的连接，这些才是我们的方法论、营销策略和劳动成果。而我们带着公文包、简历和各种概念框架出现在客户面前，这只不过是出于一种习惯，而非一种必要。实际上，我们仅仅只要出现就已经足够了。这需要信念的支撑，而这可能才是真正的核心。

问题至关重要，它们会决定我们的终点，它们是命运召唤我们时经由的通道。

——戈德温－赫拉特斯瓦约（Godwin Hlatshwayo）

延伸阅读

1. Alexander, Christopher. *The Timeless Way of Building*. New York: Oxford University Press, 1979.

2. Argyris, Chris. *Flawed Advice and the Management Trap: How Managers Can Know When They're Getting Good Advice and When They're Not*. New York: Oxford University Press, 2000.

3. Axelrod, Richard H. *Terms of Engagement: Changing the Way We Change Organizations*. San Francisco: Berrett-Koehler, 2000.

4. Bellman, Geoffrey M. *The Consultant's Calling: Bringing Who You Are to What You Do*. (Rev. ed.). San Francisco: Jossey-Bass, 2001.

5. Block, Peter. *The Empowered Manager: Positive Political Skills at Work*. (2nd ed.). Hoboken, NJ: Wiley, 2017.

6. Block, Peter. *Stewardship: Choosing Service over Self-Interest*. (2nd ed.). San Francisco: Berrett-Koehler, 2013.

7. Block, Peter. *Community: The Structure of Belonging*. (2nd ed.). Oakland, CA: BerrettKoehler, 2018.

8. Brown, Juanita. *The World Café: Shaping Our Futures Through*

Conversations That Matter. San Francisco: Berrett-Koehler, 2005.

9. Bunker, Barbara Benedict, and Alban, Billie T. *The Handbook of Large Group Methods: Creating Systemic Change in Organizations and Communities*. San Francisco: JosseyBass, 2006.

10. Dannemiller, Kathleen, and Dannemiller Tyson Associates. *Whole-Scale Change: Unleashing the Magic in Organizations*. San Francisco: Berrett-Koehler, 2000.

11. Gallwey, W. Timothy. *The Inner Game of Tennis*. (Rev. ed.). New York: Random House, 1997.

12. Illich, Ivan, and others. *Disabling Professions*. New York: Marion Boyars Publishers, 2010. (Originally published 1977.)

13. Owen, Harrison. *Open Space Technology: A User's Guide*. (3rd ed.). San Francisco: BerrettKoehler, 2008.

14. Palmer, Parker J. *The Courage to Teach: Exploring the Inner Landscape of a Teacher's Life*. (10th anniv. ed.). San Francisco: Jossey-Bass, 2007.

15. Pascale, Richard, Sternin, Jerry, and Sternin, Monique. *The Power of Positive Deviance: How Unlikely Innovators Solve the World's Toughest Problems*. Boston: Harvard Business School Press, 2010.

16. Schein, Edgar H. *Process Consultation Revisited: Building the Helping Relationship*. Reading, MA.: Addison-Wesley/Longman, 1998.

17. Walton, Richard E. *Interpersonal Peacemaking: Confrontations and Third-Party Consultation.*Reading, MA.: Addison-Wesley, 1969.

18. Weisbord, Marvin, and Janoff, Sandra. *Future Search: Getting the Whole System in the Room for Vision, Commitment, and Action*. (Rev. ed.). San Francisco: Berrett-Koehler, 2010.

致谢

能有机会正式向那些最初提出本书中概念的人表达感谢，这真是一件令我高兴的事。

在概念上，人际技能在组织中的重要性和真实行为的关键作用最早是由克里斯·阿吉里斯（Chris Argyris）提出的，我在 20 世纪 60 年代作为他的学生向他学习到的东西直到今天仍然非常有影响力和有意义。

大多数人都是通过观察那些知道如何开展咨询工作的人来学习咨询的，我非常幸运能在早期就有幸跟随巴里·奥什里（Barry Oshry）、罗杰·哈里森（Roger Harrison）和迪克·沃尔顿（Dick Walton）工作，他们是最棒的顾问，并且他们给予我的支持远远高于和超出了他们的职责范围。

托尼·佩特拉（Tony Petrella，他从最开始就是我的搭档）和马文·韦斯伯德（Marvin Weisbord）为我对咨询技术的理解做出了如此深远的贡献，以至于我根本无法将自己的思想从他们的思想中剥离开来，因此我只能感谢我们之间宝贵的合作伙伴关系，这样的关系让我受益匪浅。

尼尔·克拉普（Neale Clapp）在两方面做出了巨大贡献：他给了我毫无保留的支持和友谊，并且他早在我之前就认识到咨询技能工作坊和相关理论的价值。在多次主持早期工作坊的过程中，尼尔对员工或支持角色的概念做出了贡献，这些概念包含在本书开始部分的章节中。尼尔一直和我保持着挚友的关系。

已故的吉姆·马瑟尔科（Jim Maselko）帮助我清晰化了本书中关于"抵触"的章节，通过他的技巧和热情，吉姆给本书所传递的咨询方法带来了生命力。

迈克·希尔（Mike Hill）是最早与我一起尝试撰写本书初稿的人，虽然本书最终走向了不同的方向，但迈克仍是本书得以起步的关键人物，并且本书开头的部分仍留有他贡献的痕迹。

订约的基本概念来自格式塔（Gestalt）心理学，这些概念得以清晰成形是在我参加克莱尔·雷克（Claire Reiker）和迈克·雷克（Mike Reiker）举办的一次格式塔工作坊的过程中，他们以简单而有力的方式呈现相关概念的能力对我而言是一个极棒的礼物。

书中的插图出自珍妮丝·诺兰（Janis Nowlan）之手。出版本书第 1 版前我给她寄去了原稿，想看看她能否用插图让文稿变得活泼一些。我原以为自己给了她一个不可能完成的任务，结果珍妮丝寄回的插画远远超过我的预期。她只用寥寥几笔就让很多概念跃然纸上，这比起我用所有文字堆砌出来的表达要透彻得多。

感谢雷·巴德（Ray Bard），他是我开始写这本书时的出版人。在我以为我所拥有的只不过是一些用于制作工作坊学员手册的笔记时，雷就相信我有可能用这些素材写成一本书。

我要继续感谢贝弗利·克劳尔（Beverly Crowell）和杰夫·埃文斯（Jeff Evans），他们让设计学习公司（Designed Learning）专注于所有这些理念。还要感谢公司的合作顾问，他们在全世界各地带领"完美咨询技术"工作坊并赋予了这些工作坊生命力。本书中的大量内容都是对我们在工作坊中所呈现理论的记录，其中大部分概念都是在回答学员问题的过程中形成的。同时我也非常感谢参加过工作坊的学员们，他们在一些概念还不甚清晰时仍然给予了我们极大的耐心，并且他们还愿意运用自己的经历帮助我们阐明咨询的过程。

和本书最早版本一样，莱斯利·斯蒂芬（Leslie Stephen）帮助我完成了本次修订的编辑工作。这已经是她帮助我编辑的第十本书了。她总是支持我的观点，她让我的文字变得更加结构清晰、简洁明了和含义深刻。一如既往地感谢玛吉·罗杰斯（Maggie Rogers），她让所有的事情得以发生，她是最棒的。我还要感谢我出色的女儿希瑟（Heather），很开心我的图书封面上有你的艺术作品。

我在对话的力量方面的思考深受已故的乔尔·亨宁（Joel Henning）的影响。我们一起举办过许多次工作坊，我很怀念他。本书中的实施章节深受质量与参与协会的变革管理与领导学院的影响，该学院是一个测试最新理念的实验室。我在如何设计团体体验方面的思考受益于对吉尔·雅诺夫（Jill Janov）在此方面出色工作的观摩。我尤其感谢已故的凯西·丹尼米勒（Kathie Dannemiller）和她在丹尼米勒 – 泰森公司（Dannemiller-Tyson Associates）的同事，他们对大型团体集会的"心跳"有着深刻的理解。迪克·艾克瑟罗德和艾米莉·艾克瑟罗德（Dick Axelrod and Emily Axelrod）也运用他们的会议模型创造了奇迹，迪克自己著有关于促进参与的图书，本书中的相关内容是我和他多次对话后形成的，这些对话改变了我的观念。

我们今天所有从事咨询工作的人都要感谢埃德加·沙因的工作，他是最早为我们这些考虑在组织变革领域工作的人指明方向和提供真知灼见的人，他以清晰易懂的方式阐明了过程咨询的路径，这条路径后来成为我工作方式的核心部分，我非常感谢他。最后，保罗·乌利格和沃德·梅利尔德是本书中的两位实践代表，他们以实际行动示范了合作伙伴关系，对"完美咨询"背后的思想做出了生动的演绎。他们是我非常优秀的朋友，他们分别是医疗保健和教育领域的伟大创新者。

最后，威立（Wiley）公司的出版团队为这一版图书做出了不可或缺的贡献。扎克·席斯加尔（Zach Schisgal）负责本书的编辑，团队其他成员包括负责设计和制作流程的乔泽特·摩西（Jozette Moses），负责文本编辑的米歇尔·哈克（Michelle Hacker），还有最后审稿的芭芭拉·朗（Barbara Long）。我和他们的合作非常愉快，他们总是快乐地忙碌着，总能认真倾听，并且和我一样想要这部作品获得成功。

关于作者

彼得·布洛克是一位作家、咨询顾问、美国俄亥俄州辛辛那提市（Cincinnati, Ohio）的一位市民。

彼得是多本畅销书的作者，在他的著作中，最广为人知的图书包括：《完美咨询：让你的专业技能得到应用》（*Flawless Consulting: Getting Your Expertise Used*）（1980 年第 1 版，2011 年第 3 版）、《管理地位：选择服务而不是为了自身利益》（*Stewardship: Choosing Service Over Self-Interest*）（1993 年第 1 版，2013 年第 2 版）、《赋能授权型经理：工作中积极的政治技能》（*The Empowered Manager: The Positive Political Skills at Work*）（1987 第 1 版，2017 第 2 版）。彼得最新出版的图书有他与彼得·克斯坦鲍姆（Peter Koestenbaum）合著的《面对我们的自由：领导一种选择问责和归属的文化》（*Confronting Our Freedom: Leading a Culture of Chosen Accountability and Belonging*）（2023）。此外，他还和沃尔特·布鲁格曼（Walter Brueggemann）和约翰·麦克奈特（John McKnight）合著了《另一个王国：离开消费文化》（*Another Kingdom: Departing the Consumer Culture*）（2016）。

彼得致力于通过共识和连接而非规定和强制给世界带来改变，他的图书为读者提供了如何创建工作场所和社区的方法，这些方法为主导我们文化的权威制信念提供了一种替代。

彼得是设计学习公司（Designed Learning）的创始人，该公司基于本书理念提供体验式的咨询技能学习工作坊。彼得是 LivePerson 公司（一家为线上参与提供解决方案的公司）的董事会成员。同时，他在当地社区委员会（Clifton Town Meeting）提供服务，是辛辛那提市城市艺术中心的名誉董事，还和其他志愿者共同在辛辛那提市发起了名为 A Small Group（一个小组）的小型社区志愿组织，旨在将他在社区参与方面的思想付诸实践。彼得目前是辛辛那提市"共同利益联盟"（Common Good Alliance）的发起人之一，这个组织致力于通过在一个本地社区集体拥有和管理地产、房屋、企业和艺术，促进非洲裔美国人的财富创造能力。

彼得的办公室位于康涅狄格州的米斯蒂克（Mystic）镇，他欢迎广大读者通过邮件与他联系（pbi@att.net）。

彼得·布洛克的其他著作

- *The Flawless Consulting Fieldbook & Companion: A Guide to Understanding Your Expertise, 2nd edition*, co-authored with 29 Flawless Consultants, 2024
- *Activating the Common Good*, 2023
- *Confronting Our Freedom: Leading a Culture of Chosen Accountability and Belonging*, coauthored with Peter Koestenbaum, 2023
- *The Empowered Manager: Positive Political Skills at Work, 2nd edition*, 2016[1]
- *Community: The Structure of Belonging, 2nd edition*, 2018[2]
- *An Other Kingdom: Departing the Consumer Culture*, coauthored with Walter Brueggemann and John McKnight, 2016
- *Stewardship: Choosing Service over Self-Interest*, 2014
- *The Abundant Community: Awakening the Power of Families and Neighborhoods*, coauthored with John McKnight, 2012
- *The Answer to How Is Yes: Acting on What Matters*, 2003
- *Freedom and Accountability at Work: Applying Philosophic Insight to the Real World*, coauthored with Peter Koestenbaum, 2001
- *The Flawless Consulting Fieldbook & Companion: A Guide to Understanding Your Expertise*, co-authored with 30 Flawless Consultants, Assisted by Andrea M. Markowttz, 2000[3]

---

[1] 中文版书名为《赋能授权型经理》，2020 年由人民邮电出版社出版。
[2] 中文版书名为《社区：归属的结构》，2023 年由东方出版中心出版。
[3] 中文版书名为《完美咨询指导手册》，2016 年由机械工业出版社出版。